KB201486

스스로를 존중하는 연습,

마음챙김

스스로를 존중하는 연습, 마음챙김 : 정화스님 마음강의 두번째

발행일 초판3쇄 2022년 12월 26일(壬寅年 壬子月 癸丑日) | **지은이** 정화
펴낸곳 북드라망 | **펴낸이** 김현경 | **주소** 서울시 종로구 사직로8길 24 1221호(내수동, 경희궁의아침 2단지) |
전화 02-739-9918 | **이메일** bookdramang@gmail.com

ISBN 979-11-92128-11-5 03220
책으로 여는 지혜의 인드라망, 북드라망 **www.bookdramang.com**

정화스님 마음강의 두번째

스스로를 존중하는 연습,
마음챙김

정화 지음

티
BookDramang
북드라망

머리말

미처 눈치채기도 전에

의식되는 내부 이미지가 만들어지니

어느 의미에선 의식은

현상을 그렇게 알아차릴 수밖에 없는 뒷북

하니, 스스로를 너무 탓하지 마시고

부질없는 욕망으로 들뜬 마음흐름을 잠시

지켜보다, 있는 그대로의 자기를 그냥 좋아하는

연습을 해보는 건 어떠세요.

그러다가 스스로를 탓하지 않을 수 있는

생각길이 만들어지고, 어제가 만든

오늘을 온전히 껴안을 수 있게 되면,

만들어진 자기 밖으로 나가 안쓰러운

자기와도 아픔 없이 만날 수 있지 않겠어요.

건투를 빕니다.

이번 책의 내용도 남산강학원과 감이당 식구들의 호의에 힘입어 부족함을 무릅쓰고 했던 이야기입니다. 강학원에서 이야기의 주제를 정해 주기는 했지만, 저는 각각의 주제에 대해 출가인으로서의 제 생각을 이야기하면 된다고 여겼거든요. 고맙습니다.

아울러 제 이야기를 듣기 위해 찾아와 주신 분들, 왔다갔다 하는 제 생각 때문에 수고로움이 컸을 북드라망 식구들, 그리고 언제나 기댈 언덕과 같은 너그러운 분들이 계셨기에 쫓기는 마음 없이 이야기를 정리할 수 있었습니다. 감사드립니다.

모두들 평안하고 건강하며 행복하십시오.

정화 합장

| 차례 |

결핍이란 무엇인가

유동하는 신체

『나는 내가 죽었다고 생각했습니다』라는 책이 있습니다. 뇌를 연구하는 과학자가 서른일곱 살에 좌뇌에 뇌졸중이 발생했고, 수술 끝에 고비를 넘기고 8년간의 회복기간을 거쳐 신체적·정신적 기능을 되찾았다는 사실과 그 너머의 기록입니다. 그 책에서는 "뇌졸중은 내가 세상에서 누구이고 어떤 존재로 살아가고 싶은지 선택할 수 있게 해준 놀라운 선물이었다. 뇌졸중을 갖기 전에는 내가, 자신이 뇌의 산물이라고 여겼다. 그래서 내가 어떻게 느끼고 무엇을 생각하는지에 대해 결정할 수 없는 줄로만 생각했다. 그러나 뇌졸중을 겪고 난 이후 나는 새로운 눈을 떴다. 내게 선택의 권리가 있다는 걸 실감한 것이다"라고 하면서, 뇌의 기능을 어떻게 조율하느냐에 따라서 삶이 달라진다는 이야기를 하고 있습니다. 이 책의 원제가 '뇌졸중이 내게 안겨준 통찰'(My Stroke of Insight)인 것이 이것을 잘 보여 준다고 하겠습니다.

계속해서 '뇌의 양쪽, 곧 좌뇌와 우뇌는 그저 신경 차원에서 서로 다르게 지각하고 생각하는 것이 아니었다. 받아들이는 정보 유형에 두는 가치도 확연히 달라서 완전히 다른 성격을 드러냈다. 나는 뇌졸중 경험을 통해서 우뇌의식의 핵심에는 마음의 깊은 평화와 직접적으로 연결된 성격이 존재한다는 것을 깨달았다. 이는 평화와 사랑, 기쁨과 공감을 표현하는 일을 전담하고 있었다'라는 이야기를 하면서, 이와 같은 자기의 느낌이 '불교에서 말하는 모든 번뇌로부터의 해방감, 곧 열반과 같은 느낌일 거라는 생각이 들었다'는 이야기를 하고 있습니다.

여기 혹시 왼손잡이가 계십니까? 오른손잡이들은 95퍼센트 정도가 좌뇌에 언어 중추가 있는 반면 왼손잡이들은 약 45퍼센트 정도가 우뇌에 언어 중추가 있다고 합니다. 전반적으로 보면 왼손잡이 분들도 적고 왼손잡이라고 하더라도 약 55퍼센트가 좌뇌에 언어 중추가 있기 때문에 언어를 통해서 사건을 분별하는 것은 좌뇌라고 할 수 있겠지요. 이 말씀을 드리는 것은 좌뇌와 우뇌의 협력을 통해 최종 판단이 일어나겠지만, 그 판단에 언어 중추가 개입되어야 언어 분별이 일어날 수 있다는 것입니다. 그렇기에 위의 과학자는 뇌졸중으로 좌뇌의 언어 중추의 작용과 두정엽 쪽에 있는 신체의 경계를 확인하는 정위 연합영역의 작용이 멈추게 되면서 우뇌의 작용이 현저하게 드러나게 됐고, 그 결과 깊은 평화의 상태에서 유동하는 자기와 만날 수 있었다고 이야기하고 있습니다. 유동하는 자기와 만나기 시작했다는 건 '자아의식'과 '신체와 시공간의 경계를 나누는 의식 작용'이 사라진 상태를 뜻하거든요.

저도 참선하다 신체의 감각 지각이 사라진 상태(몸이 보이기는 하지만 몸에 대한 느낌은 없는 상태)를 경험하기도 하고, 일상과 다른 신체의 느낌과 형상 이미지를 경험하기도 했는데, 그 또한 외부와 신체 내부에서 오는 정보를 해석하는 신경계의 패턴 연결이 달라지면서 그런 경험을 하게 됐다고 할 수 있습니다. 이는 뇌 신경망의 연결방식에 따라 분별적 자아와, 우주와 합일된 유동적 자아가 경험될 수 있다는 것을 말해 줍니다. 이는 신경망의 다양한 연결방식이 자신이 경험하는 세계를 창조하고 있다는 것을 직접적으로 알게 하는 체험이라고 할 수 있습니다.

일상의 의식 활동은 익숙한 형태로서의 자아와 시공간의 정보를 기호화하는 것이라고 한다면, 유동적 신체가 됐다는 것은 익숙한 기호표시장치가 쉰 상태에서 새로운 현실이 드러났다고 할 수 있거든요. 그렇다고 해도, 곧 인연 따라 이 두 상태를 적의적절하게 조율할 수 있게 된다면 새로운 신체를 얻는 것과 같다고 해도, 일반적인 상황에서는 한쪽이 다른 한쪽을 뜬구름 잡는 이야기라고 규정하기 쉽겠지요.

사실 인간의 가장 큰 특징 가운데 하나가 상상력이라고 할 수 있는데, 상상이 가능하게 된 것은 진화과정에서 경험을 기호화할 수 있는 기능이 생기고 난 이후, 기호만을 통해서 새로운 이미지를 그릴 수 있고 기억하게 됐으며, 기억정보를 토대로 경험하지 않은 세계를 그릴 수 있게 됐기 때문입니다. 이는 생명활동의 항상성을 담보하기 위한 선택적 적응활동 방식과 뇌가 생기고 난 이후 뇌 신경망이 갖고 있는 유연성에 기인한다고 할 수 있습니다. 그렇기에 의식적인 노력에 의해서 세계상의 변화를 체험할 수 있겠지요.

결핍이라는 낱말이 갖고 있는 의미에도 일차적인 결핍을 넘어서는 의미체계가 작동하고 있다는 말입니다. 그리고 그것이 주는 심리적 요동은 감각지각만으로 만들어지는 이미지를 넘어섭니다. 어쩌면 지금 여기의 정보와 혼용일체 되는 정서와 느낌을 바탕으로 언어 분별과 같은 상상력이 가미된 판단을 할 수 있게 되면서, 곧 인간으로서의 인지 알고리즘이 자리 잡히게 되면서, 인간으로서의 인식이 현상했고, 자기만의 세계상을 만들어 주관적 느낌으로 세계를 사유하게 된 결과라고 하겠습니다. 이것이 뜻하는 것은 인식이 현상할 때는 그 세계상만이 개인이 만날 수 있는 유일한 세계가 될 수밖에 없다는 것입니다. 그러므로 결핍 등의 느낌과 생각이 만들어진 것이라고 해도 그와 같은 색깔을 존중해 주지 않을 수도 없습니다. 함부로 '너의 느낌이 틀렸어'라고 말할 수 없다는 것이지요. 인간의 사유세계에서는 현상하는 이미지들의 불연속적인 이어짐만이 한 사람의 현존을 증거하는 유일한 요소가 되기 때문입니다. 인간으로서 공유하는 상상력에 더해 개인으로서의 상상 이미지가 각자의 세계가 되기는 하지만, 주관적인 사유세계 그 자체는 어느 누구에 의해서 부정될 수 없는 고유한 지문과 같거든요.

그렇다 보니 개인이 갖고 있는 지문과 향기가 부정되는 조건에서 만나게 되는 결핍감은 일차적인 감각지각이 만들어 내는 세계상보다 훨씬 깊고 강할 것입니다. 플랫폼사업이 주를 이루는 현실에서 많은 경우 생존의 위협을 피해 개인의 향기를 감출 수밖에 없지만, 그때 내부에서 생성되는 느낌이 어떤 것일까를 상상해 보는 것은 그렇게 어렵지 않겠지요. 자신의 상상력이 배제된다는 것은 존재의 부정, 곧 없는 사람 취급을 당하는 것과 같다는 것이며, 이러한 느낌이 내부에 강한 영향을 주면서 결핍 등의 감각을 재응고화하기 때문에 갈수록 심해지는 결핍감은 자신 스스로도 자신의 존재를 있는 그대로 수용하기 어렵게 된다는 뜻입니다. 재응고화가 자주 일어난다는 것은 수용된 정보를 주고받는 특정 신경망의 연결 패턴이 강화된다는 것인데, 그렇게 되면 감각자료를 이미지로 재구성할 때 그 패턴망이 보다 쉽게 참여하게 되므로 의식으로 조율하기가 갈수록 어렵게 되는 것과 같기 때문입니다.

온전히 자신이 되는 기쁨

불교에서 말하는 수행, 곧 생각하기, 말하기, 행동하기를 닦는다는 것이 어려운 까닭도 여기에 있습니다. 수행은 응고화(습관화)된 내부 연결망을 새롭게 조정하는 것과 같으며, 자신의 과거부터 미래까지를 새롭게 탄생시키는 작업과 같거든요. 왜냐하면 무의식적으로 이루어지고 있는 신경망의 패턴 연결을 이전까지와 다르게 조율하게 한다는 것은 자신의 세계상을 새롭게 창조하는 작업이라고 할 수 있기 때문입니다. 기억으로 남아있는 경험은 과거를 회상하는 일보다 미래를 예측하고 추상하는 바탕이 되므로 수행을 통해 경험하게 되는 새로운 현상은 자신과 세계를 새롭게 이해할 수 있는 기억정보를 증장하면서 잘못된 집착에서 벗어나게 하거든요. 그러므로 수행으로 결핍된 존재일 수 없다는 것을 체험하게 되면, 비교를 통해 이해된 결핍 등으로 점철된 상상된 자기를 내려놓고 지금 여기의 (직관의) 자기와 만나게 되면서 지금까지 경험하지 못한 기쁨이 일어나기도 합니다.

수행으로 경험된 기쁨은 비교를 내려놓고 자신의 지문과 향기로 살 수 있는 등대의 역할을 하게 됩니다. 상상의 방향이 바뀐 결과입니다. 뇌가 내부와 외부에서 발생한 감각자료를 수용해 무의식으로 의식되는 이미지를 만들 때 뇌의 여러 영역들이 협업을 하는데, 마음챙김으로 최고의 기쁨을 경험했다는 것은 그와 같은 느낌을 만들어 내는 협업망의 응고화가 강화됐다는 것을 뜻하기 때문입니다. 특히 지금 여기의 직관적인 자기인식이 과거와 미래를 오가는 분별의식을 넘어설 만큼 단단해졌을 뿐만 아니라 주의를 기울이기만 하면 그와 같은 의식상태가될 수 있게 됐다면, 비교분별을 바탕으로 일어나는 결핍의 느낌을 이미지화하는 신경망의 배선도가 현저하게 달라졌다고 하겠습니다.

마음챙김이 깊어졌다는 것은 전체적으로 조망을 하는 깨어 있음[覺]과 미세한 움직임을 살피는 관찰[觀] 능력에 의해 지금 여기의 자기를 직관하는 기쁨[喜樂]이 현재화하고 있다는 것을 뜻합니다. 하여 불교에서 수행단계를 이야기할 때 새로운 세계상을 뜻대로 조율할 수 있는 단계(아직 내부의 습관이 완전히 제어된 상태는 아니지만 그 힘이 미약하여 의식된 이미지를 발생시킬 때 이미지에 현혹되는 의식작용이 일어나지 않는 상태)를 각관희락지(覺觀喜樂地)라고 합니다.

뇌에서 일어나고 있는 이미지화의 과정을 보면 내외부에서 발생한 감각정보가 시상에 전달되고(후각정보는 피질로 먼저 전달된다고 합니다), 시상은 전달된 정보 가운데 이미지화해야

될 정보라고 판단된 것을 신피질의 여러 영역에 발송하고, 발송된 정보가 통합되고 해석되어야 수용된 정보를 의식할 수 있게 된다고 합니다. 그런데 시상이 받아들이고 있는 정보의 양은 외부의 정보보다 내부의 정보가 약 10배 많으므로, 마음챙김으로 형성된 정보가 전달되는 배선망이 단단해진다는 것은 이미지에 현혹되는 일이 일어나지 않을 기반이 형성된다는 것을 뜻합니다. 불교에서 수행단계[地]를 설정하고, 강도의 크기에 따라 10단계로 나눌 수 있었던 것 또한 여기에 기인했다고 하겠습니다. 하여 10단계를 전부 돌파했다는 것은 뜻대로 이미지를 만들 수도 있고, 이미지가 전혀 생성되지 않는 절대 무의 단계와 그 중간 단계의 마음상태를 넘나들 수 있다는 것을 뜻합니다. 이 상태가 수행자 개인의 경험이기는 하지만, 각 상태의 뇌 활동 영역을 보면 상태마다 특정영역의 스위치가 꺼지거나 켜지기도 하고, 이전보다 활발하거나 잠잠하기도 하는데, 그와 같은 상태 또한 뇌가 수용된 감각 데이터를 해석하는 방법이기 때문이라고 할 수 있겠지요(뇌의 신경세포는 정보를 해석하고 미래를 예측하기 위해서 쉼 없이 작용하고 있는데, 그 작용 내용은 신경망의 배선 양상에 따라 달라질 수 있다고 합니다. 배선이 바뀐다는 것을 한쪽 스위치가 꺼지면서 다른 스위치가 켜지는 것과 같다고 비유한 것입니다).

지성체이기도 한 세포

수용된 정보를 해석하는 신경망의 배선도가 사람마다 다르다고 해도, 한 사람의 경험에는 사회 일반이라고 할 수 있는 공유의 경험이 중첩되어 있기에 선정과 지혜의 경험을 유사하게라도 나눌 수 있고, 옛 분들의 경험이 지금까지 전해질 수 있었겠지요. 인간의 인식이 뇌의 인지시스템을 중심으로 일어나는 일이기는 해도, 생명을 이루는 세포 하나하나가 지성체이기도 하고, 지성작용을 통해 내외부가 하나의 인식망으로 얽혀 있기에 세계 그 자체가 인식으로 하나된 생명계라고 할 수 있다는 것입니다. DNA를 통해 상속되는 생명의 역사에 대한 기억정보가 생명현상으로 발현되는 것 자체가 지식활동이라고 해도 과언이 아니라는 뜻입니다. 이 말은 생명공동체의 한 부분에 문제가 생기게 된다는 것은 그곳만의 문제로 국한되지 않는다는 뜻과도 같습니다.

그러므로 인식을 공유한다는 것이 인간의 인식계에 한정될 수 없습니다. 인식의 확장이 이루어지는 만큼 생명활동이 원활해진다는 것입니다. 참선을 통해 이루어진 인식의 확장을 여러 단계로 설정한 까닭도 여기에 있겠지요. 빈 마음 상태에서부터 일상의 분별인식까지의 인식계가 한 사람의 생명계이면서 공유된 생명계가 발현된 사건이기 때문입니다.

하나의 사건마다 시공간적으로 분별된 사건이면서 분별을 넘어선 사건이기에 인지시스템이 어떻게 작용하고 있는가에 따라 다양한 인식현상이 발생할 수밖에 없습니다. 비록 학습 등을 통해 만들어진 수동적인 인식 내용에 머물러 있는 경우가 일반적이긴 해도, 인지시스템 자체가 유동적이기에 인식현상이 다르게 나타날 수 있고, 다르게 볼 수 있는 힘을 기르는 것도 가능하다는 뜻입니다(모든 현상이 그런 것도 아니고, 바꾸지 않아도 되는 현상 또한 한두 가지가 아니겠지요). 그렇기에 자비심과 평화롭고 고요한 마음현상을 이루는 인지채널을 강화하게 되면 신체뿐만 아니라 자신의 세계상이 그렇게 변한 것을 직접적으로 경험할 수 있게 됩니다. 그 가운데 무분별의 경험은 분별이 무엇인지를 알게 합니다.

우주와 합일된 듯한 자기를 경험하게 되면 분별을 토대로 보던 자기가 자기의 반쪽도 아니라는 것을 알게 되고, 생명 그 자체의 처지에서 보면 크고 작다는 의미조차 만들어진 이미지에 지나지 않는다는 것을 직접 경험하게 된다는 것입니다.

사실 '크다'라는 단어의 의미가 '작다'라는 것을 상대할 때만 성립된다는 것은 조금만 주의를 기울여도 알 수 있지만, 항상 크고 작은 상태만을 보고 있을 때는 그와 같은 비교가 진실인 것처럼 여겨져서 자신을 볼 때도 자신의 이미지 속에 있는 큰 사람과 비교하면서 자신을 작은 사람으로 보기 쉽습니다. 그렇지만 합일된 자신을 경험하고 나면 크고 작은 자기가 존재하지 않음을 알게 됩니다. 어느 사건이나 그것 자체로 우주적 사건이 되는 현상을 체험하는 것이야말로 분별에서 무분별을 볼수 있고 무분별에서 분별을 볼 수 있는 바탕이 되거든요. 그러므로 존재의 경이를 느끼는 체험은 일상에서 일어나는 작은 일조차 작은 일이 아니라 자신의 전 존재 양태를 그것으로 드러내는 사건인 줄 알게 해, 자기를 부족한 존재라고 여기는 평가로부터 빠져나오게 합니다.

일차적인 생존조건을 보면 먹어도 되는 것인지 먹어서는 안 되는 것인지를 분별하는 것이 필수적이기에 생존을 위해서 기억정보를 토대로 잘 분별하는 방법을 학습해 왔겠지만, 다른 한편, 일부이기는 해도 학습하는 주체를 탐구하는 일도 병행되었기에 분별을 넘어선 존재상태의 경이로움을 알게 되었겠지요. 그리고 그와 같은 경험 지식도 전승되었기에 후학들은 보다 쉽게 비교분별을 떠난 존재상태도 경험할 수 있게 되지 않았을까요.

기억, 순간순간 재구성되는 사건

일반적으로는 긍정적이든 부정적이든 감정과 결부된 사건이
중립적인 사건보다 상세하게 기억되는 것 같습니다. 예를 들면
무분별을 경험할 때 느끼는 희열이 일상에서 경험하는 희열보
다 강도가 높기 때문에 무분별 상태를 경험한 기억이 다른 것보
다 강력한 것처럼, 생존에 부정적인 감정기억, 곧 결핍으로 해
석된 감정기억도 다른 느낌보다 강할 것입니다. 경험한 사건들
은 해석된 사건이라고 할 수 있으며, 사건·사물을 해석할 때는
진화의 과정에서 만들어진 규칙적인 지각과정을 따르게 될 수
밖에 없는데, 이 과정에서 자동적으로 신경조절물질 등이 방출
되면서 지각 이미지와 감정 등이 의식되기 때문입니다. 그러다
보니 기억정보를 바탕으로 무의식적으로 이루어지고 있는 지
각과정에 의식적인 개입이 쉽지 않아 특정 기억이나 감정상태
에서 빠져나오기가 쉽지 않습니다. 따라서 마음챙김을 시작할
때 할 수 있는 것은 의식된 사건들을 있는 그대로 지켜보는 일,
곧 지각된 이미지에 따라 전개되는 습관적인 의식과정을 지켜
보는 것입니다.

사실 감정의 동요 없이 해석된 감정상태를 있는 그대로 지
켜본다는 것은 오랜 시간의 연습이 필요합니다. 왜냐하면 특정

감정상태를 야기하는 신경조절물질이 한번 방출되고 나면 90초 동안 머물러 있기 때문이며, 이어지는 감정상태에 따라 그 시간도 연장되고, 그에 따른 신경 배선망도 일을 열심히 하기 때문입니다. 이것이 뜻하는 것은 수용된 정보를 해석하고 있는 신경망의 패턴 구조가 갖는 강도 차이가 습관의 강도 차이가 된다는 것입니다. 그렇게 되는 것은 오랜 진화과정을 거쳐서 예기치 않는 사건들을 해석하고 행동하기 편리하도록 시스템화하는 작업이 무의식적으로 이루어지고 있기 때문입니다. 그렇기는 해도 만나게 되는 사건들이 시시각각 다를 수밖에 없어, 신경망의 연결 패턴 또한 조건 따라 변합니다. 이를 가소성이라고 합니다. 그렇기에 기억조차 순간순간 재구성된 사건이며 의식되는 순간 기억 패턴의 재응고화가 이루어지고 있다고 말할 수 있습니다. 그러므로 인지 현상을 있는 그대로 알아차린다는 것은 알아차리는 습관과 그에 따른 행동의 변화도 기억패턴의 재응고화에 지대한 영향을 주어 새로운 인지 패턴을 형성한다는 것을 뜻합니다.

그렇지만, 곧 가소성이 있기에 생각과 말과 행동 양상을 바꿀 수는 있지만, 이미 만들어진 패턴망이 이미지를 만드는 데 보다 쉽게 참여하게 되고 생활환경도 비슷하다 보니, 인지패턴을 바꾸어야 할 필요성을 느끼기도 쉽지 않습니다. 현실적으로 관점 이동이 일어난 사람들을 만나기가 쉽지 않은 것 또한 사실 아닙니까. 인지라는 사건에도 시공간의 역사가 깊이 개입되어 있고, 그것이 생존에 중요한 요소였기에, 한번 만들어진 인지의 패턴망을 바꾸기 위해서는 생각과 말과 행동을 주의 깊게 챙길 필요가 있을 수밖에 없다는 것입니다.

어떤 의미에선 습관적인 주의 기울이기가 자신의 현재를 규정한다고 이야기할 수 있습니다. 무의식적으로 이루어지고 있는 해석과정을 보면 신체가 수용한 내외부의 정보 가운데 필요하다고 여긴 것들은 주의만 기울이면 곧바로 의식될 수 있도록 재구성되고 있거든요. 예를 들어 이야기에 주의를 기울인 순간은 다른 정보들이 인지되지 않지만(예를 들어 엉덩이의 느낌), 그 순간에도 다른 것(엉덩이)에 주의를 기울이기만 하면 그곳에서 발생한 정보를 바로 알 수 있도록 이미지를 만들고 있는 상태가 무의식의 작용 양상이라는 것입니다.

'나'란 해석된 것

무의식 상태란 의식될 수 있는 이미지들이 끊임없이 생성·소멸되고 있는 상태인데, 자주 주의가 기울여진다는 것은 그에 상응하는 패턴망의 단백질이 다른 패턴망의 단백질보다 강도 높게 응고화됐다는 것을 뜻합니다. 하여 90초간만이라도 생각의 흐름을 지켜보는 훈련은 자신을 다른 사람으로 만드는 중요한 요소가 됩니다. 매일 매시간 만나는 자신은 실제의 자신이면서 해석된 자신이기 때문이며, 해석된 이미지는 이미지를 만드는 신경망의 가소성에 의해 변하기 때문입니다.

의식된 이미지를 만드는 중요한 요소는 기억정보라고 할 수 있는데, 기억된 정보는 미래를 추상하기 위해 기억되고 있다고 할 수 있을 만큼 미래와 밀접하게 연관되어 있으므로 현재의 자기를 만족스럽게 볼 수 없는 경우가 많게 됩니다. 기대된 미래의 자기가 현재의 자기일 수 없기 때문에 매일 만나는 자기는 부족한 자기가 되기 쉽다는 것이지요. 부족하게 보인 자기와 그런 자기를 받아들이는 감정의 패턴망이 부족한 자기라는 이미지를 강화해 가므로, 추상된 자기에게 보상받으려는 생각을 내려놓지 못하면, 만나는 자기마다 부족한 자기, 결핍된 자기, 우울한 자기가 되기 쉽다는 뜻입니다.

어차피 변치 않는 실제의 자기는 없습니다. 매일 변하는 자기이며 해석되는 자기입니다. 하여 자기에 대해 어떻게 해석할 것인가가 중요합니다. 자기 자신에 대한 자신의 해석조차 실제의 자기가 아닌데, 다른 사람의 판단으로 자기를 평가하는 것은 자신과 멀어지는 지름길을 만드는 것과 같습니다. 가족들조차 자신을 몰라주는 느낌을 많이 받게 되는 까닭도 여기에 있습니다. 그렇다고 생각이라는 일을 하고 있는 무형적 실재가 따로 있는 것도 아닙니다. 신경망의 상호작용, 환경과의 상호작용을 통해서 창발적으로 등장하고 있는 사건이 생각이라고 할 수 있습니다. 각자가 갖고 있는 신경망의 패턴 연결 양상과 각자가 살고 있는 환경이 같을 수 없어 서로의 생각이 다를 수밖에 없듯, 개인의 처지 또한 크게 다르지 않습니다. 그러므로 어제와 다른 오늘의 나, 기대했던 내일의 나와 다르게 현상한 오늘의 나를 있는 그대로 인정하는 연습이 무엇보다 중요합니다.

조금 극단적인 예라고 할 수 있지만, 호모사피엔스와 98.5%나 같은 유전자를 갖고 있는 침팬지를 생각해 보면 0.1%의 차이밖에 없는 사람들끼리는 그 차이를 무시해도 될 것 같지만, 1.5% 차이가 종을 달리할 수밖에 없는 차이가 되듯 0.1%의 차이도 무시할 수 없거든요. 더군다나 각자가 갖고 있는 생각의 지도에는 환경 등의 영향이 깊숙이 개입되어 있으므로 결코 같은 지도가 있을 수 없듯 개인의 어제와 내일도 생각의 지도가 변한 만큼 다른 '나'가 되어 간다고 할 수 있으니, '나'는 '정의된 나'로서 존재할 수도 없습니다. '변해 가는 나'가 존재의 양상을 규정할 뿐입니다.

집착이 괴로움의 원인이 되는 까닭

불교에서는 '집착이 괴로움의 원인이다'라고 말합니다. 이 말이 뜻하는 것은 집착이라는 심리현상은 있지만 집착된 대상이 결코 그렇게 존재할 수 없기 때문에 괴로움이 발생할 수밖에 없다는 것입니다. 이는 '생명의 현상'과 '생명계의 흐름'을 통찰한 지혜수행의 결과로 알려진 사실입니다. 하여 불교에서 말하는 수행은 흐르는 사건들을 있는 그대로 알아차리는 연습과 현재의 심리상태를 조율하는 시스템을 구축하는 것이라고 할 수 있습니다. 실재를 알아차리는 것이 아니라 해석된 사실이 실재가 되기 때문이며, 감정 등의 심리현상 또한 신경망의 패턴 연결에 따라 발생하는 사건이므로 연습을 통해 패턴끼리의 끌림을 조율할 수도 있기 때문입니다.

팥죽처럼 끓고 있는 의식 이전의 이미지들 가운데 특정 이미지에 주의를 기울이는 연습과 의식적으로 특정 이미지를 만드는 연습 그리고 일어나고 사라지는 현상을 있는 그대로 지켜보면서 그냥 흘러가도록 하는 연습이 그것입니다. 그러다 보면 감정 등에 휩쓸리지 않고 일어나는 사건을 지켜볼 수 있을 뿐만 아니라 그 사건에 대한 해석을 달리할 수 있는 기억 패턴을 만들 수 있게 됩니다. 이는 생각의 지도가 갖고 있는 색깔이 바

뀌는 사건이면서 자신의 현재를 새롭게 구축해 가는 패턴 연결
망이 단단해진 결과입니다. 집착하지 않고 사건의 흐름을 볼 수
있는 습관이 형성되면서 크게 힘쓰지 않고도 괴로움을 발생시
키는 인지망의 배선을 바꿀 수 있는 힘도 커진 것이지요. 힘이
커졌다는 것은 맞닥뜨린 사건을 해석하는 채널이 새롭게 구축
됐을 뿐만 아니라 불필요한 감정 소모를 하지 않을 수 있는 패
턴망이 단단해졌다는 것을 뜻합니다. 현재뿐만 아니라(인지의
실상을 보면 현재라는 사건이 있는 것이 아니라 과거, 현재, 미래가
중첩된 현재만 있을 뿐입니다), 과거·미래의 사건들에 대해 주의
를 어떻게 기울일 것인가에 대한 의지력이 커지게 되면서 지혜
로운 판단과 들뜨지 않는 감정으로 수용된 사건을 해석할 수 있
는 기반을 갖추게 됐다는 것이지요.

　과거조차 지금 이 순간에 재구성된 현재의 과거이며 상상
하는 미래 또한 현재의 미래이기 때문입니다. 주의를 끌어가는
강도의 차이에 의해서 습관적으로 해석된 과거와 미래가 우리
가 만나는 과거와 미래일 수밖에 없다는 뜻입니다. 현생인류는
다른 동물들에 비해서 사건을 해석할 때 기억정보의 영향이 훨
씬 크다 보니, 곧 입력된 정보를 각자가 갖고 있는 기억정보를
바탕으로 가공하는 폭이 크다 보니(다른 사람의 이해는 말할 것
도 없고 어제의 자신과 오늘의 자신이 만든 해석상조차 다르다 보

니) 같은 사건에 대한 이해라고 하더라도 실제로는 다른 사건처럼 될 수도 있습니다. 하여 어떤 학자는 하나의 사건을 욕조에 가득 찬 물이라고 한다면, 그 사건에 대한 공통의 이해는 욕조 물에서 퍼낸 한 잔의 컵에 담긴 물의 양과 같다고 했겠지요.

그렇기는 해도 같은 종은 세계를 이해하는 지각규칙이 같으므로 세계 이해가 자기 이해이면서도 어느 정도 공통의 이해가 될 수 있다고 하며, 더 나아가면 모든 생명체는 공통 조상의 후손이므로 자기 이해의 세계 속에 다른 생명체의 이해를 담고 있을 수밖에 없다고 합니다.

현생인류에 이르러 일어난 인지혁명으로 호모사피엔스는 '내일이라는 이미지'와 같이 경험하지 않은 것을 상상할 수 있게 됐으며, 생각[心所]을 생각할 수 있는 능력[心王]도 생겨났으며, 다른 생명체의 느낌까지 상상할 수 있게 됐으므로 이를 통해 자아의 확장도 가능하게 됐다고 할 수 있기 때문입니다. 이와 같은 사실은 부처님께서 말씀하신 '연대 없이 존재할 수 있는 자아는 있을 수 없다'는 것을 뜻하는 연기법과도 일맥상통한다고 할 수 있습니다. 인지혁명이 있었기에 생명현상과 생명흐름에 대한 바른 이해를 체득할 수 있었고, 깨달음의 내용이 생명의 실상을 온전히 드러낼 수 있었다는 뜻입니다.

깨닫고 보니 생명의 사건들은 상호공명을 통해 무한히 확장되는 것이면서 동시에 무한한 공명파가 엮여 하나의 사건처럼 나타난 현상이며, 개인도 개인이면서 동시에 개인을 넘어서며, 개인을 넘어서는 공명파로 인해 함께 생명계를 이룬다는 것을 알았다는 것입니다.

자신의 존재 상태를 규정하는 생각의 색깔

매 순간 일어나고 사라지는 생각의 양상이 자신의 존재를 규정하면서 자신의 세계를 펼쳐내고 있는 사건이 되므로, 생각의 양상을 바꾼다는 것은 자신과 세계를 새롭게 창조하는 사건이 될 수밖에 없습니다. 공명하지만 독자적이고 독자적이지만 공명하는 생명계의 중첩된 사건들과 어떻게 만날 것인가가 곧 자신의 세계상을 만든다는 이야기입니다. 의식이라는 것만 놓고 보면 정신작용의 일부에 지나지 않는 것 같지만, 인지의 패턴을 의지적으로 바꿀 수 있는 사건 또한 의식의 작용입니다(무의식적인 지각규칙에 의해 의식이 발현되기는 해도, 지각규칙의 요소 가운데 기억정보의 역할이 크므로 의식적인 노력에 의해 기억정보의 양과 작용 패턴이 바뀔 수 있다는 뜻입니다). 그러므로 의식적으로 의식내용(사유의 색깔)을 조율해 집착이라는 틀을 내려놓는 연습을 한다면, 무의식으로 이미지를 만드는 신경망의 패턴도 바뀌게 되면서 보다 쉽게 괴로운 상황을 만들지 않게 됩니다.

괴로움을 만드는 생각길을 좁히고, 내려놓는 생각길을 넓히는 연습이 임계점을 넘어서게 되면 집착하지 않는 생각길이 생겨나거든요. 그러므로 "나는 왜 이런 줄 모르겠어"라는 푸념이 나올 때 먼저 그 이유를 살펴보는 연습이 중요합니다(대부분의 이유에는 '나를 알아 주세요'라는 뜻이 숨어 있지 않을까요?). 하나의 생각 속에 들어 있는 인연망에는 생각할 수도 없는 다양한 조건이 개입돼 있으므로 자기의 생각이 마음에 들지 않을지라도 그 생각으로 자신의 됨됨이를 규정하는 것은 자신을 제대로 알아차린 결과라고 할 수 없기 때문입니다. 생각이 일어나는 지각과정을 학습하고, 지금 발현된 사유의 색깔이 마음에 들지 않더라도 우선은 그냥 흘러가도록 하는 것이 중요합니다. 스스로 설정한 바람직한 자기상(이 이미지에도 온갖 인연이 개입되어 있습니다)과 가족이나 가까운 이들이 만들어 준 자기상에 비추어 지금 여기의 자기를 보는 것은 자기부정이 개입되기 쉽거든요.

'나는 왜 이런 줄 모르겠어'라는 생각 속에는 알게 모르게 '너는 왜 그런 줄 모르겠어'라는 주위의 시선이 깊게 배어 있을 것이고, 그런 자기는 자신한테도 버림받는 자신일 수밖에 없으니, 가족 등으로부터도 버려질지 모른다는 두려움이 삶의 바탕에 짙게 깔려 있을 수 있다는 뜻입니다. '저런 식으로 해서 어떻게 험난한 세상을 살아낼 수 있을까?'라는 불안이 있기에, 자식을 강하게 키우려는 뜻으로 선의의 채찍질을 했다고 하더라도, 아직 자신의 생각을 정리해 말할 수 있는 신체적 조건도 갖추어지기 전부터 자신의 생각이 존중받지 못한 사건을 매일매일 만났다고 하면, 버려질지도 모른다는 불안으로 암담한 미래를 준비해 온 것과 다른 바가 없지 않겠어요.

성공했다고 인정받는 사람들 가운데, 가까운 이들 누구로부터도 존중받지 못한 사람의 심리적 배경은 아마 불안으로 가득 찬 자신을 그런 식으로 표출하면서 불안을 잠재우고 있을지도 모릅니다. 자신이 그렇게 된 것을 가족이나 가까운 이들 탓으로 돌리면서 자신을 보호하려는 행동을 하는 것이지요. 누구도 원치 않는 일, 곧 자신뿐만 아니라 가까운 이들로부터 심리적 버림을 받게 되는 일이 잘못 설정된 생각길에 따라 일어날 수 있다는 것입니다.

하루 15분이면 충분하다

순간순간 일어나는 심리적 표류가 인생길을 슬픔으로 포장하기에 '나는 왜 이런지 모르겠어'라는 푸념이 주는 무게를 재기가 쉽지 않습니다. 우선은 미래의 자기를 그리고, 그런 자기를 욕망하는 일을 멈추는 것이 필요합니다. 불안한 자기를 받아들이는 연습입니다. 탓할 만한 이유가 없는 것은 아니라고 하더라도 탓을 듣는 이 또한 자기 불안을 받아들이기 어려워 회피성 이유를 대기가 쉽거든요. '다 너를 위해서 그런 거야'라는 말이 실제로 너를 위한 것이 아니라고 하더라도 너를 위한 것이어야 자신의 불안을 맞이할 수 있기 때문이며, 탓하는 이 또한 그래야만 자신의 현재를 이해할 수 있다고 여기기 때문입니다. 무의식적으로 작용하고 있는 지각의 회로 판에는 이와 같은 생각을 일으키는 배선이 넓고 단단하기에, 곧 습관적인 생각의 회로망이 일을 잘하기에 후회되는 말과 행동을 하기가 쉽다는 것입니다.

현재 발현되고 있는 출력 이미지는 강도 높게 기억되고 있는 정보를 중심으로 가공된 것이기에 그렇습니다. 현재의 자기를 부족한 자기로 보는 인지의 회로망이 어떤 의미에선 바라는 자기를 만들어 가는 동력이 되기도 하지만, 동시에 부족한 자기라는 이미지를 심고 있는 일이 되기도 한다는 뜻입니다. 하여 인지시스템에 대한 이해가 깊지 못하면, 부족하지 않은 자기를 부족한 자기로 보기 쉬우며, 이 일이 자신을 판단하는 데에 그치는 것이 아니라 타인도 그렇게 보기 쉽습니다. 이와 같은 상태에서 서로간에 주고받는 부족하다는 마음이 상승작용을 하게 되므로 관점 이동이 더욱 어렵게 됩니다(그렇기에 부족하지 않은데도 부족한 존재처럼 여기게 하는 관점이 어떻게 만들어졌는가를 살펴 아는 일이 중요하다는 것은 더 말할 필요도 없습니다). 생각한다는 것은 단지 마음이라는 무형적인 어떤 것이 하는 일이 아닙니다. 뇌와 신체와 환경이 손잡고 만들어 낸 지각의 회로 판이 하는 일이라고 할 수 있는데, 이 과정에서 특정 신경조절물질 등이 습관적으로 방출되면서 해석된 이미지의 연속성을 담보하고 있기 때문에 관점 이동이 쉽지 않다는 것입니다. 해서 일어난 심상을 있는 그대로 90초간 지켜보는 훈련이 필요하다고 말씀드렸습니다.

훈련을 한다고 해도 회로 판의 배선양상이 쉽게 바뀌지는 않겠지만, 바뀌어야 하는 이유를 분명히 이해하기만 해도 자신을 있는 그대로 인정하기 쉬울 뿐만 아니라, 타인의 상황도 인정하기 쉽게 될 것입니다. 그렇게 되면 덜 흔들리면서 마음 흐름을 지켜볼 수 있는 힘을 키울 수 있지 않을까요.

어떤 수행자는 흔들림 없이 지켜보는 힘을 기르는 데는 매일 15분 정도만 지속적으로 해도 충분하다고 이야기합니다. 먼저 그 습관을 길러야만 하는 충분한 이유를 사실에 기반해서 반조한 다음, 그 생각을 되새기는 마음 훈련을 하고, 마지막으로 하나의 생각이 형성되는 데 참여한 시공간의 이웃 모두에게 고요한 마음이 함께하기를 기원하면서 마치기까지의 15분입니다. 흔들리면서 올라오는 생각의 흐름을 90초간 그대로 지켜보는 것이 마음을 평정하게 하는 연습이듯, 15분이라는 시간이 습관의 힘을 바꿔 가는 연습이긴 하나, 보다 중요한 것은 생각의 기반을 이해하는 것입니다. 바른 이해가 전제되어야 자신과 타인을 부족하게 보지 않는 마음, 곧 기대를 충족했는가 하지 않았는가의 판단 없이 있는 그대로를 볼 수 있는 힘이 생길 수 있거든요.

더 결정적인 이유는 익숙한 생각의 색깔이 드러날 때(의식화될 때) 그냥 그 색깔을 알아차리는 마음, 곧 좋거나 나쁜 감정이 올라오더라도 마치 한 걸음 물러나서 들뜨지 않게 지켜보는 듯한 그 마음(이렇게 되면 '작용하는 마음'을 '지켜보는 마음'이 오직 알아차림만 하고 있는 것과 같습니다)이 다음에 일어나는 생각과 말과 행동에 영향을 주면서 새로운 생각의 지도를 만들어 가는 중심축으로 작용하기 때문입니다. 그러므로 어떤 의미에선 일어나는 생각에 곧바로 반응하지 않는 습관을 기르는 것이 실제로는 다음 순간을 창조하는 빈 마음의 의지를 키우는 것이라고 할 수 있습니다. 수많은 시간 동안 익혀 온 생각길이 만든 내부영상을 90초간이나 15분간 그냥 지켜보는 빈 마음과 같은 작용에 의해서 새로운 생각길이 만들어지고, 만들어진 그 길조차 집착하지 않게 된다는 것이지요. 뇌의 가소성에 의해서 무의식적으로 신경의 배선이 변하기도 하지만, 의식적으로 그냥 지켜보는 빈 마음 상태를 의지하는 습관이 커져 간다면, 그것은 새로운 배선을 만드는 힘이 커지는 것과 같기 때문입니다. 그러므로 마음챙김은 의도적으로 빈 마음과 분별하는 마음을 자재하게 쓸 수 있게 되는 인지의 알고리즘을 만들고 강화시켜 가는 것과 같다고 하겠습니다.

먹는 것이 나다

마음챙김 수행에서 빈 마음을 강조하기는 하지만, 생명활동을 잘하기 위해서는 바른 판단인 선분별(善分別) 또한 그에 못지 않게 중요합니다. 예를 들면 눈의 역할을 하는 세포군은 유전정보로만 보면 다른 역할을 하는 세포들과 다를 것이 없지만 눈이 되는 환경에 놓이게 되는 순간 눈의 역할을 하는 정보만 발현되도록 유전자 스위치를 조율하는 것과 같이, 무위적으로 바른 이해와 판단을 할 수 있는 지혜수행도 중요하다는 뜻입니다.

더 나아가 본다면 다른 기관과의 관계를 떠나서는 눈도 눈일 수 없듯, 미생물 등과의 관계를 떠나서는 몸도 몸일 수 없습니다. 우리 몸은 미생물과의 공동체라고 할 수 있거든요. 우리 몸의 세포 수보다 10배나 많은 장내 미생물은 몸과 공존하는 정도를 넘어 우리의 생각에도 많은 영향을 미치고 있으므로, 식생활에서도 이들을 배려하지 않을 수 없다는 것이 몸의 실제를 말해 준다고 하겠습니다. 행복감을 불러일으키는 신경조절물질인 세로토닌의 5%는 뇌에서 만들어지고 95%는 장의 내분비세포인 장내 크롬친화성 세포에서 생산되는데, 이 과정에서도 미생물의 생존조건이 크게 영향을 주고 있다는 것입니다.

사실 '먹는 것이 나다'라는 구호를 살짝 비틀어 '먹는 것이 마음이다'라고 할 수도 있으니, 마음이 생각하는 주체가 아니라 순간순간 이루어지고 있는 연합망(뇌와 신체와 환경 등)이 그 순간의 생각의 색깔을 정하는 것이 넓은 의미로 마음활동이 된다고 하겠습니다. 마음은 그 순간 눈을 감으면 눈의 마음이 사라지고, 잠을 자면 의식이 사라지듯 마음작용 하나하나는 그 순간 맺고 있는 인연의 총합이라고 할 수 있거든요. 기쁜 마음은 기쁜 연합을 슬픈 마음은 슬픈 연합을 드러낸 것과 같습니다. '중생이 아프면 나도 아프다'라는 유마거사의 말씀이 이 상황을 극명하게 보여 준다고 하겠습니다. 삶이 그러하니 식생활이 마음의 색깔을 정하는 중요한 요소가 될 수밖에 없으며, 미생물의 생존활동과 식물의 생존조건, 나아가 바닷물의 상태와 공기조차 마음의 색깔을 정하는 요소로서 참여하고 있다는 것 또한 의심의 여지가 없다고 하겠습니다.

그렇기는 해도 개체는 개체만의 마음 색깔을 만들기 위해 음식물이 갖고 있는 단백질 등의 정보를 분해하는 일을 합니다. 소화 작용이 그 일입니다. 외부에서 수용된 단백질을 아미노산으로 분해해서 자신만의 단백질 정보로 다시 조합하는 것입니다. 그래야만 외부 정보가 주는 위험을 피할 수 있습니다. 그렇게 형성된 단백질망은 세계를 이해하는 기본 골격이 되어 자신만의 세계 지도를 만듭니다. 공존의 세계이면서 고유한 세계가 펼쳐지고 있는 곳이 생명계입니다.

그러하니 누구라도 '이렇게 살아주세요'라는 말에 따라 살 수가 없습니다. 그렇게 살았다는 것은 그렇게 산다고 믿는 것에 지나지 않습니다.

자신이 살아온 자취는 공존을 기반으로 한 고유한 무늬입니다. 다시 산다고 해도 마찬가지입니다. 누군가의 원대로 살아주지 못한 것에 대해서 지나치게 마음 쓸 필요가 없습니다. 할 수 없는 일을 하지 못했다고 탓해봐야 쓸데없는 번민만 키울 뿐입니다. 그런 마음씀이 부족한 자기와 결핍된 자기를 만듭니다. 미생물조차도 자신의 유전정보를 바꾸면서 생존환경과 상응한 생존전략을 무의식적으로 실행하고 있습니다. 사람의 마음 흐름이 일정한 색깔만을 가질 수 없다는 것은 누구라도 알 수 있습니다. 그것은 틀린 것이 아닙니다. 새로운 조합이 형성되면 이전의 본성은 사라집니다. 기억이 그 간극을 매워주기에 일관성이 담보되는 것 같기는 해도, 실제로는 다른 본성이 옛날을 이어 탄생되는 것과 같습니다.

하여 옛 선사들은 날마다 새날이며, 날로날로 새로워진다고 이야기했겠지요. 불교에서 무분별의 빈 마음을 강조하는 까닭도 여기에 있습니다. 현재가 옛날을 이은 현재인 것은 분명하지만 현재는 동시에 미래를 꿈꾸면서 옛길을 변화시키는 변환기와 같습니다. 그렇기에 현재에 깨어 있지 못하면 답습된 옛날을 지금으로 여기면서 현재를 등지기 쉽습니다. 현재를 등진 결과가 괴로움으로 나타납니다. 꿈꾸는 내일이 오늘이 되지 못하는 한 오늘은 언제나 허전한 오늘이 되면서 내일도 허전하게 만들 확률만을 높이거든요. '꿈꾸는 내일의 사건'에 스며드는 온갖 요소들은 누구도 예측할 수 없습니다. 스스로 그러한 자연조차 그러한 내일을 꿈꿀 수 없습니다. 그냥 그렇게 흘러갈 뿐입니다. 자연 전체도 그럴진대 낱낱 사건이 어제를 고집한다고 하면 사건의 상속도 일어날 수 없겠지요.

하여 낱낱은 자기를 변주하는 능력을 키웠습니다. 어제의 나를 고집하지 않는 비움입니다. 자신의 본모습은 색깔에 있는 것이 아니라 비우는 데 있습니다. 비우면서 온갖 인연의 흐름을 자신의 흐름으로 만듭니다. 공(空)의 묘술입니다(眞空妙有).

비움도 고집하지 않고 형상도 고집하지 않는 힘이 오늘을 사는 생명의 힘입니다. 공성인 생명의 흐름과 함께한다면 모든 괴로움으로부터 해탈될 수 있다는 이야기가 생명계의 실상과 계합되기에, 그와 같은 가르침이 믿음으로만 남지 않고 자신의 삶으로 증명될 수 있었겠지요. 비유하자면 마음이라는 분자가 마음을 이루는 원소로 해체되고 다시 결합되면서 다른 색깔의 마음 분자활동을 만들어 내는 것이라고 할 수 있습니다. 인연 따라 비우고 현상하는 운동이 마음이면서 생명의 흐름과 공명하는 작용이라는 것입니다.

생명계의 흐름과 공명하는 변화를 실현하는 것이 마음활동이면서 생명활동이라는 뜻입니다. 그렇기에 어떤 학자는 마음을 '운동이 내면화된 것'이라고 했겠지요. 몸의 움직임을 본뜬 것과 같은 상상이라는 인지활동이 곧 마음이 하는 운동이라는 뜻입니다. 그러다 보니 뇌의 크기는 신체의 2%에 지나지 않지만 사용하는 에너지는 전체 에너지의 20%에 이른다고 합니다. 의식·무의식적으로 사건·사물의 이미지를 만들기 위해서는 그렇게 많은 에너지를 쓸 수밖에 없지 않겠어요. 의식되는 이미지가 만들어지기까지는 수용된 정보를 분류하고 해석하는 과정을 거치게 되는데, 이 모든 과정이 에너지 소비를 촉진한다는 것입니다(어떤 학자는 뇌는 생각하는 일이 주업무가 아니고, 변하는 환경으로부터 입력되는 자극정보에 따라 에너지 사용에 대한 효율성[신체예산분배]을 높이는 것이 주업무라고 이야기합니다). 하여 기본적인 에너지원인 음식물 섭취를 잘 하는 것, 곧 몸속에 있는 미생물도 좋아하는 음식물을 섭취하는 것이 중요하다고 말씀드렸습니다.

운동과 관점 이동

두번째는 운동이 되겠지요. 음식물 섭취와 운동의 중요성은 말하지 않아도 될 만큼 강조되는 이야기입니다만, 이 일이 생명에 대한 바른 이해를 전제로 하지 않는다면, 건강한 몸이라고 해서 반드시 건강한 운동과 정신활동을 하게 된다고 할 수도 없습니다. 이것에 대한 것은 예를 들 필요조차 없겠지요. 매일매일 경험하고 있는, 곧 권위를 갖고 있다고 여기는 이들이 펼치고 있는 건강하지 않은 생각의 폐해는 고스란히 약자들의 몫이 되고 있으며, 불평등이 심화되고 있는 현재는 약자들을 대량 생산하고 있는 것과 같기 때문입니다.

그렇게 형성된 사회적인 생각길은 생명현상조차 왜곡하고 있습니다. 예를 들면 생각이 다르고 피부색이 다른 것이 약자의 조건이라는 듯한 생각의 사회화가 물밑으로 강도 높게 퍼져나가고 있는 것 등입니다. 건강한 사유가 전제되지 않는다고 하면 아프지 않은 사람도 아픈 사람으로 취급되기 십상이고, 스스로를 부족한 사람으로 여기는 마음만을 키우기 쉽습니다.

하여, 세번째는 관점 이동을 자재하게 실현할 수 있는 생각의 지도를 형성하는 것입니다. 생명활동은 그 자체로 보면 지성활동이 본질이라고 할 수 있습니다. 음식물 섭취와 운동은 지성활동을 하기 위한 기초이면서 그 일을 잘하기 위해 지성활동을 한다고 할 수 있기에, 지성활동이 건강하지 못하다고 하면 본말이 전도되고 맙니다. 생명활동을 이해한다는 것은 자기를 이해하는 첩경입니다. 분별된 자기는 발명된 자기이며 상상된 자기라는 것을 알 수 있는 것도 생명에 대한 이해로부터 출발합니다.

생명활동은 세포 단위부터 정보를 수용하고 해석하는 행위라고 할 수 있습니다. 수용된 정보가 전기적 신호와 화학물질의 속성에 따라 갖가지 양상으로 해석되면서 생각과 말과 행동을 하게 되므로, 생명활동 그 자체로 보면 어느 것이든 물질의 활동이면서 정신의 활동을 산출하지 않는 것이 없습니다. 바른 전제에 의거한 운동 또한 바른 생각을 내는 물질의 운동이면서 정신현상입니다. 정보를 주고받으면서 해석하는 행위가 정신이라는 특징으로 나타나지만 그 또한 생물의 물질운동이라고 할 수 있거든요. 일상의 경험으로 보면 물질과 정신을 어느 정도 구분할 수도 있을 것 같지만 이웃 세포들과 정보를 주고받지 않는 세포가 없다는 데서는 그 구분이 실체를 바탕으로 한 것일 수 없다는 것입니다.

예를 들어, 사람의 정신활동이 언어로 번역되고, 언어로 번역된 정신이 말을 통해 공기의 떨림으로 변환되고, 그 떨림이 다시 정신활동인 해석으로 이어지면서 서로의 생각을 알아차리는 과정을 보면, 그 과정을 정신과 물질의 상호변환이라고 말하기조차 어렵지 않겠어요. 현상의 다름에는 다름을 규정하는 실체가 있어야 한다는 것 자체가 상상의 산물에 지나지 않는다는 뜻입니다.

드러난 현상 그 자체가 머물지 않는 실재이면서 정신현상이라고 할 수 있으며, 그것만이 자신의 세계를 표출하는 유일한 실재입니다. 더 나아가 본다면 그렇게 표출된 자신의 세계는 자신만의 세계이면서도 그 이미지를 만드는 데 생명계의 전 역사가 참여하고 있다고 할 수 있습니다. 하여 낱낱 사건은 생명공동체가 만들어 내고 있는 세계가 현상한 것도 됩니다.

자신도 이롭고 상대도 이롭고

불교 수행자가 온 힘을 다해 닦아야 할 덕목이 자리이타(自利利他)를 실현할 수 있는 인지시스템을 체화하는 일이어야 한다는 것도 일어나고 사라지는 생명현상 하나하나가 생명공동체를 기반으로 발현되고 있다는 데서 출발한다고 하겠습니다. 체화하는 사건으로만 보면 수행은 개인의 일이지만, 체화되는 내용으로 보면 생명공동체를 위한 업을 쌓는 일이 되는 까닭도 여기에 있고요. 하여 선정과 지혜의 완성을 이룬 보살, 곧 10지를 성취한 보살은 자리와 이타를 뜻대로 펼 수 있는 생각의 지도를 갖춘 것과 같습니다.

선정의 완성 단계를 개략적으로 살펴보면 일반적으로는 익숙한 사건·사물이 다른 식으로 보이고 들리기도 하고, 내부의 정보로만 만들어진 이미지가 현상하기도 하며(상대적 유무 相對的 有無), 보는 자와 보이는 것의 분별이 사라진 절대 유(絶對有)의 경험과 모든 지각 내용이 사라지는 절대 무(絶對 無)의 경험을 뜻대로 펼칠 수 있게 되기까지의 과정이라고 할 수 있습니다. 이런 경험을 통해서 사건·사물의 실상을 이해하는 것은 반야 지혜를 닦는 일이 됩니다. 이때 중요한 것은 기존의 관점으로 새로운 경험을 해석하지 않고 경험 그대로를 사건의 실상으로 이해하는 일입니다. 상대적인 관점이나 절대적인 관점 모두 특별한 지각 상태에서 드러난 사건·사물의 한 면에 지나지 않기 때문입니다. 그 모두가 인연의 한 모습입니다. 하나의 사건으로 드러난 것과 같은 마음현상이지만, 실제로는 그 현상만이 그때의 세계상을 온전히 드러내는 사건이 됩니다. 그렇기에 부처님께서는 사건 하나하나가 여러 인연조건이 성립돼서 드러나는 것이라고 하셨겠지요. 연기법, 곧 인연 따라 생겨나는 것이 사건들의 실상이라는 뜻입니다. 이 말은 미래를 준비하기 위한 용도로 기억정보가 크게 유용하긴 하지만, 한 사람이 갖고 있는 기억정보로는 온갖 인연이 개입돼서 발생하는 사건을 충분히 예측할 수 없다는 뜻도 됩니다. 사건의 발생이 이렇다 보니 생각의 흐름을 있는 그대로 지켜보는 수행은 현재를 평안하게 할 뿐 아니라, 다음에 일어날 사건을 흔들림 없이 지켜볼 수 있는 마음의 강도를 강화시키는 것과 같습니다. 하여 기대하는 욕망을 내려놓고 마음 흐름을 있는 그대로 알아차리기만 하는 수행법이 지금도 여전히 전승되고 있겠지요. 있는 그대로를 알아차린다는 것은 지각되는 이미지마다 기억의 자모음으로 만들어지는 환상과 같기 때문입니다. 그러므로 특별한 이미지를 기대할 이유도 없습니다. 모든 이미지의 실상이 이렇기에 「대승기신론」(大乘起信論)에서는 선(禪)수행 시 경험하게 되는 특이

한 현상들도 귀신의 작란에 지나지 않는다고 이야기하고 있습니다.

인연 따라 만들어지는 내외부의 사건들도 그 자체로 실재하지 않는데, 기억정보를 토대로 만들어지는 심상을 실재시한다는 것은 수행자가 귀신의 작란에 속은 것으로 바른 안목을 기르지 못했다는 것을 뜻할 뿐입니다.

수행을 한다고 해도 생각의 지도나 방향성이 쉽게 바뀌지는 않습니다. 만들어진 기억정보의 강도와 패턴 구조는 오랜 세월 동안 쌓여진 습관의 잔여물이기 때문입니다. 지혜수행이 중요한 까닭도 여기에 있습니다. 경험을 관통하는 바른 이해를 갖추어야 속지 않습니다. '마음이 모든 것을 조작한다'(일체유심조 一切唯心造)라는 말을 많이 들어보셨을 것입니다. 사건 자체를 실재시하는 이해는 사건에 있는 것이 아니라 마음의 해석에 지나지 않는다는 뜻입니다. 더 나아가 해석과 아울러 좋아하고 미워하며 싫어하는 감정이 개입되면 사건을 이중삼중으로 왜곡하면서 스스로 들뜬 심리상태가 되어 들뜬 세상을 만들고 만다는 것입니다.

맞닥뜨리고 수용된 사건의 정보가 없는 것은 아니지만 그것 자체가 해석된 대로 또는 감정이 개입된 현상으로 존재하지 않는다는 것을 마음 깊이 새기는 정견수행과, 일어나고 사라지

는 사건들을 흘러가도록 지켜보는 정념수행이 동반되어야, 일
상의식은 말할 필요조차 없고 선정의식 상태에서 경험되는 사
건에도 속지 않게 되고 사건의 실상도 꿰뚫어 볼 수 있게 된다
는 것이지요.

오늘만이 충만한 삶

지혜를 기른다는 것이 어렵지 않은 것처럼 보여도 막상 해보면
어제와 다르지 않은 오늘을 만나게 됩니다. 마음 깊숙이 자리
잡고 있는 기억정보의 패턴에는 이미 가지고 있는 것들을 중요
하게 여기는 인지 습관, 곧 끊임없이 창고에 물건을 쌓아가야만
안심되는 인지 습관이 불필요한 욕구를 증대시키기 때문입니
다. 이 일을 가장 잘하는 것이 상품광고라고 하겠습니다. 매일
매일 새롭고 성능이 좋아졌다는 물건을 내놓으면서 어제의 물
건이 한물간 물건처럼 느끼게 하는 심리를 만들어 내기 때문인
데, 이 일은 내일의 불안을 상품화한 보험과 크게 다르지 않습
니다. 일어나지 않은 일을 불안으로 맞이하게 하는 기억감정의
통로를 강화시키기만 하면, 일어나지 않은 불안을 대적하기 위
해 현재를 소비하는 것을 잘한 일처럼 느끼게 되고, 그것을 위

해 경비를 지불하는 것을 당연하게 여기게 된다는 뜻입니다. 현재의 욕구뿐만 아니라 미래의 욕구까지를 충족시키기 위해 지불하는 현재의 사건에 의해 22세기를 맞이하지 못할지도 모른다는 이야기까지 나오고 있는 것을 보면, 전도된 학습과 기억 시스템이 얼마나 허구인가를 증명하고 있다고 하겠습니다.

기억을 바탕으로 미래를 예측하는 인지시스템은 그 자체가 실제의 사건과 접속하는 것이 아닙니다. 해석된 이미지만이 자신의 세계가 될 수밖에 없기 때문입니다. 기억조차도 새롭게 만들어지고 있는 것과 다르지 않기 때문이며, 이미지를 만들 때 참여하는 기억정보의 운용방식도 그렇기 때문입니다.

심리 마케팅을 통해 이 물건을 갖지 못한다면 당신을 결핍된 존재라는 인지통로를 강화시키기만 하면, 멀쩡한 사람도 부족한 사람이 되고, 별 필요도 없는 물건도 사게 된다는 것이지요. 그렇기에 광고주들은 끊임없이 소비하는 것이 당신의 존재가치를 증명한다고 외칠 수밖에 없습니다. 조금만 생각해 보면 그 말을 하는 사람이나 그 말을 듣는 사람 모두가 그 말이 허구인 줄 알 수 있습니다. 그렇지만 생각을 기르는 공부가 학습의 전 과정에서 빠져 있고, 그 자리에 소비만이 가치 있는 생명활동인 줄 여기게 되는 자발적 경쟁체계가 자리 잡혀 있기에, 생명의 존재가치를 생명 그 자체에서 찾는 일이 어리석은 일을 하는 것처럼 보이게 됐습니다. 허구가 실상을 이겼다고나 할까요. 학습의 많은 부분이 결핍되지 않은 것까지 결핍된 것처럼 느끼도록 하다 보니, 스스로의 삶에서 충만한 기쁨을 느끼기는 어렵고 부족한 점만이 크게 보이게 됐다고 하겠습니다. 더 나아가 그와 같은 마음씀은 결핍된 심리현상을 만들어 내는 기억회로를 날마다 강화하는 것과 같으니, 충족될 수 없는 욕망의 회로는 과부하가 걸릴 정도로 일을 하고 있다고 하겠습니다.

그렇다고 해도, 그와 같은 심리통로도 학습 등을 통해서 만들어진 것이고, 만들어진 심상도 순간순간 기억의 자모음으로 해체되면서 상속되고 있기에, 새로운 학습이 이루어진다고 하면 각각의 자모음이 갖고 있는 강도의 크기도 달라지고 기억의 자모음이 만들고 있는 패턴망이 변하게 되면 부족하지 않은 자기를 알아차릴 수도 있겠지요. 생명활동과 지각시스템을 이루고 있는 낱낱과 그것들이 이루고 있는 패턴 그 자체만으로 사건의 흐름이 결정되는 것이 아니고 관계를 통해서 변해 가고 있기에 깨달음이 가능하다는 뜻입니다. 하나하나의 작은 깨달음이 순간적으로 번쩍이는 지성 작용에만 그치지 않고 인지시스템에도 영향을 주므로 결국에는 큰 깨달음도 가능하고, 큰 깨달음으로 지각시스템이 변하게 된다면 의도하지 않고도 충만한 존재로서의 삶을 살아갈 수 있다는 것입니다.

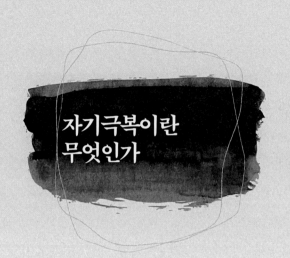

자기극복이란
무엇인가

우리가 만날 수 있는 세계

'자기극복이라는 말이 맞는 말인가'라고 생각해 보면, 맞는 것 같기도 하고 안 맞는 것 같기도 합니다. 왜냐하면 나는 극복되어야 할 존재가 아니기 때문에 극복된다라고 하는 말 자체가 성립되기 어렵고, 생각하는 습관을 바꾸는 것을 자기극복이라고 본다면 어렵기는 하지만 바뀌기도 하기 때문입니다.

생각을 바꾼다는 것이 쉽지 않다는 것은 누구라도 경험하는 일입니다. 외부의 정보를 수용하는 감각기관을 보더라도 수용할 수 있는 정보의 폭이 가시광선, 가청주파수 등으로 정해져 있고(이 과정을 상향판단이라고 합니다), 그렇게 수용된 정보를 해석하는 데 동원되는 기억정보의 개입과정(이를 하향판단이라고 합니다)도 이미 갖추어진 생각길을 따르고 있기 때문입니다 (다만 이미 만들어진 생각길이라고 하더라도 변할 수 있는 유연성이 있기 때문에 이전과 다른 생각을 할 수는 있습니다). 상향판단과 하향판단의 예로는 다음과 같은 실험을 들 수 있습니다.

커피를 놔두고 한쪽에는 2,000원이라고 써 놓고, 다른 한쪽에는 4,000원이라 써 놓은 다음, 시음하신 사람들한테 커피 맛이 어떻게 다른지를 들어 보는 실험입니다. 같은 커피이기에 혀로 들어오는 정보가 사람마다 완벽하게 똑같다고 말하기는 어렵겠지만 거의 똑같다고 봐야겠지요. 하지만 눈으로 들어오는 정보는 2,000원과 4,000원으로 차이가 나므로 혀가 수용한 정보와 눈이 수용한 정보를 통합하여 최종판단을 내려야 합니다.

실험에 참가한 사람들은 대체로 4,000원이라고 쓰여 있는 커피가 더 맛있고 좋은 커피라고 이야기했으며, 심지어 '더 비싼 커피와 비교해 봐도 결코 그 맛이 떨어지지 않는다'라고 이야기하는 분들도 있었습니다. 그것은 값비싼 것이 더 좋은 것이라고 판단하도록 하는 근거가 내부에 이미 갈무리돼 있다는 것을 뜻합니다. 갈무리돼 있다는 것은 그와 같은 경험치가 오랜 세월 쌓여서 특정한 기억의 패턴이 강화되었다는 것과 같습니다. 그렇기에 기억의 패턴을 바꾼다는 것은 생각보다 어렵고 어렵습니다. 알고 봐도 그렇습니다.

착시인 줄 알고 봐도 여전히 그렇게 보이는 것을 보면 보는 것이 아니라 해석된 것이라는 말이 훨씬 와닿지 않습니까. 상향판단의 조건도 중요하지만 최종판단은 하향판단의 영향력이 훨씬 크다는 것이지요.

앞의 예를 보면 맛을 판단하는 데 개입하는 하향판단의 힘보다는 시각정보를 해석하는 하향판단의 힘이 세다는 것을 알 수 있습니다. 실제로 외부정보를 해석해 내부 이미지를 만들 때 시지각의 해석 패턴이 가장 많이 일을 한다고 합니다.

그러다 보니 눈을 가리고 맛을 보라고 하면 그 맛을 제대로 느끼기가 쉽지 않습니다. 최종판단과 같은 의식은 종합판단이지 단일판단이 아니라는 뜻입니다. 뇌가 일하는 방식도 그렇다고 합니다. 예를 들어, 탁자 위에 있는 물건을 본다는 것은 눈으로 들어올 정보가 시상을 거쳐 신피질의 여러 곳으로 전달되고 나서 다시 종합되어 의식된 물건이 되는데, 이때 각각의 영역은 자신에게 들어오는 정보만을 해석할 뿐 다른 영역의 일을 알지 못한다고 합니다. 물건의 위치를 파악하는 두정엽 쪽의 통로와 물건의 이름을 판단하는 측두엽 쪽의 통로가 각기 자기 일만 하다 보니 최종판단으로 해석되기 이전에는 물건의 위치와 이름이 통합될 수 없고, 각 영역의 해석이 통합되어야만 위치와 이름 등을 알 수 있다는 것이지요.

　　그런데 의식되는 사건이 발생하는 과정에서 기존의 정보가 지금 여기서 수용되는 정보의 양보다 훨씬 많이 개입되고 있기 때문에 개인이 경험했던 기억정보가 현재의 사건들을 규정한다고까지 이야기할 수 있습니다. 특히 일반화된 언어 이미지를 취한다는 것은 지금 여기의 사건 그 자체라기보다는 내부의 해석 패턴이 만든 이미지를 외부화한 것이라고 할 수 있기 때문에 본다는 것이 외부를 보는 것이면서 동시에 내부인 자기 마음을 보는 것이 됩니다. 그리고 그 세계만이 자신이 만날 수 있는 세계입니다. 해석되지 않는 정보는 없는 것과 같으며 해석되지 않으면 만날 수도 없기 때문입니다. 의식 발생의 양상이 이렇기 때문에 생각을 바꾼다는 것이 쉽지 않습니다.

경험기억의 개입이 현재를 지배한다고 해도 과언이 아니라는 뜻입니다. 마술사의 트릭이 통할 수밖에 없는 이유도 여기에 있습니다. 보는 것이 아니라 해석되는 것이므로, 이 과정을 살짝 비틀기만 하면 트릭이 사실이 되고 맙니다.

앞의 예에서처럼 2,000원과 4,000원이라는 값이 실제로는 트릭이라고 해도 해석에서는 사실이 되고, 어떤 경우는 트릭이라고 알려 주어도 트릭인 줄 알 수 없습니다. 그렇다고 해도, 곧 의식된 이미지는 내부에서 해석된 이미지라고 해도 그렇게 해석된 사물이나 해석하는 의식은 실재하는 것이 아닌가라고 물을 수 있습니다. 그렇지만 사물의 실상을 보면 언어 이미지와 완전히 계합된다고 할 수 없습니다. 앞서 말씀드렸듯이 파악된 정보만으로 그 사물을 해석하고 있는데, 우리가 만날 수 있는 정보는 감각기관이 수용한 정보이거나 학습된 정보인데, 이 범주만으로 그 사물을 온전히 안다고 할 수 없다는 뜻입니다. 이름과 해석을 바꾼다고 해도 마찬가지입니다. 사물의 해석에는 어떤 식으로든 해석자의 개입이 있을 수밖에 없기 때문입니다.

사건에 대한 이해방식

인지되는 객관세계는 객관이면서 동시에 주관의 세계가 중첩되어 있는 세계라고 할 수 있기 때문에, 인지가 발생하기 이전의 객관세계를 상정한다고 해도 그 사건과 사물이 스스로 그렇게 존재할 수도 없고, 그렇다고 해서 다른 존재가 그것들을 그렇게 존립하도록 한 것일 수도 없습니다. 중첩된 시절인연에 따라 변해 가는 사건들의 흐름일 뿐입니다. 인식주관인 것 같은 의식이라는 것 또한 그렇습니다. 시절인연이 의식으로 나타난 것일 수도 있으며, 의식이 시절인연을 왜곡하고 있다고 할 수도 있습니다.

어느 것 하나도 그것 자체로 세계의 인연을 드러내는 것이면서도 동시에 시절인연을 그것으로 규정한다고 할 수 있습니다. 그렇지만, 시절인연이란 말이 뜻하는 것은 이름이 같은 것조차도 흐름에 따라 이미 다른 사건으로서 시절인연을 드러낸다는 것입니다. 그러니 해석된 사건·사물은 시절을 이해하는 단 하나의 사실이면서도 동시에 시절을 왜곡하는 바탕이 되기도 합니다.

그렇기에 공유되는 환상을 실재라고 여기는 데는 불편하지 않지만 개인이 경험한 고유의 환상을 실재라고 하는 것은 불편을 넘어 이상한 사람으로 취급받기도 합니다. 사회적 학습에 의해 공유의 환상만을 실재라고 여기기 때문입니다. 많은 경우에는 학습의 장에서 권위 있는 해석자라는 타이틀을 갖게 된 사람이 경험한 고유한 환상 체험이 환상 가운데 환상일지라도 그 환상은 실재가 되기도 합니다. 어찌됐든 그렇게 판단된 사건이 실재로서의 이름을 갖게 되면서부터는 언어화된 환상이 있는 그대로의 세계를 지칭한다고 여기게 된다는 것입니다.

어쩌면 물질이면서 지성인 분자지성이 순간의 흐름을 이해할 때 시간의 흐름을 읽을 수 없다 보니 사건의 흐름을 정지화된 사건으로만 파악할 수밖에 없어 언어화한 일반상이 인지의 중심이 됐는지도 모르겠습니다.

사건·사물을 이해하는 학습의 내용으로 봐도 흐름이 정지를 배경으로 하고 정지도 흐름을 동반하고 있지만, 언어 일반상으로 보면 흐름과 정지는 다른 것이며, 인지의 순간들은 흐름을 볼 때 정지를 놓치고 정지를 볼 때 흐름을 보지 못하다 보니, 곧 정지를 배경으로 하지 않으면 흐름을 이해할 수 없고 그 역도 마찬가지다 보니 정지와 흐름이 다른 실재가 되고 말았다고 해야 할 것 같습니다.

이와 같은 일은 인지의 중심축이라고 할 수 있는 뇌가 진화를 통해 사건·사물을 파악하는 방식으로 자리 잡힌 것과도 상통합니다.

　앞서 말씀드린 것과 같이 뇌의 각 영역은 자신의 해석에만 특화된 곳이라고 할 수 있기 때문입니다. 하여 그 영역의 기능이 작동하지 않으면 의식된 이미지에서 그 영역의 해석상을 볼 수 없게 됩니다. 예를 들어 시각중추에서 움직임을 해석하는 영역과 색깔을 해석하는 영역이 일을 하지 않게 된다면 세상은 정지된 흑백 영상만으로 보이게 되는 것과 같습니다. 더 나아가 보면, 의식은 순간순간 하나의 영상을 보고 있는 것과 같기에 과거와 미래를 추상하는 인지시스템이 갖추어지기 전까지는 순간만이 의식되는 이미지였다고 할 수 있으므로, 변화가 배제된 현상만이 의식되는 이미지를 만드는 기억정보로 남을 수 있었고, 그 정보가 언어정보와 결합되면서 각기 다른 실체를 갖는 존재로서의 사건·사물들이 태어나게 됐다고 하겠습니다. 그렇기에 하나의 사건·사물 속에 들어 있는 연기적 세계성은 학습을 한다고 하더라도 쉽게 연상되지 않습니다. 틀렸다고 하더라도 사물을 존재로서 파악하는 역사가 훨씬 오래됐고, 오래된 만큼 내부의 인지시스템에 끼치는 영향력이 크기 때문입니다. 이미 무위적으로 작동하고 있는 인지시스템이 이렇기에　전도된 생각의 색깔을 바꾸기 위해서는 유위적인 노력이 필요하다는 것은 두말할 필요조차 없습니다. 불교에서는 이와 같은 노력을 수행이라고 합니다. 생각하는 것[思惟]을 닦는다[修]고 해서 사유수라고 부르기도 합니다. 개체성과 전체성, 순간성과 통시성, 정지와 흐름 등이 중첩된 것과 같은 상태에서 일어나고 사라지는 사건들의 흐름은 힘써 사유하지 않는다고 하면 이해되기 어렵거든요. 그 까닭은 이미 힘을 쓰지 않아도 알 것 같은 개체, 순간, 정지, 흐름, 전체, 통시 등과 같은 분별상을 통한 이해가 깊숙이 자리 잡고 있기 때문입니다.

기억정보를 바탕으로 창조되는 세계

봄이 오면 그 인연에 맞추어 봄의 세계상이 무위적으로 펼쳐지듯, 분별 없는 사유상을 펼쳐내기 위해서는 유위적인 수행이 임계점을 넘어 무위적으로 일어날 수 있는 학습과 사유 수행이 필요합니다.

그러기 위해서는 먼저 정신과 물질의 이원성을 극복하는 사유체계를 갖추는 것이 다른 어느 것보다 필요한 시대가 됐다고 하겠습니다. 예로는 간질을 앓고 있는 분을 치료하는 과정에서 발견된 사건을 들 수 있습니다. 치료를 위해 뇌의 특정부위의 스위치를 끄고 나서 몇 분이 지난 다음 그 분에게 어떤 일이 있었는가를 묻자, 아무런 일도 일어나지 않았다고 대답한 경우입니다. 치료를 시작하기 전에 책을 읽고 있었는데, 치료를 시작한 이후부터 치료를 멈추기 전까지의 시간 흐름을 전혀 알지 못한 상태였으나, 멈추자마자 아무런 일도 일어나지 않은 것처럼 책을 읽기 시작한 사건입니다. 뇌의 특정부위 스위치가 꺼지자마자 그 스위치가 켜지기 전까지의 세계가 통째로 사라지고 만 것이지요. 치료를 담당한 의사의 말로는 그 부분의 스위치를 끄게 되면 좀비상태와 크게 다르지 않은 것 같다고 합니다.

이 경우 옆에서 지켜보는 사람의 시간은 흐르는 것 같고, 환자의 시간은 정지한 것과 같다고 할 수 있는데, 이 사건은 시간이라는 것 자체가 물질의 변화 밖에서 일정하게 흐르고 있다는 사유체계에 의해서 시간이 그렇게 해석되고 있다는 것을 알게 합니다. 흐름이라고 의식하는 순간 시간이 탄생되고 의식되지 않는 순간 시간 또한 사라진 것과 같다는 것이지요. 어찌 시간뿐이겠습니까. 세계상 자체가 기억정보를 바탕으로 창조되고 해체되기를 반복하고 있다고 해야겠지요. 여기서의 세계상은 의식되는 이미지라고 할 수 있는데, 의식되는 이미지는 무의식적으로 만들어지고 해체되고 있는 이미지 가운데 극히 일부라고 할 수 있습니다.

예를 들어 특정 사건에 주의를 기울이고 있는 동안에는 의식되는 것은 그 이미지밖에 없으나, 무의식적으로는 신체가 수용하거나 내부에서 일어나는 감각정보를 모두 해석해 주의를 기울이기만 하면 그것이 의식될 수 있게 하므로, 엉덩이에 주의를 기울이기만 하면 그 순간 엉덩이 느낌 등을 알 수 있다는 것이지요.

이렇기 때문에 마술사의 트릭이 통할 수 있겠지요. 마술을 보여 주기 전에 이런저런 이야기와 동작을 하면서 그것에 주의를 기울이게만 하면 마술사의 동작을 무의식적으로는 봤다고 할지라도 그것이 의식될 수 없기 때문입니다. 무의식적으로 일어나고 있는 이미지 만들기도 중요하지만 무엇에 주의를 기울일 것인가를 의식적으로 떠올리는 것이 수행이 되는 까닭도 여기에 있습니다. 진화과정에서 익혀 온 경향성을 넘어서야 하는 것에서는 오랜 기간 닦아야 무의식적으로 할 수 있는 무위의 신체를 연성할 수 있으나, 사유의 내용만으로 보면 경우에 따라서 보자마자 변할 수도 있거든요. 그렇기는 해도, 곧 이치를 바르게 이해하는 것은 순간적으로 일어날 수 있다고는 해도, 그와 같은 이해가 무위적으로 일어날 수 있는 의식채널을 만드는 데는 보림하는 시간이 필요합니다. 인지시스템 전체가 그에 상응하게 조절되어야만 사유의 전환이 온전히 이루어졌다고 할 수 있거든요.

일시적인 체험을 통해 새로운 인지의 가능성을 경험했다고 해도 그것 자체만으론 지각의 연결망이 고착되지 않는 경우가 많기 때문에, 한참 지난 후에 보면 옛날과 다름없는 생각과 행동을 하는 경우가 많은 것이 이를 반증한다고 하겠습니다. 더 안된 것은 경험을 짐처럼 지고 있으면서 무언가를 성취했다는 자만심을 갖게 되는 경우입니다. 경험했던 새로움은 이전의 색깔이 비워진 상태에서 새로운 연기적 네트워크가 생겨나면서 일어난 사건인데도 불구하고, 네트워크를 배제하고 경험 그 자체를 고유한 실재가 현상한 것이라고 여긴다면 마음을 비우는 데 장애가 될 뿐이거든요.

자신 또한 해석된 자신

일상으로 경험하는 사건들이 자신이 기대한 대로 발생되지 않는 것을 경험하고 또 경험했음에도 불구하고 다시 기대를 내려놓지 못하는 사유의 습관이 이를 잘 보여 준다고 하겠습니다. 애써 주의를 기울이지 않아도 어느 틈에 올라오는 체화된 심리의 경향성이 상속되기에 마음챙김을 연습한다고 하더라도 쉽게 그와 같은 경향성을 다스릴 수 없다는 것입니다. 내재화된 해석의 경향성이 사건에서 무엇을 볼 것인가를 규정한다고 할 수 있거든요.

어떤 의미에선 해석의 경향성이 자신의 현재를 규정한다고 할 수 있는데, 주의 기울이기 또한 마찬가지입니다. 주의도 가치중립적으로 이루어지는 것이 아니라 지극히 편향적일 수 있다는 뜻입니다. 하여 무엇에 주의를 기울이고 있는가를 살펴보지 않으면 자신의 주의편향이 해석의 편향을 이끌었는데도 그것만이 사실이라고 고집하기 쉽습니다. 인지의 실상이 이렇다 보니 수행은 확증편향 없는 빈 마음으로 사건의 흐름을 보는 경향성을 강화하는 것임과 동시에, 스스로 괴로운 현재를 만드는 경향성을 상대하기 위해 사건의 다른 면을 보게 하는 새로운 주의편향을 익히는 것이라고 할 수도 있습니다.

마음을 챙겨 그냥 지켜보는 것이 빈 마음의 크기를 키우는 것이라고 한다면, 자비수행은 자비심을 기르도록 하는 주의를 편향시키는 것과 같다는 뜻입니다. 이와 같은 일은 인종차별과 같은 차별의식에도 짙게 나타납니다. 학습을 통해 무의식적으로 다양한 내집단과 외집단의 서열을 익히게 되면, 어느 순간부터는 생각과 말과 행동도 그에 따라 서열화되고 맙니다. 그렇게 되면 새로운 학습을 통해 차별의 부당성을 학습한다고 하더라도 이미 익힌 차별의 경향을 쉽게 바꾸지 못하게 됩니다. 요즘 이곳저곳에서 이야기하고 있는 성적 감수성에 대한 경향성이 이 일을 잘 보여 준다고 하겠습니다. 보고 싶은 것만 보고서 그것이 사건의 진실이라고 여기게 된다는 것이지요. 하나하나의 사건이 들어 있는 중첩성을 보기 위해서도 마음을 비워야 하겠지만, 비움 없이 사건을 보다 보면 편향성을 여읠 수 없고, 읽은 것을 사실이라고 고집하면서 불편한 마음 만들기를 훈련하는 것이 되고 마는 경우가 많거든요. 무의식적인 지각시스템을 어떻게 구성해야 할 것인가를 잘 알고 그에 따른 마음 길들이기를 수행하는 것이 다른 무엇보다 필요한 시대라고 하겠습니다.

이런 뜻에서 마음 비우기는 마음의 유연성을 확장하는 일과 같습니다. 그냥 지켜보기 수행을 하다 보면 지금까지 경험하지 못했던 이런저런 내부 이미지를 경험하게 되는데, 그것 또한 눈 등이 수용한 감각 자료를 다른 식으로 해석할 수 있는 조건이 내부적으로 형성됐기 때문입니다. 이와 같은 일이 잦아진다는 것은 시지각 등의 해석편향이 바뀌고 있는 것에 대한 직접적인 경험이라고 하겠습니다. 이와 같은 경험을 통해 별 탈 없이 작용하고 있는 사유의 채널이 자기의 세계상을 구성하는 내적 동기로 작동하고 있다는 것을 이해할 때 사유의 유연성이 커지면서 마음 비우기를 경험할 수 있는 동기도 강화될 것입니다.

마음을 비운다는 것은

사실 마음을 비운다는 뜻은 마음처럼 작용하는 뇌의 해석 패턴을 재배치하는 것이며, 뜻대로 지각 스위치를 조율할 수 있는 능력을 갖춰 가는 것이라고 할 수 있습니다. 세상을 있는 그대로 보는 것 같지만 실상은 뇌의 해석을 통해 인지된 세상이 자신이 만날 수 있는 유일한 세상이므로, 해석의 패턴을 자재하게 바꿀 수 있는 유연성을 획득한다는 것은 앉은 자리에서 다양한 세계를 만들어 낼 수 있는 신체를 획득한 것과 같거든요. 그리고 그 세계마다 다른 자기가 새로 탄생했다고 할 수도 있습니다. 이런 뜻에서 자기조차 자기가 만들어 낸 세계라고 할 수 있습니다. 다만 그렇게 해석된 자기와 세계상은 그 시대의 환경과 이런저런 학습을 통해 형성되는데, 이는 학습과 환경이 한 사람의 세계상을 만드는 데 지대한 영향을 미치는 걸 넘어, 궁극적으로는 한 사람이 만날 수 있는 세계를 그렇게 구성할 수밖에 없게 하는 것과 같습니다.

하여, 자기와 세계를 보는 인식의 내용이 이와 같은 조건을 통해 만들어지고 있는 선택적인 사건이라는 것을 이해하는 것이 중요합니다. 인식조건에 대한 이해가 사유의 유연성을 담보하는 데 중요한 열쇠가 되는 까닭도 여기에 있습니다. 그렇기는 해도 이미 익힌 인지 패턴 또한 하나의 생명활동처럼 자신의 패턴을 고집하려 하고, 그렇게 하는 것이 세상을 살아가는 데 편리한 것 같기도 하므로 쉽게 변하지 않습니다. '유연성을 확장하려는 사건'과 '있는 패턴대로 지각하려는 사건'이 내부에서 충돌이 일어나는 경우 대부분 기존 채널이 승리했던 경험이 이를 증명합니다. 그러므로, 하나의 이미지가 떠오르고 그에 따라 이런저런 생각이 꼬리를 물고 일어날 때, 그것에 대해 아무런 가치판단을 하지 말고 그 흐름을 있는 그대로 지켜보는 것이 중요합니다. 불쑥 일어나는 생각이 드물고도 드물게 새로운 지각상을 만드는 데 중요한 역할을 하는 경우가 없는 것은 아니지만, 대부분은 그냥 일어났다 사라지는 하나의 심상에 지나지 않기 때문입니다.

일어나는 생각을 한 걸음 뒤로 물러나서 보는 훈련을 한다는 것은 이미 발생한 패턴 연결에 다른 패턴이 끼어들 수 있는 조건을 만드는 것이므로, 그 일이 쉽게 이루어진다면 의도적으로 새로운 이미지를 형성할 수 있는 힘이 커지게 되면서 선택의 폭도 커지게 됩니다. 인지의 흐름을 지켜본다는 것은 결과적으로 선택이 편향적으로 이루어지다 못해 확증편향이 되는 기반을 없애 인지의 유연성을 기르는 일이 되기 때문입니다. 이 또한 인지의 기반인 뇌 신경망의 패턴과 패턴 연결이 완전히 고정

되어 있지 않고 새로 형성되는 조건에 따라 변할 수 있는 가소
성이 있기 때문에 가능한 일입니다.

진화가 선택한 생명의 상속

사실 신경세포는 뇌 말고도 중추신경계와 장에도 각각 2억 내
지 5억 개가 있다고 하며, 이들의 지성활동이 뇌의 활동에도 지
대한 영향을 미치고 있다고 하니, 몸 전체가 정보를 수용하고
해석하면서 생명활동을 하는 인지네트워크의 지성체라고 할
수 있습니다. 인지시스템이 그러하므로 유연성이 담보되어야
만 그때그때의 정보처리를 제대로 할 수 있게 되면서 활발발한
생명활동을 할 수 있게 된다고 하겠습니다. 인지네트워크를 구
성하는 각각의 거점으로 보면 그곳의 역할이 극히 제한적이라
고 할 수밖에 없는 영역이겠지만, 작은 영역들이 모여 특정형태
의 패턴망을 구성하는 형태로 보면 마치 문자의 자모음을 조합
해 다양한 의미와 문맥을 만드는 것과 같기에, 각 영역이 고유
한 색깔을 갖고 있음에도 불구하고 다양한 정보 해석능력을 발
휘하고 있거든요. 그러므로 고유하면서도 유연한 연결로 새로
운 색깔을 만들어 내는 것이 생명활동의 특성이라고 할 수 있습

니다. 이는 진화가 선택한 생명의 상속입니다. 사람의 경우에도 2만 3천여 개 정도의 유전자만으로도 더할 수 없을 정도로 복잡한 생명계와 영향을 주고받으면서 유전정보의 상속이 이어지고 있는 것을 보면, 의식적인 인지를 넘어 무의식적인 정보해석 활동이야말로 보다 근원적인 생명활동이라고 할 수 있겠지요. 의식으로 보면 알 수 없어 신비한 듯하지만 무의식 영역에서 이루어지고 있는 생명활동 또한 그 영역에서 보면 지극히 당연한 지성작용이거든요.

생명활동이 된 물질은 정신과 양분되는 물질이 아니라, 물질들끼리의 정보해석 작용 자체가 무의식적인 지성작용이라고 할 수 있으며, 그 과정을 통해 내부 이미지가 만들어지게 되면 수용된 사건·사물에 대한 정보를 의식할 수 있게 된다는 것입니다.

이것이 뜻하는 것은 의식이 매우 주체적인 인지활동을 하는 것처럼 보여도, 실상은 이미 축적된 경험정보인 기억이 지금 여기를 해석하는 데 보다 중추적인 역할을 한다는 것입니다. 그렇기는 해도 기억은 의식된 이미지처럼 저장되어 있다가 재생되는 것은 아닙니다. 문자의 자모음처럼 이미지를 만드는 기억 패턴이라고 할 수 있는 기억의 자모음이 통합될 때 기억이라는 인지가 발생하므로, 기억도 기억을 만드는 자모음이 모여 재구성된 사건이라고 할 수 있습니다.

인지시스템이 이렇다 보니 생각과 말과 행동은 무의식적으로 이루어지고 있는 패턴 연결망이 주도한다고 해도 과언이 아닙니다. 운동선수들이 되풀이되는 연습을 통해 근육기억을 강화하듯 생각 패턴을 특정 양상으로 강화하게 되면, 강화된 생각 패턴이 일을 수월하게 하기 때문입니다.

앞서 말씀드린 확증편향이나 선택편향이 지속적으로 이루어지고 있는 까닭도 여기에 있겠지요. 이에 대한 좋은 예로는 학습 평가방식과 그렇게 평가된 성적을 자신의 실존과 결부시키도록 강제한 교육조건을 들 수 있습니다.

성적에 따른 불평등을 자명한 진리처럼 받아들이게 하는 것이 어쩌면 교육의 최고 목적인지도 모르겠습니다. 현재의 교육을 보면 학습의 조건 등등에 따른 경우의 수를 되돌아보지 않고 오직 점수가 주는 결과만으로 학생들을 줄 세우면서 그것의 정당성을 체화시키는 것과 같거든요. 그렇게 되면 불평등을 받아들이고 있는 무기력한 자기를 온전히 자기 탓으로 여길 것이니, 힘을 장악한 사람들의 처지에서 보면 이보다 좋은 교육은 있을 수 없겠지요.

더구나 그렇게 이루어지고 있는 교육목적도 돈을 벌 수 있는 신체를 만드는 데 총력을 기울이고 있으니, 돈을 잘 벌 수 없는 조건으로 내몰린 사람은 제 돈 주고 무력감을 산 것과 같으니, 불평등도 이런 불평등이 없습니다.

　　이와 같은 사실을 잘 알고 있는 이들이 교육을 통해 내부의 인지 경향성을 장악하고 있다고 해도 과언이 아니라는 뜻입니다. 열심히 살수록 더욱 힘든 삶만이 기다리고 있으니, 개인의 인지 경향성뿐만 아니라 사회적인 인지시스템의 재구성이 절실합니다. 하지만, 학습과 환경 등등은 의식하기도 전부터 이미 경쟁에 참여할 수밖에 없도록 개인을 감싸고 있으므로 자신만의 탓이 아닌데도 자신만의 탓처럼 내재화된 불평등의 당위성을 살필 수 있는 공부가 중요합니다. 내재된 사유의 축으로만 보면 경쟁에서 승리했다고 하는 이들조차 자신의 처지를 온전한 가치로 여기기 어렵습니다. 매일매일 경쟁에 내몰리고 있는 것이 경쟁사회를 움직이는 동력이기 때문입니다. 더구나 명목 화폐는 썩을 일이 없으므로, 화폐 쌓기와 그 결과를 삶의 이유로 삼는 순간 어느 누구도 성공했다고 여기기 어렵게 됩니다. 화폐 쌓기의 시스템은 어느 분의 말처럼 자전거를 타고 가는 것과 같기에, 멈추는 순간 쓰러지고 말기에 선택할 수 있는 것은 쓰러지거나 죽을 때까지 페달을 밟는 수밖에 없거든요. 하여 뒤따라오는 이들이 상층으로 오를 수 있는 사다리를 걸어차는 일도 서슴없이 하게 됩니다. 그리고 쓰러진 사람들이 쓰러질 수밖에 없었다고 합리화하는 이론을 다각도로 설파합니다. 그러다 보니 생명체들의 다른 얼굴만큼이나 다양한 세계가 오직 쌓인 화폐의 무게만으로 규정되고 말았다고 하겠습니다.

이름에 따라 탄생되는 자아

삶의 현장에서 명목이 실제를 억누르고 있다 보니, 잘 살고 있으면서도 잘 살고 있는가라는 쓸데없는 회의가 우울을 키우고 있으며, 쌓인 화폐의 무게와 생명가치가 동일시되다 보니 어떤 사람들은 없는 사람 취급을 받게 됩니다.

어떤 식으로도 잴 수 없는 가치조차 충분히 잴 수 있다는 하향판단의 근거인 잘못 학습된 이유가 개인과 사회의 인지시스템이 되고 말았기 때문입니다. 불교에서 주창하고 있는 수행 방법인 8정도에서 판단의 근거를 제대로 설정하는 바른 견해[正見]를 첫머리에 두는 까닭도 여기에 있겠지요. 우선 하향판단의 근거를 있는 그대로 알아차린 연후 잘못된 인지의 경향성이 더 이상 작용하지 않도록 하기 위해서는, 사실에 기반한 충분한 학습과 학습내용을 따져 물을 수 있는 통찰력이 있어야 하기 때문입니다.

하여 부처님께서는 전통이라든가 권위가 있는 사람의 말이라고 해서 그 말을 그대로 믿어서는 안 된다고 말씀하셨습니다. 학습된 내용을 실증적으로 체험하는 것이 중요하다는 뜻입니다. 그 방법으로는 참선 수행이 있습니다. 참선에서도 중요한 것은 특정 이미지나 상황에 몰입하는 선정보다 그 이미지와 상황의 배경과 근거를 있는 그대로 알아차리고 판단하는 지혜입니다. 자신의 몸과 마음의 작동양상과 존재방식을 이해해야 따져 물을 수 있는 힘이 생기기 때문이며, 자신의 판단 근거가 바른지 틀린지에 대해서는 깨달은 분들의 인가를 거치기 때문입니다.

오늘날에는 과학적인 인가가 동반되어야 합니다. 그 가운데 진화론과 인지과학은 우리의 삶을 이해하는 데 필수적인 학문이라고 하겠습니다. 깨달은 분들로부터 전승되는 인가도 중요하지만 그 내용이 분명히 밝혀진 사실과 어긋나서는 바른 견해를 갖추었다고 이야기하기 어렵기 때문입니다.

이런 뜻에서 참선으로 지혜를 닦는다는 것은 내재된 판단의 근거, 곧 하향판단의 근거를 바꾸거나 재조정하는 일이 된다고 하겠습니다. 불교 용어를 쓰면 업을 바꾸는 일입니다. 그 가운데 개인의 정체성을 내재적 조건만으로 규정할 수 없다는 무아 이론은 오늘날에도 여전히 생명활동의 실상과 부합하는 지혜로운 판단 근거가 됩니다. 하여, 어떤 분은 '되어 가는 자아'를 규정하는 것은 내부가 아니라 외부라고 이야기하기도 합니다. 순간순간 만나는 외부에 따라 자아의 이름이 바뀌면서 그 순간의 자기가 창조된다는 뜻입니다. 남편, 아내, 아빠, 엄마, 친구… 등등이 자기의 일부가 아니라 그런 이름으로 불리는 순간 그 이름에 맞는 자아가 탄생되는 것과 같다는 것이지요.

때문에 무아는 '내가 없다'는 뜻이 아니라 인연 따라 수많은 자아가 탄생되고 해체되면서 삶이 이루어지고 있다는 것을 뜻합니다. 그렇기 때문에 특수한 하나의 사건으로 사람들을 내모는 학습은 성공했다는 사람과 실패했다는 사람을 가릴 것 없이 생명활동과 어긋난 인지의 경향성을 내재화시키는 것이면서 결과적으로 괴로운 삶을 만드는 지름길이 되고 맙니다.

확률과 우연인 신

니체의 이야기에 따르면 인연의 장은 확률과 우연의 장이면서 그 장만이 신이 됩니다. 이 말은 성공과 실패라는 사건이 어느 누구의 사건이 되는 것이 아니라는 뜻이며, 확률과 우연의 인연이 사건의 흐름으로 나타나면서 '순간의 자아'를 구성하고 있는 것과 같기에 실제로는 내부와 외부조차 그것으로 존립하지 않는다는 뜻입니다. 사건은 내외부의 총합입니다. 하향판단만으로 보면 내부가 외부를 규정하는 것 같고 그렇게 하고 있는 인지의 시스템이 힘이 센 것 같지만, 내부를 그렇게 만드는 데 외부도 깊숙이 개입했었기에 외부가 내부를 만든다고 해도 지나친 말이 아닙니다. 내부도 내부만으로 외부도 외부만으로 규정할 수 없다는 것입니다.

상향판단은 외부가 내부로 하여금 해석의 조건을 만들어준 사건의 결과이면서, 외부가 내부가 되는 사건이며, 동시에 내부가 외부로 전사되는 사건이라고 할 수 있습니다. 이미 자리 잡은 하향판단의 경향성은 지금 여기서 발생하는 정보를 해석하는 내부의 경향성이라고 할 수 있는데, 기억정보를 운용하는 공능이 커진 현생인류는 이미 갖고 있는 기억정보만으로도 추상적인 사유를 할 수 있게 됐거든요. 그 결과 내부의 세계상이 외부의 세계상을 규정하는 강도도 커졌으며, 더 나아가 사건들을 문자 이미지로 치환할 수 있게 되면서 다양한 학습을 통해 기억정보의 전승도 가능하게 됐습니다.

이와 같은 사건은 능동적으로 기억정보의 확장을 가져오게 했습니다. 실제로는 문자화되는 것만큼이 이해되는 세계상이지만, 새로 알게 된 사실에 따라 문자 이미지도 확장되고 있거든요. 이는 우주에 있는 은하의 숫자를 정하는 양상과 같습니다. 우주를 관찰하는 망원경의 크기만큼 은하의 숫자가 커지다 보니 10여 년 전에는 우주에 1,000억 개의 은하가 있다고 했는데, 지금은 1조 개의 은하가 있다고 하거든요. 그만큼 인지의 세계도 변하고 있다는 것입니다.

사건의 실제가 이렇기 때문에 진화가 선택한 인지시스템도 필연적으로 유연해질 수밖에 없었겠지요. 인지의 알고리즘 그 자체가 사건을 경험한 대로 해석하고 기억하는 것이 아니라 기억 이미지를 만드는 기억의 자모음이 갖고 있는 패턴의 연결 강도를 조율하는 방법을 통해 변해 가는 사건들을 해석하고 기억하는 쪽으로 진화한 것과 같다는 것입니다. 그렇게 하는 것이 생존의 가능성을 높였을 것이므로, 자연 선택에 의한 진화는 필연적으로 유연성을 높이는 쪽으로 이루어질 수밖에 없었다고 하겠습니다.

한글 등의 자모음과 같은 공능을 갖는 기억의 자모음도 인연 따라 자모음의 연결 패턴을 조율하면서 해석된 이미지를 구성해야 하므로, 필연적으로 유연성이 담보될 수밖에 없었다는 것입니다. 그렇기는 해도 기억의 자모음이 갖고 있는 강도의 차이에 의해 편향적인 선택을 하기도 합니다. 하지만, 빠른 판단이 필요할 땐 더없이 유용하기도 했기에 경험을 일반화하여 기억해 왔겠지요. 인지시스템이 이렇기에 수행도 가능합니다. 의식되는 하나의 사건은 무의식적인 조율 시스템의 결과이므로, 생각하고 말하고 행동하는 습관을 다스리는 수행은 무의식적으로 이루어지고 있는 하향판단의 경향성을 조율하는 시스템을 재구성하는 것이라고 할 수 있거든요.

매이지 않는 선택편향

수행은 입력된 내외부의 정보를 해석하는 양상을 조율해 의식되는 출력을 다르게 하는 것, 곧 수행이라는 사건을 통해 '매이지 않는 선택편향'을 내재화하는 것이라고 할 수 있습니다. 그러므로 수행이 익어지면 확률과 우연의 흐름과 함께할 수 있는 유연한 생각길을 만들어 매임 없는 지혜를 뜻대로 쓸 수 있게 됩니다(크게 보면 탐욕이 없다면 걸릴 것도 없지 않겠어요). 그렇게 될 수 있는 것도 생존과 지능활동이 연기적인 네트워크의 변화에 상응하여 변할 수 있기 때문이겠지요.

그러므로 수행을 성취했다는 것은 사고의 유연성을 극대화할 수 있는 신체를 이뤘다는 것과 같습니다. 내외부의 인연망에 상응하는 사유의 축인 빈 마음을 뜻대로 쓸 수 있게 된 것입니다. 이것이 가능한 것은 의식적인 노력을 통해 기억의 자모음으로 이루어진 생각의 배선도를 일정 부분 달리 설정할 수 있기 때문입니다. 발현된 이미지도 두 찰나를 이어 상주하지 않고 기억의 자모음으로 해체되며, 해체된 기억의 자모음이 다시 인연 망에 따라 새로운 이미지를 생성하면서 해석된 세계상을 이어가고 있는 것이 생각의 배선도가 일하는 방식이거든요. 일상으로 경험되는 사건 또한 그와 같습니다. 이런 상태를 공(空)이라고 합니다.

인지의 실상을 보면, 없는 것 같지만 조건 따라 이미지가 생성되고, 생성된 것 같지만 그 또한 인연 따라 해체되면서 앎이 이어지듯, 어떤 사건도 추상된 이름으로 일반화된 이미지가 연속되는 것은 아닙니다. 사건은 연기적인 관계에서 생성되고 해체되므로 생성된 사건 그 자체도 공하고 해체된 사건 그 자체도 공합니다.

사건들의 본성[性]이 결정되어 있지 않기에[空], 인연 따라 새로운 이미지[相]가 생성되고 해체되는 흐름은 내외부의 인연이 총체적으로 개입하고 있는 것과 같습니다. 그렇기에 사건 하나하나는 하나이면서 전체를 그 하나로 드러낸 것과 같으며, 공성(空性)과 공상(空相)의 흐름을 연출하고 있는 공 그 자체인 사건들의 실상은 있는 것 같기도 하고 없는 것 같기도 하며, 생성되는 것 같기도 하고 없어지는 것 같기도 합니다.

사건들은 사건 그 자체만이 아니라 내외부의 총합인 인연의 장과 더불어 그렇게 변주되고 있습니다. 그렇지만 기억의 자모음이 모여 생성된 이미지는 경험상 그것 자체로 하나의 실재와 같다고 여길 수밖에 없습니다. 더 나아가 경험된 그것들이 문자 이미지로 치환되면서 변치 않는 것이 있다는 생각도 자리잡게 되었으니, 변치 않는 실재는 경험된 것이 아니라 사유의 결과라고 할 수 있습니다. 그럼에도 불구하고 사유가 남긴 기억정보가 인지시스템의 기반이 되면서 실제의 사건보다는 사유된 허상의 의미체계가 삶의 현재를 규정합니다. 시절인연에 따라 이전의 규정이 저물고 새로운 규정이 등장하기도 하지만, 그또한 변형된 허상의 영역을 벗어난 것이라고 말하기는 어렵습니다. 이렇게 생성된 문화의식은 무형의 작용에 그치는 것이 아니라 신경망의 물리적 현상에 기반하고 있으므로, 생각처럼 쉽게 전환되지도 않습니다. 내부영상을 만드는 기억의 자모음이 취하고 있는 패턴 연결망을 만드는 것이 분자지성의 활동이며, 의식되지 않는 무의식의 작동 양상이기 때문입니다.

더 나아가 분자지성의 활동은 신경망과 함께 특정 화학물질과도 연계되면서 특정 감정상태를 만들어 내기도 하는데, 이또한 습관의 강도에 따라 익숙한 길을 가는 것처럼 작동하게 됩니다. 그렇다고 해도 내부에서 일어나고 있는 지성의 네트워크가 항상 그 상태로 머물러 있는 것도 아닙니다. 조건 따라 다른 패턴 연결을 만들면서 사유의 연속성을 담보하고 있을 뿐입니다. 이 상태는 앞서 말씀드린 공을 바탕으로 일어나고 있는 생명계의 흐름과 같다고 하겠습니다. 예를 들어, 특정 감정상태를 유지하는 데 중요한 역할을 하고 있는 신경조절물질은 의식된 이미지와 더불어 상호작용하지만 발산되고 나서 머무르는 시간이 90초 정도이기 때문에, 마음챙김 훈련으로 이 시간만큼이라도 생각과 말과 행동을 조율할 수 있게 되면 스스로의 삶에 퍼붓는 독화살을 제어할 수 있는 심리 패턴을 강화할 수 있는 것이 그 증거라고 하겠습니다. 왜냐하면 발산되고 나서 90초간 들뜨지 않는 심리 상태를 유지하게 되면, 발산된 화학물질이 혈류를 타고 사라지기 때문이며, 들뜨지 않고 지켜보는 마음 또한 그 마음과 상응하는 분자지성의 네트워크를 강화하기 때문입니다. 들뜨지 않고 지켜보는 마음을 바른 마음챙김, 곧 정념(正念)이라고 하는 까닭도 여기에 있겠지요.

생각을 생각하는 메타인지

진화를 통해 현생인류는 스스로의 마음 흐름을 지켜볼 수 있는 또 다른 마음이 생긴 것과 같기에 마음챙김을 할 수 있습니다. 그렇지만 그 마음은 진화상 늦게 생긴 마음과 같기에 강도 면에서 먼저 생긴 마음보다 힘이 센 것 같지는 않습니다. 그렇지만 연습의 강도에 따라 그 힘이 세질 수는 있습니다. 때문에 흔들리지 않고 지켜보는 마음챙김이 무위적으로 작용하는 신체인 법신을 이룰 수도 있겠지요. 마음현상을 발현하고 있는 인지네트워크가 결정되어 있지 않기 때문에 가능한 일입니다. 분자지성의 네트워크가 심상을 만들어 수용된 정보를 해석하는 공능을 넘어 해석의 과정을 이해하는 새로운 네트워크를 만들 수 있는 것도 여기에 기인합니다.

분자지성의 지식 작용을 의식 이전의 마음 작용이라고 할 수 있는데, 그 작용 양상은 연습된 강도에 따라 변할 수 있고, 마음의 네트워크가 변하면 발현되는 의식 내용이 다를 수밖에 없거든요. 이 일이 가능한 것은 지금까지 물질이라고 했던 개념이 더 이상 유효하지 않은 개념이기 때문인 것 같습니다. 세계는 작용 양상으로 보면 무의식적인 지성네트워크라고 할 수 있는데, 현생인류에 이르러 이 상태가 자각되면서 정신이나 물질이라는 개념을 새롭게 정의하지 않을 수 없게 됐다고 여겨지거든요. 불교에서 깨달음을 성취한 몸을 법신 부처님이라고 하며, 그 세계를 부처의 세계라고 하는 것도, 앎과 몸과 세계가 지성의 작용으로 보면 하나의 세계이기 때문일 것입니다. 욕망의 세계 또한 마찬가지입니다. 무엇을 욕망하는 것처럼 보여도 욕망으로 발현되는 지성이 욕망의 세계를 만들고, 그 속에서 욕망이라는 현상이 일어나고 있다고 할 수 있거든요.

그렇기 때문에 앞서 말씀드린 감정 상태와 마찬가지로 욕망하는 심리 상태를 들뜸 없이 지켜본다고 하면 세계 이해의 전환이 일어날 수 있습니다. 이와 같은 세계 이해가 판단의 근거를 바르게 설정하는 정견수행(지혜수행)이라고 한다면, 그와 같은 심리현상을 굳건하게 하는 것을 정념수행(마음챙김)이라고 할 수 있고, 그와 같은 수행이 신체화되는 것을 정정수행(신체의 선정화)이라고 할 수 있습니다.

정념은 사건·사물을 있는 그대로 알아차리는 마음활동이라고 할 수 있는데, 그렇게 해야 하는 까닭은 알아차린 사건·사물이 외부화한 내부의 이미지, 곧 해석된 외부라고 할 수 있기 때문입니다. 마음이 들뜬다는 것은 사건·사물에 의해 들뜬 것이 아니라 들뜬 마음으로 해석하는 경향성에 따라 들뜬 마음현상이 일어난다는 것입니다. 인지의 실상이 이렇기에 들뜬 마음활동에 대해 시비를 가리기 전에 그 현상들을 있는 그대로 인정하는 것이 먼저여야 합니다. 예를 들어 '이것은 큰 것입니다'라는 판단은 '이것' 옆에 작은 것을 세워 놓을 때만 성립되는 것과 같습니다. 그냥 그 모습 그대로 보는 훈련보다는 자신의 마음에서 일어나는 심리현상 하나하나에 심어져 있는 가치판단에 따라 자신을 판단하는 것에 익숙해져 있다 보면, 만들어진 가치체계에 자신의 삶을 줄 세울 뿐만 아니라 다른 사람에 대한 판단 또한 그것에 근거하게 됩니다. 일상의 판단이 사건·사물을 있는 그대로 보고 판단하는 것처럼 보이지만, 실제로 그렇지 않다는 뜻입니다.

더구나 그렇게 판단하고 있는 근거가 학습된 경향성, 곧 특정 이미지로만 사건·사물을 판단하도록 길들여진 경향성이라고 한다면 자신의 잘못도 아닌데 자신의 잘못처럼 자신을 내몰 수도 있습니다.

하여, 판단의 근거를 제대로 설정할 수 있는 바른 이해와 그 이해를 생각 생각으로 이어 가는 마음챙김이 다른 무엇보다 중요합니다. 특히 사람들끼리 공유하는 영역에서는 학습된 이미지가 짙게 드리우고 있을 수밖에 없으니 살피고 살펴야 합니다. 공유의 사유통로를 통해서 공감이 이루어지기는 해도 사람마다 갖고 있는 생각의 지도가 근본적으로 일치할 수 없기 때문입니다. 또한 '이것' 옆에 세워진 '저것'과의 관계망도 일정하지 않고요. 그러므로 '나는 왜 이런지 모르겠어'라는 생각 속에 스며 있는 익숙한 가치판단을 내려놓고 일어나고 사라지는 심리

현상을 있는 그대로 보는 것이 자신의 삶을 그 자체로 존중할 수 있는 지름길이 되며, 이 힘이 커져야 비교 없이 삶을 그 자체로 존중할 수 있는 기반도 넓어집니다.

지혜롭지 않다는 것도 알게 된 호모사피엔스

생태계의 낱낱 생명체는 함께 이룬 생명공동체를 떠나서 낱낱으로 존재할 수 없습니다. 그렇기는 해도 특정 색으로만 봄의 가치를 규정하지 않고 종류가 다른 나무들의 색이 그 자체로 자신의 봄을 표현하듯, 낱낱은 제 모습으로 자신의 우주를 표현하고 있습니다. 사람마다 갖고 있는 생각의 지도는 다른 양상으로 채워지고 변해 갈 수밖에 없으므로 각자의 색을 있는 그대로 보고 존중하는 것만이 생명의 가치를 존중하는 관점이 됩니다.

큰 것이 큰 것도 아니고 작은 것도 작은 것이 아닙니다. 이 말은 생명의 활동으로 보면 크고 작은 것이 생명가치의 차이를 드러내고 있는 것이 아니라는 뜻입니다. 진화의 과정을 보면 자연이 선택하는 것처럼 보여도 그 자연을 이루고 있는 것 또한 생명의 숲이 펼치고 있는 연대입니다. 자연이라는 큰 힘이 생명의 모습을 선택하는 것이라기보다는 함께 변해 가는 생명의 율동이 자연입니다.

어떤 면에서 보면 전혀 지혜롭지 않은 현생인류(호모사피엔스라는 말이 지혜로운 인간이라는 뜻이거든요)인 것 같지만, 현생인류 이외의 어떤 종도 '지혜롭지 않다는 것을 사유할 수 없다'는 역설(다른 종은 지혜로운 사유가 필요 없을 만큼 지혜로운가?)이 호모사피엔스라는 종명이 그런대로 잘 지어진 이름 같기는 합니다. 자신의 사유 근거를 반조해 볼 수 있는 능력이 지혜로운 생각길을 만들 수 있는 배경이 될 수 있기 때문입니다. 하여 『반야심경』에서는 외부로 향했던 앎의 관성을 되돌려 스스로의 몸과 마음으로 살피는 관조수행을 강조하고 있습니다. 그렇게 하는 것은 익숙하지 않은 사유습관이라 쉽지는 않지만, 하다 보면 지금까지와는 다른 지각현상이 발생하기도 하고, 익숙해지면 몸과 마음현상을 새롭게 볼 수 있는 안목이 생기기 때문입니다.

『반야심경』은 제목 그대로 지혜(반야)를 완성하게 하는 핵심적인 가르침입니다. 관조수행을 통해 '어느 것이든 그것 자체로 자신의 존재를 완성시키는 것은 없다'라는 공에 대한 체험, 곧 무상무아에 대한 체험을 하게 되기 때문입니다. 그렇기에 반야라는 뜻은 관점의 이동을 자유롭게 할 수 있는 생각의 지도를 완성한 상태까지를 뜻하게 됩니다. 이 상태는 학습을 통해 이해된 정도를 넘어선 것입니다. 관점 이동이 이루어진 몸과 마음은 생명의 공감대를 넓힌 것과 같으므로 특정 이미지로 소모되고 있는 자아가 사라지면서 확장된 자아가 새롭게 탄생된 것이라고 할 수 있거든요.

자기 이미지를 내려놓고 다른 생명들이 발현하고 있는 파동을 있는 그대로 받아들이는 연습을 하는 것도 자아를 확장하는 방법 가운데 하나라고 할 수 있습니다. 그러다 보면 사람끼리는 7초 정도가 지나면 공명파가 발생하면서 외부가 내부가 되는 경험을 할 수 있다고 합니다. 중요한 것은 빈 마음 상태를 유지할수록 내·외부가 통합된 자아가 쉽게 탄생된다는 것입니다.

혼자 추는 춤인데도 함께 추는 춤이 되는 순간의 상속은 자비심이 자아를 표현하고 있는 순간들입니다. 상상의 자아, 곧 특정 이미지에 갇히지 않는[無] 지혜로운 공명파의 춤을 추는 자비로운 자아[我]라야 매임 없는 생명활동[호]을 할 수 있으므로, 생명 가치를 온전히 존중할 수 있는 생각의 지도를 완성하기 위해서는 빈 마음을 자재하게 쓸 수 있는 신체가 되어야 합니다. 그렇게 할 수 있는 수행자의 표상인 분이 관자재보살입니다. 내외부에서 일어나는 생명의 소리[世音]와 공명하면서 자비의 연대를 자유자재하게 실현할 수 있는 관점과 실행력을 갖춘 분이거든요. 이는 청년 싯다르타가 깨달음을 이룬 사건에 의해서 증명된 일입니다. 생명연대의 실상인 연기적 공성을 깨달아 부처가 된 이후, 그분이 부처가 될 수밖에 없는 이유를 여러 가지 들고 있지만, 실상은 자신의 몸과 마음을 관조할 수 있는 현생인류의 지성작용에 의해서 부처가 됐다는 것을 철두철미하게 알아차린 것과 같습니다. 하여, 청년 싯다르타가 부처가 됐다는 것은 누구라도 부처가 될 수밖에 없다는 것을 뜻하게 됩니다. 그렇기에 『법화경』에서는 부처가 될 수밖에 없는 근거인 '반조할 수 있는 지성'을 영원한 부처님(무량수불)이라고 이름하였으며, 『화엄경』에서는 지성의 작용이 곧 연기적 생명활동이 되므로 모든 것들은 그 모습 그대로 부처(비로자나불)를 드러내고 있다고 하였습니다.

지금까지는 몸과 마음을 관조해서 깨달음을 이룰 수 있는 종은 현생인류라고 할 수 있지만(만들어진 이미지에 현혹되지 않는 생명체도 깨달음을 필요로 할까?), 진화는 궁극적으로 다른 종들도 현생인류와 같은 지성활동을 할 수 있게 하거나, 다른 양태라고 하더라도 궁극적으로는 연기적 자아의 생명연대를 깨닫게 될 수밖에 없게 할 것이기에, 『법화경』에서는 생명을 존중하는 마음을 기르는 것을 수행으로 삼았습니다. 어떤 생명도 가볍게 여기지 않는 보살로 살겠다는 마음을 기르는 것이 법화행자의 수행 내용이라고 할 수 있거든요. 『법화경』의 이야기는 공감의 공명파를 자유자재로 조율할 수 있는 빈 마음을 온전히 쓸 수 있게 하는 것이 수행이라는 뜻입니다.

마음챙김 수행

사실 현생인류를 지혜롭고 지혜로운 인류라고 이름했지만 인류가 스스로 지혜롭게 된 것은 아닙니다. 진화과정에서 뇌 신경망의 복잡성이 높아졌을 뿐만 아니라 연결 패턴을 바꾸는 유연성도 커졌기 때문이라고 합니다. 수행으로 깨달을 수 있는 것도 그와 같은 유연성이 있기 때문이라고 말할 수 있겠지요.

   그렇기는 해도 사건·사물을 일반화하여 특정 이미지로 규정짓는 언어의 발생, 곧 이미지를 문자로 치환하는 능력이 현저하게 뛰어난 현생인류에게 있어서 세계 이해란 언어 이미지로 치환되는 한계를 벗어나기가 쉽지 않게도 됐습니다. 하여 '나란 무엇인가?'라는 물음이 나의 실상을 이해하려는 질문처럼 보여도, 자칫하면 '무엇'이라고 규정하는 그것으로 자기를 한계 짓는 일이 되기도 합니다. '언어가 존재의 집'이라는 말도 그렇게 해서 생겨났겠지요. 존재가 있고 그에 따라 언어가 생성됐다기보다는 언어로 표현하려는 의지에 의해 존재가 탄생되기에 이르렀다는 뜻입니다.

하여, 불교에서는 언어와 사물의 관계를 집요하게 묻고 있습니다. 그 결과 연기적 관계에 의해서 발생하는 사건·사물은 그 자체로 자신의 존재성을 규정할 수 없는데, 앞서 말씀드렸듯이 외부가 없다면 내부의 실체도 규정될 수 없는데, 언어화하는 순간 사건·사물이 외부 없이 존재하는 것처럼 되므로, 언어와 사건·사물의 등가성은 성립될 수 없다는 것을 알았습니다. 언어는 언어대로 제 길을 가고 사건들도 그 자체로 자신의 길을 가고 있는 것과 같기 때문에, 언어에서 사건·사물의 이미지를 제거하고 보면 언어 그 자체는 허공에 뜬 것과 같게 되고, 외부 없는 사건·사물들도 없으니 언어 이미지를 빌려 이해하려는 노력이 쓸데없는 일이 되고 맙니다. 사건·사물을 해석할 수 있는 도구로서 더 이상 가는 것이 없을 만큼 훌륭한 기능이 언어 분별이지만, 그것의 실상을 살피지 않는다고 하면 허공에 뜬 것과 같은 이미지 속에 사건·사물을 가두는 일을 하는 꼴이 되고 만다는 것입니다. 그렇기에 자기라는 특정 이미지에 갇히게 된다면, 스스로 '자기 자신으로부터 소외되는 일'을 하면서도 그 일이 의미를 갖는 일처럼 느껴지기도 합니다. '나는 무엇인가?'라는 물음을 통해 내외부적으로 이루어지고 있는 연기적 통합에 의해 순간순간 다른 나를 드러내면서도 그 '나'가 언어 이미지의 일반상을 담보하는 줄을 알게 된다면, 나는 나이면서 동시에 확장된 나일 수밖에 없다는 것을 알게 될 것입니다. 그렇게 되면 나는 무엇이면서도 동시에 그 무엇일 수도 없다는 '공성으로서의 나'를 이해하게 되지 않을까요. 질문하는 행위 자체로 보면 온전히 나의 행위이지만, 질문 자체가 성립되지 않으므로 정해진 답 또한 있을 수 없다는 뜻입니다. 어쩌면 질문하는 것 자체가 질문이면서 답이며, 그 순간 생성되는 이미지만이 허상이면서 자신의 실제를 있는 그대로 드러낸다고 하겠습니다.

더구나 의식적 판단은 무의식적인 지각작용에 의해 만들어진 정보 가운데 주의가 기울여진 것이라 할 수 있으므로, 곧 의식되기 전에 그렇게 알고 행동할 수밖에 없는 결정이 이미 이루어지고 있다고 할 수 있으므로, 의식된 나 또한 그렇게 만들어진 나일 확률이 높습니다. 커 가면서 수없이 듣고 되새겼던 여러 이미지들이 기억정보로 남아 있으면서 지금 여기의 나를 규정하기 때문이며, 그와 같은 의식현상이 특정 기억정보를 강화하면서 상속되는 자아상을 규정하고 있기 때문입니다. 그럼에도 불구하고, 곧 변치 않는 실재로서의 자기가 없는데도 불구하고 언어습관에 따라 그런 나를 묻고 찾는다고 하면 허공에 발길질하고 있는 것과 다름이 없겠지요. 하여 불교에서는 의식된 이미지를 있는 그대로 살펴 아는 마음챙김 수행을 강조하고 있습니다.

마음을 챙겨 형성된 이미지를 좇지 않고 그냥 알아차리다 보면 이미지의 변화가 생기기도 하고 없어지기도 하며, 어떤 경우는 아는 의식조차 사라지기도 하는 경험을 하게 됩니다. 그러다 보면 사건·사물의 존재성을 묻기보다는 사건·사물의 연기성을 알게 되고, 하나의 사건이 형성되고 사라지는 과정 자체가 사건·사물인 줄도 알게 되기 때문입니다. 생성과 소멸이라는 개념적 사건도 이미 만들어진 생성상과 소멸상과의 조합을 통해 의미를 갖는 것과 같으므로 의미를 통해 사건을 재조합하는 마음이 쉬게 되면, 어느 사건도 그것 자체로는 존재하지 않는다는 것을 알 수밖에 없거든요. 이는 사건마다 인지가 발생하면서 사건이 되어 가는 원리를 내부에서 생성되고 소멸되는 지각 이미지의 흐름을 직관하게 됨으로써 알게 된 사실입니다. 마음챙김 수행을 지혜수행이라고 하는 까닭도 여기에 있습니다. 사건·사물의 연대성과 그 자체의 공성을 이해하고 경험하면서 그와 같이 이해력을 신체화하는 것이 지혜수행이라는 뜻입니다.

빈 마음이란

수행으로 새로운 관점에 대한 인지의 배선망이 활발하게 활동하게 되면 특별히 주의를 기울이지 않아도 지혜로운 판단인 빈 마음으로 알아차리는 일이 가능해지는데, 빈 마음인지 아닌지를 알아차리는 일이 어려운 것도 아닙니다.

칭찬과 비난 등에 흔들리지 않는 마음이 빈 마음입니다. 흔들린다는 것은 있는 그대로의 마음현상을 보는 것이 아니라 만들어진 이미지를 꽉 잡고서 나를 세우려는 의지가 강하게 작동하고 있는 상태입니다. 이는 결과적으로 스스로를 힘들게 할 뿐입니다. 마음현상을 있는 그대로, 곧 가치판단 없이 지켜보아야 하는 까닭은 이미 형성된 기억정보의 작용양상은 환경 등의 영향을 받아 학습된 양과 강도에 따른 것이므로 비슷한 상황에서의 작동양상이 쉽게 변하지 않기 때문입니다. 하여 일어나고 사라지는 생각에 대해 '나는 왜 이런 줄 모르겠어'라는 식으로 보기 이전에, 그냥 그 모습 그대로 관조하는 습관을 기를 수밖에 없습니다. 말과 행동으로 표현되기 전을 조율하는 연습이라고 할 수 있는 관조수행을 통해 심리현상이 변하는 것을 경험하게 되면 마음흐름이 반드시 정해진 대로 흐르지 않는다는 것을 알수 있게 되거든요. 더 나아가 그렇게 경험한 심리현상 또한 새로운 기억정보를 만들 것입니다. 그러다 보면 사건을 이해하는 인지시스템을 이해하게 될 뿐만 아니라, 사건에 대한 이해도 달라지게 됩니다. 익숙한 일상의 영상이 바뀌어 가는 경험과 내부에서 펼쳐지는 꿈같은 영상을 보게 되는 경험, 그리고 빈 마음에 대한 경험이 인과의 과정을 다른 식으로 사유할 수 있게 한다는 것입니다. 인과과정은 되어 가는 사건·사물의 흐름이라고할 수 있는데, 결과를 발생시키는 원인 자체가 결정되어 있지 않다는 것을 경험했기 때문이며, 접속하는 양상에 따라 하나의원인이 서로 다른 결과를 발생시키고 있는 것과 같다는 것을 알수 있게 됐기 때문입니다. 사건은 인지되면서 사건이 되는데,인지의 배경이 달라지면 발생하는 사건의 해석도 달라지면서다른 사건처럼 된다는 것이지요. 그렇게 되는 까닭은, 되어 가는 사건·사물 그 자체도 인연 따라 변할 수밖에 없는 공성을 기반으로 흐르고 있기 때문입니다.

이와 같은 경험을 하게 된다는 것은 개인의 내면에 설정된것과 같은 인지의 배선망이 사회적 배선망과 주고받는 접속 패턴이 바뀐 것과 같을 뿐만 아니라, 정보를 수용하고 해석하는내부신경계가 만드는 패턴 양상이 바뀐 것과 같습니다. 그러므로 사건·사물의 공성을 이해했다는 것은 인식의 주체가 접속되는 사건·사물을 이해하는 방식이 바뀌었다는 것을 넘어(인식의주체가 따로 없거든요), 인지의 네트워크가 변하면서 새롭게 자신의 세계를 생성한 것과 같고, 그 결과 접속된 세계도 새로 탄생되는 것과 같다고 하겠습니다. 하여 불교에서는 "마음 하나

바뀌면 세계가 바뀐다"고 이야기합니다. 실제로는 인지네트워크의 유연성이 삶의 전반에 걸쳐 작용하고 있기 때문에 깨달음이라는 사건도 일어날 수 있겠지요. 내외부에서 발생하는 정보를 수용하고 해석하는 인지의 배선망이라고 할 수 있는 신경네트워크의 패턴 양상이 고정되어 있지 않기 때문에 접속 상태가 바뀌는 정도를 넘어(일상의 접속 상태에서는 보이거나 들리지 않던 것들도 보이고 들리기도 하며, 일상과 달리 보이거나 들릴 수 있게 변한 접속 상태를 말합니다), 깨달음을 실현하는 인지의 패턴망이 새로 생길 수 있다는 것입니다. 그렇기에 깨닫고 나면 무위적으로 빈 마음을 쓰면서 지혜로운 판단을 하게 됩니다.

그렇기는 해도 커 오면서 만들어진 기본망들과 그에 따른 접속방식이 너무도 굳건하기에 바꾸고자 하는 마음만으로는 쉽게 바뀌지 않습니다. 치열한 사유수행이 필요합니다. 스스로 생각해 봐도 받아들이기 어려운 사유와 행동양상이 끊임없이 되풀이되는 것은 약한 중독과 같거든요. 인간의 사유 지도는 유전자와 환경 그리고 신경세포가 랜덤으로 연결되면서 만들어진 결과인데, 곧 생각의 지도는 사유와 행동의 빈도수와 경험 강도의 영향이 큰데 습관화된 사유 패턴들은 다른 패턴들에 비해 힘이 세졌기 때문입니다(실제로 단백질이 단단해짐).

생각의 지도를 만들고 바꾸기

이것이 뜻하는 것은 약한 연결고리들은 한두 번의 학습으로도 연결 패턴이 바뀔 수도 있지만, 강한 연결고리들은 그렇게 형성되기까지 사유와 행동의 습관이 지속적으로 되풀이됐기에 바꾸기 쉽지 않다는 것입니다. 사실이 그렇다고 해도 차분히 생각의 흐름을 지켜보거나, 사건·사물의 실상을 있는 그대로 밝힌 내용들을 생각 생각으로 이어 가는 습관을 익히다 보면 행동을 조율하는 데 힘이 덜 들 때가 옵니다. 마음챙김의 네트워크가 자리 잡혀 가는 상태입니다. 해석된 이미지 그 자체를 존재성과 연계하지 않는 새로운 사유와 행동양상을 실현하게 되는 생각 길이 형성되어 가는 것이지요. 사실 생각의 힘을 길러 사건·사물을 있는 그대로 보기 위해서는 생각의 지도가 일차적으로 완성되는 25세까지는 물론(여기서 일차적이라고 하는 것은 나이가 들어서도 계속해서 변하기 때문입니다) 그 이후에도 지속적인 연습이 필요하지만, 사춘기의 학습양상은 이전과 다른 뜻으로 중요하다고 할 수 있습니다. 학습은 어머니 뱃속에서부터 이루어지기에 특정한 시기가 더 중요하다고 할 수는 없지만, 사춘기에 이르면 뇌 신경세포의 시냅스가 폭발적으로 증가하면서, 시냅스 연결의 패턴망이 아침·저녁으로 변한다고까지 말할 수 있는

데, 지속적으로 연결되지 못한 시냅스는 사라지고 말기 때문에, 낱낱 시냅스도 사라지지 않기 위해 필사적인 노력을 하고 있는 기간을 사춘기의 뇌라고 할 수 있기 때문입니다.

그렇게 해서 남게 되는 시냅스 연결 패턴이 기억의 자모음이 되어 내부 이미지를 만드는 기본이 됩니다. 여기서 패턴을 기억의 자모음이라고 비유적으로 이야기하는 것은 하나하나의 자모음이 여러 연결에 참여하면서 관찰 가능한 이미지를 만들고 있기 때문입니다. 그렇기에 연결 패턴이 바뀐다는 것은 새로운 사유의 색깔을 만들어 내는 것이라고 할 수 있지만 쉽지 않은 것 또한 사실입니다. 쉽지 않기는 해도 학습 등을 통해 생각의 지도에 나 있는 큰 길이라고 할 수 있는 자신의 관점, 곧 사유의 대전제를 내려놓게 되면 관점을 달리하는 것이 그렇게 어렵지도 않게 됩니다. 미국의 예이긴 합니다만 지난 20년 동안 매년 약 200만 명이 신이라는 개념을 전제하지 않고서, 곧 무신론자가 되어서 자기와 세계를 해석하게 된 것이 좋은 예라고 하겠습니다. 나이 든 분들께서 신이라는 개념을 내려놓는다는 것은 젊은이들에 비해 쉽지 않겠지만, 그럼에도 불구하고 점점 늘어나고 있다고 하니, 이는 새로 밝혀진 물리와 생물에 대한 이해도가 높아진 결과일 것입니다.

사회적으로 일어나고 있는 학습의 기본망이 내재된 개인

의 인지시스템에 강한 영향을 주고 있다는 것은 두말할 필요도 없겠지만, 그 영향을 젊은이들은 별 저항 없이 받아들이고 있고, 그렇게 해서 생겨난 새로운 해석의 경향성을 나이 든 분들께서도 점차 어려움 없이 받아들이고 있는 결과라고 할 수 있겠지요. 이것이 뜻하는 것은 개인과 사회에서 발현되고 있는 인지의 알고리즘이 어느 때보다 크게 변하고 있는 시대라는 것입니다. 그리고 그렇게 형성된 학습네트워크에 누구라도 알게 모르게 깊숙이 접속할 수밖에 없는 시대라고 해야겠지요. 하여 스스로 자각하지 않는 상태에서도 AI와 공동 학습하는 포노사피엔스 세대는 마음챙김을 통해서 새로운 인지의 알고리즘을 성취했던 것보다 빠르고 쉽게 생각의 지도가 바뀌어 갈 것 같습니다. MZ세대로 불리는 젊은이는 그 이전 세대가 했던 협업의 개념으로 AI가 옆에 있는 것이 아니라 이미 AI가 개인의 인지 알고리즘의 한 축이 된 세대라고 할 수 있거든요. 이 상태는 '좋다 나쁘다'라는 판단을 넘어선 상황이라고 할 수 있지만, 자칫하면 AI로 통일된 '개인이라고 할 수 없는 개인'이 될 수도 있으니, 어떤 의미에서 사회화가 커질수록 개인은 사라지고 사회만 남는 세계가 펼쳐질지도 모르겠습니다.

지금은 "나 때는 말이야"라는 말이 듣기 싫은 소리가 되기라도 하지만 어느 틈에 "나 때"조차 사라진 사회가 소리 소문 없이 개인의 생각지도를 완성시킬 수도 있기 때문입니다.

　이 상황이 생각의 지도가 유사해지는 것을 뜻한다고 하면, 결혼의 세계화가 초기에는 유전정보의 다양성을 넓혀 간다고 할 수 있지만 세월이 지나면 오히려 다양성이 사라지는 역할을 하게 될지도 모르는 것과 같습니다. 유전자의 다양성이 사라진 다는 것은 인류에게 치명적인 질병이 창궐하게 되면 그 피해가 지금과는 다른 양상으로 전 인류를 덮치게 된다는 것을 뜻한다고 할 수도 있거든요. 몇십 년 전의 이야기입니다만 일본의 어떤 지역에서 특정 독감이 유행했을 때, 전통적인 주거와 식생활을 하고 있던 분들께서는 별로 영향을 받지 않았다는 사실을 바탕으로 생각해 보면, 주거와 식생활이 비슷해지고, 유전정보의 다양성까지 적어지게 된다는 사실이 무엇을 뜻하는지를 쉽게 이해할 수 있다고 하겠습니다.

　주거형태와 식생활 그리고 생활도구가 유사해진다는 것은 생각의 양상이 비슷해진다는 것을 뜻한다고 할 수 있는데, 이는 어떤 진화 생물학자가 '도구가 생각을 낳게 했다'라고 이야기할 정도로 도구가 생각의 내용과 형태를 규정하는 데 큰 영향을 끼치기 때문일 것입니다. 그러므로 MZ세대의 특징을 이야기할 때, '그들은 최신의 전자도구들을 배우고 익혀서 쓴다기보다는 이미 익혀진 것과 같은 인류다'라고 이야기한다는 것은, MZ세대는 새로운 세대라는 것을 넘어 진실로 신인류가 탄생한 것을 뜻하지 않을까요.

도구의 변화와 함께 탄생한 신인류

신체의 진화를 통해서 신인류가 탄생된 것이 아니라 도구의 급격한 변화가 신인류를 탄생시킨 것과 같다는 것입니다. 언어를 자재하게 사용할 수 있게 되면서 문화화된 인류, 곧 호모사피엔스 사피엔스가 등장했듯, 세계를 새롭게 이해할 수 있는 각종 도구와 유전자를 편집할 수 있을 정도로 변화된 환경은 머지 않아 급격한 진화를 인위적으로 조율할 수 있게 되는 것과 같으리니, 그때의 세대는 신인류라는 개념으로도 정의하기가 어렵지 않을까요.

아직 그와 같은 일이 현실적으로 발생했다고는 할 수 없지만, 전혀 개연성이 없는 일 같지도 않습니다. 이 말이 뜻하는 것은 변치 않는 실체로서의 자아가 없다는 것은 말할 것도 없고, 일어나고 사라지는 다양한 사건·사물의 무상성을 눈앞에서 보여 줄 수도 있다는 것입니다. 무상하다는 말은 생물의 생존활동이 인연 따라 변할 수밖에 없는 유연성을 바탕으로 이루어지고 있다는 것이며, 사건·사물의 발생 또한 그와 같다는 것을 뜻합니다. 이미 발생한 사건·사물로 보면 그것으로 존재하는 것 같지만 그 이면에는 끊임없이 관계의 변화에 따라 현상을 조율하고 있기에 그렇게 보일 뿐입니다. 그러다가 조율할 수 없을 정도로 변화의 임계점에 이르면 새로운 형태의 사건·사물들이 현상할 수밖에 없습니다.

하여 부처님께서는 사건·사물들은 인연 따라 일어나고 사라진다고 말씀하셨으며, 사건·사물로서의 인식이 그와 같은 사건·사물을 만들어 내고 있다고 하셨겠지요. 노자께서 사건·사물들이 일어나고 사라지는 길[道]의 흐름이 '일정하지 않다'(非常道)라고 말씀하신 것 또한 같은 맥락일 것입니다. '인연 따라 흐르는 길이기에 길이라고 할 수는 있지만 그 양상이 일정하지 않고, 양상 따라 이름을 붙이기에 이름조차 변해야 한다'라는 명제를 사유의 기반으로 한 가르침이 『도덕경』이라고 할 수 있기에, 노자의 가르침은 인연의 흐름[道]과 상응하는 생각의 유연성[德]을 기르는 것이 수행의 중심이 되어야 한다는 것을 뜻한다고 하겠습니다.

어쩌면 관계를 맺는다는 말이 너무나 당연하게 들리기는 하지만, 내부의 인식체계로 보면 일방적인 관계가 아닌가 합니다. 자신의 인식내용만이 접속되는 세계가 되며, 그 세계만이 자신이 만날 수 있는 유일한 세계이기 때문입니다.

하여, 끊임없는 확인 작업이 필요한가 봅니다. 제 스스로 만들어 내는 세계상을 인정받기를 원하는 것이 관계를 맺어 가는 방식이며, 그것을 통해 공유의 세계상을 확인해야 안심할 수 있기 때문입니다. 함께 생명계를 만들어 살아가는 생명체는 유연성이 생명활동의 필요충분조건이 될 수밖에 없어, 기존의 인식 내용에 머무르지 않을 수 있는 인지시스템이 생겨날 수밖에 없었다는 것입니다. 그럼에도 불구하고 비교할 수 있는 외부가 있어야 인식이 성립되므로, 곧 기억정보들이 갖고 있는 차이라고 할 수 있는 신경네트워크가 만들어 내는 패턴의 차이를 통해 지금 만들어진 이미지가 인지되므로, 인식되는 순간 어떤 것이든 '그것'으로 존재하게 됩니다. 수용된 정보를 해석하기 위해 내부의 신경네트워크의 배선도가 변해 간다고 해도, 곧 변하면서 만들어 간 이미지 그 자체가 세계상이 된다고 해도, 인지된 것은 그것으로 존재하는 것이 되고, 그것들의 네트워크가 자신의 세계가 되기 때문입니다. 현재 인지시스템으로는 변화는 변치 않는 이미지로의 변환을 통해서만 이해되는 세계라고 할 수 있거든요. 그러므로 마음을 챙긴다는 것은 순간순간 마주치는 자신을 있는 그대로 존중하는 연습이라고 해도 과언이 아닙니다. 실상은 만들어진 이미지밖에 없는데도 불구하고 비교된 자신,

곧 이미지화된 자신을 '변함으로써 살아간다고 할 수 있는 실제의 자신'에게서 찾는다는 것은 스스로 생생한 현재의 삶으로부터 자신을 소외시키는 일을 충실하게 하는 것과 같아, 자신을 있는 그대로 받아들이기가 어렵게 되거든요. 인지의 실상이 이러하므로 자신이 좇고 있는 이미지가 설정된 이미지(이조차 스스로 만들었다고 이야기하기 어렵습니다. 환경과 학습을 통해 형성된 이미지에 지나지 않는다는 뜻입니다)임을 알고, 그것이 실제의 자신이 아닌 줄을 사무치게 이해하는 것이 먼저일 수밖에 없습니다.

더 나아가 그렇게 하지 않아도 되는데도 불구하고 설정된 이미지에 따라 일희일비하며 살아왔던 자신을 알아주고 안아주며 고생했다는 말을 자주 해야 합니다. 하나의 사건 속에 들어 있는 인연의 조건은 따질 수 없을 만큼 다양다기 하겠지만, 그것을 어떻게 받아들이냐는 학습된 경향성일 경우가 많기 때문입니다. 그렇기에 해석된 이미지만으로 자신을 규정하기 전에, 해석된 이미지의 흐름을 지켜보는 일이 현재의 자기를 아는 것이면서 자신을 있는 그대로 인정할 수 있는 바탕이 됩니다.

불교에서는 이와 같은 일을 업을 바꾸는 일이라고 합니다. 업이란 좁은 의미로 보면 해석의 경향성이라고 할 수 있기 때문입니다. 그러므로 자신을 해석하고 있는 무의식적인 업의 활동

양상이 바뀐다는 것은 자신을 보는 눈이 바뀌었다는 데 그치지 않고 새로운 세계를 창조했다고까지 말할 수 있습니다. 그렇기에 마음챙김이 깊어져 저절로 깨어 있는 활동을 항상 할 수 있는 신체가 된 상태를 부처님의 몸을 성취했다고 하고, 그렇게 된 부처님이 만나는 세계를 부처의 세계라고 합니다. 깨달은 마음 하나가 온전히 새로운 세계를 연 것과 같으니 손바닥을 마주치지 않아도 소리가 난 것과 같다고 할 수 있겠지요.

극복되는 자기가 없음에도 불구하고, 업의 경향성에 의해 설정된 자아상을 허무는 것이 자기를 극복하는 것과 같고, 극복하고 보니 극복된 자기가 없어진 것과 같으니, 있는 것 같기도 하고 없는 것 같기도 한 자아와 세계가 한 손바닥으로 내는 소리와 같은 줄 아는 것이 스스로의 삶을 부처의 삶으로 이끈다고 하겠습니다.

증여란 무엇인가

하나의 생명체와 같은 생명계

그냥 주어지는 것 같은 것들이 없다면 생명활동을 할 수 있을까? 증여라고 말할 수조차 없이 함께 이뤄 내고 있는 생명계의 총화는 증여를 넘어선 것이 아닐까? 묻기 전부터 이미 알고 있는 사실, 곧 인식되지 않는 느낌으로 상호작용하고 있는 생명계의 네트워크는 느낌의 양상을 달리하면서 함께 삶을 이뤄 내고 있는 공생(共生)과 별생(別生)의 합주라고 할 수 있습니다. 공생의 장이 있기에 별생도 이루어지고, 별생의 변주가 있기에 생명현상의 다양함에 따른 진화도 일어날 수 있다는 이야기입니다.

여기서 합주라고 하는 것은 상호 간에 다양한 방법으로 생명의 장에서 생성되고 있는 정보를 주고받는 과정에서 별생의 변이가 생기고, 그것이 다시 공생의 조건을 바꿔 갔기에 생명의 흐름이 상속될 수 있다는 것입니다. 그러므로 생명활동을 한다는 것은 생명정보를 주고받는 증여, 곧 의도하기도 전에 이루어지고 있는 증여의 장이 생명의 장이 되었다는 것이며, 바람 없는 증여가 있기에 진화라는 생명의 활동도 지속되고 있다는 것입니다.

공생의 장에서 발생하는 생명정보를 수용하고 해석한 연후에 해석된 정보를 생명의 장에 다시 발산하는 현상이 생명체의 진화였다고 할 수 있다는 것이지요. 하여 개체의 변이는 자기 변이이면서 함께 변해 가는 일이어야만 했습니다. 이런 현상에 대한 예로서는 유전자를 주고받는 것과 같은 박테리아의 생존 방법은 말할 것도 없고, 땅속 생명체와 지상의 식물이 형성하고 있는 생태계, 더 나아가 이웃 식물에게 영양분을 나눠 주기까지 하는 식물계의 공생방법을 들 수 있습니다. 하여 공생은 생명계가 유지되는 필수조건이라고 이야기해도 결코 지나친 말일 수 없습니다. 지상식물이 땅속 생명에게 빛을 통해 생성된 영양물질을 보내고 땅속 생명은 땅의 힘을 길러 지상식물이 어디로 뿌리를 뻗어야 하는지를 알 수 있게 하니(화학물질을 분사해서 알게 되므로, 식물의 뿌리를 감각기관이라고 여겨야 한다고 합니다), 개체의 생명활동으로 보면 하나인 듯하지만 생태계로 보면 공생의 생태계 그 자체가 하나된 생명현상이라고 할 수 있거든요. 또 다른 예로서는 지상의 식물끼리도 특정한 화학물질을 분사해 이웃 식물들에게 생태계의 정보를 주고받으면서 개체의 생명활동을 하고 있는 것을 들 수 있으니, 증여야말로 생명계가 주고받는 생명 언어라고 할 수 있지 않을까요.

이것이 뜻하는 것은 주는 것이 받는 것이 되고 받는 것이 주는 것이 되는 사실을, 40억 년을 살아온 생명체들은 의식이 생기기 훨씬 전부터 그렇게 해야만 살아남을 수 있다는 것을 익혀 온 것이라고 할 수도 있고, 그렇게 했던 생명체만 살아남았다고 할 수도 있다는 것입니다(최초의 생물인 단세포 생물부터 살아 있는 활동[生]을 하는 물질[物]이었기에 지능작용을 생명활동의 필수적인 요소였다고 할 수 있으나, 무의식적인 마음 작용이라고 할 수 있는 이 지능이 의식으로 현상하기까지는 39억 몇천 몇백만 년을 기다려야 했습니다). 그렇게 해서 얻게 된 생명정보가 유전자가 되어 대를 이어 상속되다 보니 후대의 생명체는 필요에 따라 그 정보를 골라 쓸 수도 있게 됐습니다. 예를 들어 포도당을 먹이로 하는 박테리아에게도 젖당을 분해시키는 공능이 있으므로, 포도당과 젖당이 섞여 있는 영양물질을 주면 처음에는 포도당을 먹이로 취하다, 포도당이 다 떨어지면 작용하지 않던 정보인 젖당 분해 정보가 전면에 나서 젖당을 먹이로 취하게 되는 것을 들 수 있습니다. 또 다른 예로는 박테리아는 전체적으로 먹이가 풍족한 환경에서는 개체 박테리아로 살아가다 먹이가 부족한 환경이 되면 함께 모여 거대한 박테리아군을 형성해 하나의 생명체처럼 작용하면서 생존 활동을 조율하는 것을 들 수 있습니다. 이들이 생존 활동을 조율할 때는 자기들끼리 특정 화학물질을 분사해 전체를 감싸는 막을 만들어 마치 하나의 생명체처럼 살아가다가, 다시 먹이 환경이 좋아지면 각자의 삶으로 돌아간다고 합니다.

사람들의 일도 비슷하다고 할 수 있겠지요. 다른 사람들의 일은 말할 것도 없고 다른 생명체의 아픔을 자신의 아픔처럼 느끼게 되는 신경 패턴을 갖추었다는 것은 지구상의 모든 생명체가 공통조상의 후손이라는 것을 넘어선 것이라고 할 수 있거든요. 생존의 배경이 이러하므로 여기에 맞는 환경과 학습만 적절하게 이루어진다면 공생의 증여를 자신의 일로 여길 수 있으나, 환경과 학습이 충실하지 못하면 자신만의 생각막을 벗어나기 어려운 것 또한 사실입니다. 생존 배경이 그러한 것은 생명계가 시작될 때부터였다고 할 수 있으나, 그것을 알 수 있게 된 것은 얼마 되지 않았거든요. 인지의 진화가 이러하므로 생명계는 상호 간에 주고받는 정보를 의식·무의식적으로 해석하고 이해하는 지식네트워크라고 할 수 있습니다. 그렇다고 해도 그것이 어떤 식으로 작용하느냐에는 생존과 학습환경이 끼치는 영향이 지대합니다. 왜냐하면 유전정보의 발현 양상 자체가 환경과 학습을 통해 상당 부분 정해지는 것과 같기 때문입니다. 하여 어떻게 행동하고 어떻게 생각할 것인가를 묻는 일이 무엇보다 중요한 일이 됩니다.

앞의 예처럼 박테리아의 행동 양상을 놓고 보아도 환경의 변화에 따른 무의식적인 느낌과 이해를 바탕으로 어떻게 행동해야 할 것인가를 정한다고 할 수 있는데, 그와 같은 생존 정보를 앞서 말씀드린 대로 이웃 박테리아의 경험을 통해 얻을 수도 있고, 자신의 경험 정보를 전할 수도 있는 것이 생명계이기 때문입니다. 그러므로 함께 생명계를 이루는 생명체는 최초부터 앎이라는 기능을 필요충분조건으로 함께 살아간다고 할 수 있습니다.

아는 만큼 보이기도 하고 가려지기도 하고

사람에 이르러서는 정보취득과 해석이 언어의 확장만큼 커지기도 하고 세밀해지기도 하면서 세계 해석이 이루어지고 있다고 하겠습니다. 언어의 의미 하나하나만을 놓고 보면 지극히 추상적이고 사건에 대해 제한적인 정보만을 현상한다고 할 수 있음에도 불구하고, 언어를 매개로 한 정보해석의 확장은 필연적으로 세계의 확장을 담보하고 있기 때문입니다. 생명계는 생명정보를 주고받는 영역만큼, 상호이해가 전제된 해석의 확장만큼 커져 가는 것과 같다는 것입니다.

아는 만큼 보이기도 하고 아는 만큼 제한되기도 하지만, 인간의 인지시스템에는 앎이라는 사건을 다시 살펴볼 수 있는 인지능력도 생겼으므로, 의식적으로 박테리아 군집이 하고 있는 생존활동처럼 '함께라는 막'을 키워 갈 것이 분명하거든요. 그렇다고 해도, 곧 그렇게 되어야만 개체의 생존 확률도 높아진다는 것을 의식적으로 알아차릴 수 있는 공능이 생겼다고 해도, 그 기능이 진화상 늦게 나타났기에 개체만의 생존을 위한 공능보다 작용력이 크지 않은 것 같기도 합니다. 하지만 의식적인 이해는 지금 작용하고 있는 인지 지도에서 공생의 길을 확장할 것이 분명합니다(기후 위기를 대처하고 있는 것을 보면 회의가 들기도 합니다).

언어를 통한 정보전달 시스템이 생겨났다는 것은 특정 화학물질을 통한 정보전달과는 비교할 수 없을 만큼 확장성이 큰 인지시스템이 생겨남과 같아 개체생과 공생의 조율도 이전보다 쉬울 것이며, 인공지능과의 협업은 생물학적인 진화를 앞당기는 역할을 할 수도 있기 때문입니다. 개체생의 막이 커지면서 저절로 공생의 막이 확장된 것과 같은 지식네트워크가 형성됐기에 가능한 일이겠지요(그러나 플랫폼 사업자들이 인간의 노력을 탈취하는 것과 같은 알고리즘을 만들어 자본을 축적하고 있는 것을 보면 지식네트워크가 생명네트워크를 해체하는 일을 가열차게 하는 것 같기도 합니다). 이는 내재화된 인지시스템에 공생의 인지 정보가 작용할 수 있는 습관의 강도가 커지면서, 더욱 세밀하게 생존의 맥락을 무의식적으로 읽을 수 있게 됐고, 그에 따라 지금껏 보이지 않던 것이 보이게 되면서 생명체의 지적 확장과 더불어 내려놓을 수 있는 조건에 대한 이해도도 커진 결과라고 하겠습니다. 생명계의 확장은 정보전달력의 확장과 그 궤를 같이한다고 할 수 있는데, 그러기 위해서는 필연적으로 기존의 정보를 내려놓을 수 있는 유연성도 커질 수밖에 없었다는 것이지요.

특정 화학물질을 분사하거나 언어를 사용해서 정보에 대한 이해도가 커진다는 것은 공동체의 막이 커지기도 하고 줄어들기도 하면서 그에 맞는 반응을 할 수 있게 됐다는 것을 뜻합니다. 막이 개체 단위로 축소된다고 해도 개체만으로 존립할 수 있다는 것을 보증하는 것도 아니거든요. 하여 개체생을 위해서도 공생만큼이나 드러나지 않는 막이라고 할 수 있는 환경을 자신의 막 속에 포함시켜야만 합니다. 생명의 진화가 원하든 원하지 않든 이기를 위해서 이타를 실현할 수밖에 없었던 까닭도 여기에 있다고 하겠습니다.

사실 이런 일들은 무의식적으로 이루어지고 있는 경우가 태반이라 의식적으로 살펴볼 필요성을 느끼지 않았을 것입니다. 의식된 것들은 인지의 알고리즘이 기억의 자모음을 결합해 만든 내적 이미지가 현상한 것들인(이것들은 자아의 막을 중심으로 나누어진 것들입니다) 반면, 그것들이 펼쳐내는 이타적 행위는 특정한 느낌과 학습을 통해서만 알 수 있기 때문일 것입니다. 의식되는 삶이 자칫하면 반쯤만의 삶이 되고 마는 까닭입니다. 너무나 분명한 자아의 막이 현재를 살아가게 하는 막이 되면서도, 다른 한편 삶의 실상을 가리는 막도 되기 때문이겠지요.

비운 자리에 채워지는 이타의 자비

개체로서의 생이지만 개체만으로의 생이 없으니, 나의 막으로 나를 가두는 순간 나도 잃고 세계도 잃고 맙니다. 이타의 증여는 나도 살리고 세계도 살리는 일입니다. 이기의 삶인 것 같지만 그 삶 또한 나의 막 밖의 나들이 펼쳐내는 이타와 증여의 결과입니다. 이기의 이면에서 펼치는 이타의 증여가 나에게 되돌아와 나와 세계가 하나의 생명계를 이룬다고 할 수 있거든요. 이것이 개체마다 한 생을 살아갈 수 있는 바탕입니다. 식물이 막을 넘어 펼쳐내는 숨으로 동물이 살아가고, 동물이 막을 넘어 펼쳐내는 숨의 덕으로 식물도 제빛을 드러낼 수 있습니다.

　하나하나의 생명체는 제 그릇을 비워내면서 그곳에 타의 이타심을 채워 살아갑니다. 하여 용수 스님은 삶의 근본이 빔[空]이라고 했겠지요. 자비를 실현하는 일이 자신을 비운 자리에 타의 자비를 채우는 일이 되니, 수행은 빔을 실현하는 채움이라고 할 수 있습니다. 타의 빔을 채워주는 공덕이 자신의 빔을 채우면서 생명활동이 이루어지고 있으므로 세계는 비움으로 채워지는 꽃과 같다고 하여, 세계는 하나의 꽃이라는 말도 있습니다. 하나하나의 꽃들이 자신의 막 너머로 보내는 따스한 숨결로 세계는 하나의 꽃이면서 숨결마다 서로 다른 파동으로 빛을 내는 꽃이 됩니다.

파형이 다른 숨결이 자신의 색깔을 드러내면서 고유한 생각과 말과 행동을 하게 합니다. 어울리고 융합된 삶이지만 하나의 색깔이 아니기에 누구라도 그 모습 그대로 세계를 드러내면서 삽니다. 색깔로 보면 다 다른 것 같지만 그 색깔마다 이타의 증여로 채워진 색깔이라 누구라도 그 모습 그대로 자신의 우주를 산다는 것이지요. 공경 받아 충분한 삶입니다. 하여 『법화경』에서의 수행 방법은 이와 같은 이해를 바탕으로 모든 생명체를 가벼이 여기지 말고 존중하는 생각과 말과 행동을 익히는 것입니다.

이와 같은 수행은 석가모니 부처님의 깨달음으로 드러난 생명의 실상에 부합하는 일입니다. 깨달음으로만 보면 수행의 결과라고 할 수 있지만, 그 결과가 연기적으로 이루어지고 있는 실제의 빔과 채움을 명징하게 알아차린 것이기에, 곧 의식과 무의식이 깨달음으로 하나된 인지활동을 하게 된 결과라고 할 수 있기에 궁극적으로는 누구라도 부처가 될 수밖에 없다는 사실과 부합된다는 뜻입니다. 하여 이미 깨달은 분들은 말할 것도 없고 깨닫지 못한 이들이라고 하더라도 부처가 될 분으로 공경하는 것이 법화행자의 수행 방법이 될 수밖에 없었겠지요.

『법화경』에서는 생명 있는 모든 이들은 반드시 깨닫게 될 날이 온다는 것을 전제하고 있거든요. 생각해 보면 절대 그럴 것 같지 않거나 요원하기만 한 상상 같지만 문화의 진화는 어쩌면 필연적으로 그렇게 진행되지 않을까 합니다. 생명의 역사로 보면 바로 엊그제만 해도 노예의 삶을 사는 이들은 왕과 귀족과 소수의 시민과는 본질에서 차이를 갖는다고 했습니다. 소수의 사람만이 사람이고 그 나머지는 도구와 다를 바가 없는 취급을 받았던 것도 그들이 사람의 본질을 갖지 못했다는 어처구니없는 생각에 기반했습니다. 이런 생각을 고착하는 데 중추적인 역할을 한 데는 성직자 그룹의 역할이 컸다고 할 수 있습니다. 문화의 진화는 노예에서 시민이 된 사람이 늘어나는 만큼 빨라졌다고 할 수 있으며, 지금에 이르러서는 어린 학생이라고 할지라도 사람을 차별하는 것이 옳지 않다는 것을 알게 됐습니다. 물론 그와 같이 앎이 곧바로 삶의 운동으로 나타나는 것은 아니지만 앎과 함은 언제나 일치하려는 속성을 갖고 있기에 예기치 않은 사건들에 의해 앎과 함을 일치시키려는 힘도 커지다가, 그 힘이 임계점을 넘게 되면 그 분야에 한해서는 앎과 함이 언제 그랬냐는 듯이 일치될 것입니다.

앎과 함의 균형을 찾아 가는 문화

현재의 시민운동 등도 그렇습니다. 엊그제만 해도 목을 내놓을 정도의 두려움을 짐처럼 지고 있으면서 해야만 되는 운동이었다고 하면, 지금은 누구라도 그렇지 않다는 것을 알 수 있습니다. 물론 그 운동을 하는 이들 모두가 앎과 함이 일치되지는 않았기에 이런저런 비판을 받기도 하지만 그 부분도 차츰 다른 양상으로 진화될 것입니다. 생명의 진화는 사건·사물을 알고 그에 따른 행동을 전개하는 앎과 함의 진화였기에, 왕의 생각이 백성의 생각이 될 수밖에 없던 시절과 상대해 보면 상전벽해라는 말로도 그 변화를 나타내기에는 부족합니다. 사회에서 횡행하고 있는 힘의 불균형을 보면 옛날이 좋았다는 생각이 들 때도 있지만, 궁극적으로는 앎과 함에 대한 정보의 비대칭이 해소되어 가는 속도만큼 불균형의 폭도 줄어들지 않을까 합니다.

　문화의 진화는 필연적으로 삶을 지탱하는 앎과 함의 균형점을 찾는 식으로 이루어질 것이기에 개체의 정체성이 공생에 기반했다는 것을 사무치게 아는 날, 곧 이기와 이타가 함께 이루어지는 증여의 장이 삶의 장이 된 것임을 알게 되는 날 하나 속에 들어 있는 다수의 선물을 볼 것이고, 그 선물의 색이 고유한 자신의 색깔이면서 공생의 장에 살 만한 삶을 선물하는 일이 된다는 것도 알게 될 것입니다. 그렇게 되면 세 사람이 입을 맞추면 호랑이도 그릴 수 있고, 세 사람들 가운데 반드시 스승이 있다는 말처럼, 앎과 함의 선택적 기본값이 증여를 바탕으로 이루어지지 않을까요.

시민으로서의 진화가 왕과 귀족의 권위로부터의 자유라고 한다면 시민사회의 진화는 자유롭다고 여긴 시민 개인의 삶과 더불어 공생의 장을 하나의 생명현상으로 이해하면서 함께 살아가지 않으면 개체의 삶조차 존재하기 어렵다는 것을 사무치게 알아가는 일이라고 할 수 있기 때문입니다.

아직까지는 소수 중의 소수라고 할 수 있지만 사람의 생명권만큼이나 동물의 생명권과 식물의 생명권을 이야기하는 시민들이 속속들이 등장하고 있으며, 생물로서 살 수 있는 생존 환경과 숨 쉴 권리를 주장하는 일이 남의 일이 아닌 것을 분명하게 이해하는 이들이 늘어나고 있는 것은, 문화의 진화가 앎을 넘어 '함께함을 실천하는 사람'들도 늘어날 것임을 예고한다고 해도 과언이 아닌 것 같거든요.

　세계화는 한편으로 보면 세계적 불평등을 심화시키는 일을 가열차게 하고 있는 것이 분명하지만, 역설적이게도 그렇기에 새로운 시민운동의 진화가 일어날 수밖에 없는 환경도 제공하고 있습니다. 그 결과 엊그제까지는 사람 아닌 사람들이 맞닥뜨리고 있는 현상 그 자체를 당연시했기에 그 사람들은 있으면서도 없는 사람과 같았지만, 지금은 들리지 않던 소리가 견고한 벽을 깨고 나와 조금이나마 들릴 수 있게 됐는데, 그 까닭은 그들도 사람임이 분명하다는 외침에 대한 세계적인 공명이 있었기에 가능하게 됐다고 하겠습니다. 이는 세계인으로서의 문화 연대가 가능해졌기에 등장할 수 있는 앎과 함의 일치 운동이라고 할 수 있습니다.

　사람마다 만들어 갖고 있는 생각의 지도가 조금도 변하지 않는 것처럼 보여도 세대를 달리한 이들이 만든 지도에는 앞세대들이 접하지 못했거나 접한다고 하더라도 이질적인 느낌을 떨치기 어려운 것들도 있는데, 뒷세대에게는 그것들이 당연한 것이 되거든요. 그들은 앞세대와 다른 생각의 지도를 의도하지 않고도 만들 수 있고, 그에 따라 접속되는 세계를 다른 식으로 해석하는 것이 자연스러운 일이 되기 때문입니다. 그러다 보면 필연적으로 이전과 다른 세계와 세계인이 등장하게 됩니다.

순간순간이 선물이 되는 마음 — 너그러움

문화지도가 만들어지기까지의 과정으로 보면 우연이 필연보다 힘이 센 것 같지만 새로운 이미지를 만들 수 있는 지도가 생겨나면 그에 따른 필연의 힘이 더 크게 작용하기도 합니다. 만들어진 결과로 보면 필연으로 작용할 확률이 높아졌지만, 만들어진다는 것으로 보면 다시 변할 확률도 높다는 것을 뜻하기 때문입니다. 그렇기는 해도 일단 만들어지고 나면 그에 따라 하는 앎과 함이 자연스런 일이 되고, 그 일이 한 세대의 일반상이 되면 개인과 사회의 경향성이 그것으로 자리 잡혔다고 할 수 있습니다. 자리가 잡히고 나면 크게 힘들이지 않고도 그렇게 알고 행동할 수 있게 됩니다. 이는 무의식적으로 함께라는 이미지를 만들어 내는 기억의 자모음이 행사하는 힘의 강도가 다른 자모음에 비해 커졌다는 것을 뜻합니다.

일상에서 발현되고 있는 앎과 함의 패턴은 어제의 경향성이면서 오늘을 그렇게 살게 하는 바탕이 되기에 다르게 생각하고 행동하기가 쉽지 않습니다. 곰곰이 생각해 보면 열심히 생각하고 준비해서 했던 행동들이 스스로에게 벌을 준 것과 같은 경우가 많을 것입니다. 이는 잘 살려는 것과 지혜롭게 사는 것의 차이가 아닌가 합니다. 각자는 각자의 세계 이해 지도가 있고,

그것으로 수용된 정보를 해석하면서 자기 나름의 삶을 살아갑니다. 결코 같은 정보라고 하더라도 누구라도 같은 양상으로 이해하는 것은 아닙니다. 그러므로 다른 이의 이해에 대해 왜 나처럼 생각하지 못하느냐고 묻는다면 갈등만을 키울 뿐입니다. 자신의 이해 또한 그렇습니다. 자신의 마음과 몸의 상태 그리고 환경에 따라 사건에 대한 앎과 함이 다른 것을 경험하고서도, 매번 정해진 답처럼 일치된 앎과 함을 원한다면 그렇게 되지 않는 자신을 있는 그대로 받아들이기 어렵게 됩니다. 자신조차 그럴진대 자식은 말할 필요조차 없겠지요. 내가 키운 자식인데 내가 모르겠느냐는 말 자체가 성립되기 어렵다는 것입니다.

관계로 보면 부모와 자식의 만남이지만 세계로 보면 온전히 자신의 세계상으로 만나고 있습니다. 한 사람의 세계상이 만들어지기까지는 서로 다른 온갖 인연이 참여하고 있으므로 만들어진 생각의 지도는 각자의 고유한 지도가 될 수밖에 없습니다. 부모 자식 사이라고 해도 그 지도가 같을 수 없습니다. 유전자의 상속 또한 다르게 살 수밖에 없는 유전 정보를 물려준 것과 같습니다. 이것이 뜻하는 것은 부모님께서 자식에게 자신의 세계를 살라고 하는 명령어를 상속한 것과 같습니다. 그렇기에 부모님께서는 자식들의 삶을 온전히 신뢰하면서 그냥 좋아할 수밖에 없습니다. 이는 자신에게도 너그러운 마음을 쓰는 것과 같아 자신의 순간순간도 선물과 같으며, 자식들의 삶 또한 더할 나위 없는 선물이 되게 합니다.

오늘을 선물로 보는 눈

내일을 준비하는 일 가운데 오늘을 선물로 보는 눈만큼 내일을 선물로 맞이하는 일도 없습니다. 주고받을 수 있는 선물로 가득한 날들이 따로 있는 것이 아니거든요. 삶은 예기치 않는 우연의 연결을 통해 필연의 지금을 생성하면서 다시 우연을 수용하기 위해 필연의 오늘을 해체해 가는 과정입니다. 해체되지 않는다고 하면, 곧 오늘의 이미지를 내일까지 연장하려고 한다면 조정되지 않는 GPS의 정보처럼 시간이 갈수록 지금 여기서 이루어지고 있는 자신의 삶과 멀어질 뿐입니다. 이런 삶은 삶 속에서 지금 여기의 삶이 사라진 것과 같습니다. 그와 같은 거리만큼 괴로움과 번뇌가 쌓여 가겠지요. 내일을 그리는 기대가 오늘의 삶에서 구현되지 않는 것처럼, 언제나 내일을 기대하는 그리움이 오늘이 어제의 그리움을 채운 줄을 잊게 하니, 그리움이 실현될 날이 없거든요. 그것이 괴로움이기에, 괴로움 또한 만들어진 내일의 그림자라고 할 수 있습니다. 오늘이 선물이라고 해서 아픔이 없는 것은 아닙니다.

허나 아픔을 괴로워하는 것은 아픔 그 자체와 다릅니다. 여러 인연이 조화롭게 발현될 수 없는 조건이 몸과 마음을 아프게 하지만, 아픈 인연을 조율하면서 오늘을 살아가는 일이 아픔을 해소하는 일이 될 것이고, 그와 같은 과정이 선물이 되어 가는 과정입니다. 온갖 우연들이 접속되는 현재는 생명계 전체가 낱낱 생명체에게 선물을 증여하는 순간입니다. 지금 여기의 삶은 어제의 경험을 기반으로 한 현재이면서 내일을 준비해 가는 현재입니다. 그러다 보니 어제와 내일만을 보다가 지금을 잃게 되는 우를 범하기도 합니다.

순간을 만들어 내는 온갖 우연과 필연의 관계망이 주는 선물이 복이 되지 못한 상황으로 변한 것입니다. 내일을 준비하는 현재가 과거를 살려내면서 내일을 기대하게 하지만, 기대되는 내일은 순간을 선물로 맞이하는 사람에게만 오늘로 찾아오는 것과 같거든요. 기대되는 대로 발현된 내일이어서 선물이 되는 것이 아닙니다. 자신의 현재를 있는 그대로 받아들이는 눈이 자신의 오늘을 선물이 되게 합니다. 오늘이 공동체 전체의 선물이 되기 위해서는, 내일을 기대하게 하면서 오늘을 희생해야 되지 않겠느냐는 무언의 사회적 압력을 살펴볼 수 있는 힘을 길러야 합니다. 학습의 중요성은 아무리 말해도 지나치지 않겠지만, 최소한, 경쟁을 당연시하는 학습 풍토를 수정해야 한다는 것은 분명합니다. 경쟁 그 자체도 문제이지만, 지금의 사회 현실은 경쟁이라는 말 자체도 아무런 의미가 없습니다. 시작도 하기 전에 이미 결과가 정해진 것과 별반 다름없는 것을 정당한 경쟁이라고 하기도 하고, 그것을 통해 삶의 가치와 순서를 정하는 것이 공정한 일이 된다는 이미지를 체화시키는 것과 다름없는 학습이 은연중 학습의 본질이 되었기 때문입니다.

기대하지 않으면서 좋아하기

하나의 사건이 발현되기 위해서는 헤아릴 수 없는 많은 인연이 개입돼 있는데도 불구하고, 어쩌면 생명계 전체가 협업해야만 삶의 사건들 하나하나가 발현되고 있는데도 불구하고, 그 과실을 경쟁에서 이긴 사람이 차지하는 것을 당연한 것처럼 생각하게 하고, 과실을 얻지 못한 책임이 온전히 본인에게만 있는 듯한 생각을 자연스럽게 하게 하는 것이 경쟁학습의 본질이라는 뜻입니다. 하여 예능인들이 "나만 아니면 돼"라는 말을 해도 그 말이 당연하게 들리게 됩니다. 어쩌면 그와 같은 일을 극대화하는 프로그램이 더 많은 시청자를 끌어모으고 있는지도 모르겠습니다. 체화된 학습 내용과 너무나 같기에 그 일이 전혀 이상하게 보이지 않을 수 있으며, 생존 현장에서도 그런 일이 비일비재하니 이상하지도 않겠지요. 허나 그런 연기를 하는 분들도 공감의 느낌을 불러오는 작은 일에 큰 울림을 받고 눈물을 흘리는 것을 보면, '나만 아니면 돼'라는 말보다는 '우리 함께'라는 공생의 생명 원리가 삶의 이유라는 것을 의식하지 않고 느껴 알 수 있기 때문이 아닐까요. 이런 느낌을 키워 가면서 그에 걸맞은 분석과 판단을 하는 것이 호모사피엔스, 곧 지혜로운 인간이라는 이름에 걸맞은 행동이라고 할 수 있지만, 아직까지는 그런 일이 무위로 이루어지는 것 같지는 않습니다. 유위의 연습이 필요합니다. 이런 뜻에서 수행은 기대한 사건이 발생하지 않더라도 그런 줄 알아차리면서 기대하는 마음을 내려놓는 연습이라고 할 수 있습니다. 하다 보면 그 일이 저절로 이루어지는 강도에 따라 수행의 단계를 정할 수 있는데, 궁극의 무위란 기대 없이 지금 여기를 온전히 받아들이면서 받아들인 그것을 기대된 그것처럼 볼 수 있는 심리를 완성한 단계라고 하겠습니다.

그렇게 되면 지금 여기서 일어나고 사라지는 일체의 현상들을 있는 그대로 수용하는 무위의 힘을 통해 다음의 사건도 기대된 사건이 됩니다. 담담한 삶 또한 기대를 저버린 삶이 아닙니다. 기대되는 사건을 맞이함으로써 기대를 충족시키는 것이 아니라 사건마다를 온전히 자신의 삶으로 여길 수 있는 해석체계가 수용된 사건을 기대가 충족된 현재로 해석하기 때문입니다. 유위의 수행으로 무위적으로 집착하지 않는 신체를 이룬 결과, 생각의 지도가 스스로 그렇게 작동하게 된 것이지요.

이는 생각길의 유연성을 극대화한 것과 같습니다. 내부영상을 만드는 기억의 자모음에 '함께'라는 영향력이 스며들어 힘들이지 않고도 집착을 내려놓을 수 있게 됐기에 가능한 일입니다. 누구라도 판단이 일어나는 순간은 선택편향이 일어나는 순간이라고 말할 수 있습니다. 다만 그 순간 이후의 흐름에서 자유롭지 못하다는 것은 집착이라는 방향키를 운전하면서 기대를 저버린 사건과 접촉하는 것과 같아 탐욕과 분노 지수가 높아지게 된다는 뜻이고, 무위로 빈 마음을 쓸 수 있다는 것은 그 순간 편향의 방향키를 돌릴 수 있는 힘을 갖고 있는 것과 같아 번뇌를 발생시키는 탐욕과 분노의 경향성을 조율하면서 일어나고 사라지는 사건에 대해 바른 판단을 하게 될 뿐입니다.

생각을 내려놓는다는 것은 생각하지 않는다는 것이 아닙니다. 인연에 따른 변화를 수용하는 힘이 커진 결과로 전 찰나의 선택편향에 집착하지 않을 수 있는 무위의 힘이 바탕이 된 선택과 판단을 한다는 뜻입니다. 선택과 판단이 발생하고 그를 통해 생각과 말과 행동이 뒤따르겠지만, 그것에도 머물지 않는 생각길이 넓어졌으므로 사건이 특정한 양상으로 발생하기를 기대하지 않게 된 것이지요. 사실 우리 행동의 대부분, 곧 생각과 말과 행동은 이제까지 익힌 습관이 무위적으로 나오기에 하지 않으려고 해도 그렇게 되지 않는 경우가 많습니다. 유위의 수행이 필요한 까닭도 여기에 있습니다.

그 가운데 하나가 기대하지 않고 보는 마음을 기르는 것이라고 말씀드렸습니다. 그러기 위해서는 이미 익혀진 무위의 습관이 펼쳐내고 있는 생각과 말과 행동을 있는 그대로 살펴 알아차리는 것이 먼저입니다. 이미 일어난 생각을 지켜보면서 말과 행동을 바꿔 가는 연습이 유위의 수행이거든요. 그러니 우선은 마음에 들지 않는 마음현상이라도 그것이 일어나지 않기를 바라는 마음 없이 알아차려야 합니다. 알아차리는 순간의 지식활동에 의해서 번뇌를 발생시키는 습관적인 생각과 말과 행동이 멈칫하는 만큼 알아차리는 유위의 힘이 커져 가고, 기대하는 마음을 내려놓을 수 있는 마음챙김의 강도도 커져 갑니다. 쉬운 일은 아니지만 불가능하지도 않습니다. 많은 선각자들이 이를 증명했습니다. 다만 이미 익혀진 무위의 신체활동과 정신작용의 강도가 익혀 온 세월만큼 크기에 쉽지 않을 뿐입니다. 하여 새로 익히려고 하는 유위의 힘이 기존의 무위의 작용을 넘어서지 않는 것에 대해 자책해서는 안 됩니다. 자책은 새로운 기대에 부응하지 못한 자아상을 키워 가므로 마음 살핌이 도리어 아픈 마음을 키운 꼴이 되고 맙니다. 그렇기에 그냥 지켜보라고 합니다.

인연 따라 일어나고 사라지는 마음현상의 하나하나를 제 힘대로 흐르도록 그냥 두는 것입니다. 그 현상에 대해 '일어나지 않았으면 좋겠다'라는 이미지를 만들지 않아야 그냥 흘러가도록 하는 일이 되며, 그 현상에 의해 상처받지 않게 됩니다. 뜻으로 보면 훌륭하다고 할지라도 그렇게 되지 않고 있는 자신을 온전히 받아들이지 못하게 되면 그 또한 아픔만을 키우는 일이 되고 말거든요. 적극적인 마음챙김은 그렇게 일어나고 사라질 수밖에 없는 자신의 마음활동을 껴안아야 합니다. '어제의 반드시'가 '오늘도 반드시'일 경우가 많지 않습니다. 허니 어제의 반드시로 오늘을 재단하게 되는 경우 잘 맞지 않는 재단선에 의해 오늘을 아프게 할 뿐입니다.

있는 그대로 지켜보기

마음현상의 흐름을 있는 그대로 지켜본다는 것은 지켜보는 마음 자체가 가치 중립적인 일을 하는 것과 같습니다. 가치 중립적이지만 그 일이 자신의 일을 온전히 그 자체로 존중할 수 있고 아파하고 껴안을 수 있는 심리적 기반을 형성하게 합니다. 마음챙김과 기대하는 마음 내려놓기 수행으로 삶 그 자체를 존중하는 마음 작용이 형성된다는 것은 아픈 마음자리에 격려와 존중과 공감의 나무를 심은 것과 같습니다. 그렇게 심어진 공감의 느낌은 단순히 공감이라는 감정의 발현에 그치는 것을 넘어섭니다. 인지시스템으로 보면 이성과 감정 등이 상호융섭하면서 수용된 사건들을 판단하게 되는데, 공감의 영역이 커진다는 것은 마음현상이 연기적으로 발현되고 있는 것에 대한 체험도 되므로 자아가 확장되는 것과 같습니다. 삶 속에서 일어나는 사건마다 온갖 인연들이 중첩되면서 발현된다는 것은 이해하기가 어렵지는 않지만, 그 이해가 체화되어 무위적 행동으로 나타나게 되는 것은 쉬운 일이 아니거든요. 작은 자아로만 살아왔던 무위의 힘을 넘어서기 위해서는 새로운 경험과 이해를 유위적으로 익혀야 하는 까닭도 여기에 있습니다.

이런 뜻에서 좋은 증여란 자아의 영역을 공감과 공생의 생명활동만큼 확장하는 것과 같다고 말할 수 있습니다. 불교 수행을 사유수(思惟修)라고 이름하기도 하는데 이는 연기법이라는 이해를 바탕으로 생각의 지도를 바꾸는 일, 곧 자아를 확장하는 생각과 말과 행동이 수행이 된다는 뜻입니다. 지도가 바뀌어야 체화된 사유가 무위로 발현됩니다. 배고플 때 저절로 배고픔을 알 듯 어제를 비우면서 되어 가는 사건과 집착 없이 상응하는 일이 저절로 이루어지는 상태가 빈 마음을 성취한 마음활동이라고 할 수 있는데, 이 마음이어야 온전히 되어 가는 자아를 껴안는 일을 할 수 있거든요.

그러기 위해서는 먼저 나눌 수 없는 몸과 마음 그리고 감성과 이성 등이 함께 일하면서(나눌 수 없다고 보면 함께 일한다는 말도 지각시스템을 제대로 표현한 말이라고 하기 어렵겠지요) 수용된 사건을 특정 이미지로 해석하고 있다는 것을 아는 것이 중요합니다. 누구나 알고 있듯이 이미지를 만들어 해석하는 곳은 뇌입니다. 뇌는 사건·사물과 직접 만날 수 없고 해석된 이미지를 통해서만 만날 수 있습니다. 만난다기보다는 해석하는 것이 만나는 일이 되겠지요.

불교에서는 인지 네트워크가 취하고 있는 해석의 경향성을 업이라고 합니다. 해석의 경향성과 해석된 이미지가 남긴 힘은 미래의 사건을 예측하는 데 지속적으로 참여합니다. 이미지를 만드는 기억의 자모음이 형성하고 있는 패턴이 지금 여기를 해석하는 데 큰 영향을 준다는 뜻입니다. 익혀진 활동 양상이 잘 변하지 않는 것을 보면 알 수 있습니다. 그렇게 해석할 수밖에 없어 업이 정해진 것 같습니다. 허나 업은 사유습관을 통해 만들어진 것이기에 사유습관이 바뀌면 업도 바뀌게 됩니다.

업이 변하기에 중생이 부처가 될 수 있습니다. 생각으로 현상하기 전의 업을 기억의 자모음이 형성하고 있는 패턴이라고 할 수 있고, 그런 기억의 자모음이 모여 수용된 정보에 대한 이미지가 만들어지므로, 기억된 이미지라 할지라도 그 모습 그대로 내재된 것이 아니기 때문입니다. 문장을 이루는 자모음처럼 기억 또한 자모음화되어 있다가 특정 기억 이미지로 재구성되면서 기억되는 사건으로 현상합니다. 기억의 자모음들은 감각기관을 통해 수용된 정보를 해석하기 위해 특정 패턴으로 모이고 흩어지기를 반복하면서 의식되는 이미지를 현상하거든요 (과거조차 지금 재현된 이미지를 통해서 과거의 사건이 된다는 뜻입니다).

이와 같은 이미지화 과정에서 강화된 패턴망이 보다 쉽게 현상할 수 있어 업이 고정된 것처럼 보일 뿐입니다. 뇌가 수용된 정보를 해석하기 위해 경험기억을 검색하고, 검색 결과에 따라 기억의 자모음을 재배치해야 '안다'는 사건이 발현되기 때문에 그렇습니다. 이미 만들어진 생각길을 따라 뇌를 구성하는 신경세포 등의 생물 물질이 끊임없이 상호작용을 하면서 무의식적인 지각작용과 의식적인 인지작용을 할 때 익숙한 형태의 내부이미지가 만들어지고 의식되기에 업이 고정된 것처럼 보일 뿐입니다. 생물 물질은 '정신이 현상하기 전은 물질처럼 정신으로 현상하면 정신처럼' 작용하고 있기에 정신과 물질은 하나의 두 모습이라고 할 수 있습니다. 사실 이런 일은 매 순간 일어나고 있습니다. 예로서는, 이야기를 할 때 이야기하는 사람의 정신작용이 공기 떨림이라는 물질작용으로 변주되고, 듣는 사람에겐 변주된 물질작용이 다시 정신으로 변주되면서 상호이해가 이루어지고 있는 것을 들 수 있습니다. 지각되는 것으로만 보면 온전히 정신인 것 같고, 지각되지 않는 것은 그냥 물질현상에 지나지 않는 것 같을 뿐, 실제로는 물질현상으로만 보였던 것이 정신현상이 되고 그 역도 마찬가지라는 데서는 정신과 물질의 구분 또한 인지의 습관에 지나지 않는다고 해야 하지 않을까요.

다보여래로 활동하는 빈 마음

인지의 배선망은 뇌를 구성하는 세포들끼리의 정보 통로라고 할 수 있지만, 크게 보면 기능이 다른 것 같은 영역들 간에 이루어지고 있는 연결 패턴이라고 할 수 있습니다. 연결되지 않으면 공생체로서의 지성작용을 할 수 없거든요. 생태계의 생명활동도 이와 같습니다. 이와 같은 사실은 어떻게 살아야 할 것인가를 말해 줍니다. 바람 없이 주고받는 증여라는 행위가 생명활동을 돕는다는 개념을 넘어선다는 것입니다. 유기적인 생명계의 활동 양상이라고 할 수 있는 증여가 이해의 영역을 넘어 무위적으로 이루어지고 있기에 상호의존적인 생명계의 흐름이 유지될 수 있다는 뜻입니다. 생명활동의 실상이 이러하니, 이와 같은 이해를 바탕으로 생각길을 조율하는 마음챙김이 다른 무엇보다 중요하다고 하겠습니다. 그래야만 아파하지 않을 수 있는 사유통로가 강화되기 쉽습니다. 왜냐하면 마음을 챙긴다는 것은 바라는 마음과 바라는 일이 이루어지는 것은 다른 일이라는 것을 잊지 않고 늘 챙겨, 바란 대로 이루어지거나 이루어지지 않는 것에 대해 마음이 편해지도록 하는 연습이기 때문입니다. 늘 경험한 것인데도 불구하고 사건의 양상에 따라 일희일비하다 보면 삶이 널뛰는 것과 다름없게 되고 말거든요.

하나의 사건이 일어나는 데는 헤아릴 수 없는 인연이 들어 있다는 것을 사무치게 알아차리는 일이 사건에 휘둘리지 않는 지혜로운 판단의 출발점입니다. 부처님께서 깨달은 지혜의 내용인 연기법도 이와 같은 사실을 가리키고 있습니다. 삶의 실상이 이러하므로 부드러운 말 한마디도 다른 사람의 마음을 부드럽게 합니다. 그러므로 선정 상태에서의 마음집중이 향하는 곳도 집착이 사라진 빈 마음일 수밖에 없습니다. 빈 마음으로 사건·사물과 만날 때라야 만남이 선물이 되는 지혜로운 마음씀이 일어나거든요. 그렇기에 빈 마음을 헤아릴 수 없이 많은 보물들이 나오는 곳이라 여겨 다보여래(多寶如來)라고 이름하기도 합니다. 불국사의 청운교와 백운교, 그리고 다보탑과 석가탑은 이것을 상징합니다. 변치 않는 것 같은 푸른 하늘인 청운은 빈 마음인 다보여래를 상징하고, 인연 따라 일어나고 사라지는 흰 구름인 백운은 석가모니 부처님처럼 깨달음을 성취한 여러 부처님과 시절인연을 상징합니다.

다보탑의 비어 있는 중심 부분이 온갖 지혜를 인연 따라 쓸 수 있는 다보여래로서의 빈 마음을 상징하고, 그 마음이 깨달음이 되어 새로운 부처로 태어나는 것을 석가탑으로 드러냈다는 것입니다. 일상의 예로서는, 부모님들께서 바람 없이 아들딸을 대하는 마음이 빈 마음을 상징한다고 할 수 있고, 그런 마음으로 아들딸을 대하면 마음에 들지 않는 아들딸이 없다는 것을 알게 되는 것은 지혜가 현상한 것이라고 할 수 있습니다. 그렇게 사는 것이 자신의 다보여래를 석가모니 부처님처럼 현상하는 일이 되니, 바라는 마음을 내려놓는 일이야말로 부처의 일이면서 자식들을 부처로 볼 수 있는 마음을 기르는 일이 됩니다.

바람 없이 보는 일이 무위로 이루어진다고 하면 지혜 바라밀을 성취한 신체가 됐다고 하여, 그분을 법신 부처님이라고 부릅니다. 다보여래인 빈 마음을 통해 부처의 지혜를 들려주는 분입니다. 툭 트인 바닷가에서 부드러운 바람결이 주는 평안함과 같은 것이지요. 부처의 지혜가 이와 같기에, 바람 없이 자식들을 보는 마음이 자식들이 하고 있는 일마다를 바란 일이 이루어진 것처럼 보게 하며, 그 마음이 부모 세계는 말할 것도 없고 자식들의 세계를 불(佛)세계로 만듭니다.

한 번도 비어 있지 않은 빈 마음

이런 마음은 각자의 마음 세계가 인연 따라 다른 양상으로 이루어지고 작용하고 있다는 것을 깨달은 것과 같습니다. 모든 사건이 같은 인연의 장에서 발생될 수 없다는 것을 아는 마음은 부족한 것 같은 자식들의 세계조차 자식들은 그것으로 자신의 온 인연을 표현하고 있으며, 그것만이 자식이 만날 수 있는 유일한 세계라는 것도 아는 마음입니다. 부모의 인연이 다른 인연에 비해 넓고 크며 강하다고 해도 그것만으로 자식의 세계를 만들어 줄 수는 없습니다. 알게 모르게 참여하고 있는 시공간의 모든 인연이 자식의 빈 마음을 흔들어 고유한 세계상을 현상하게 하며, 그렇게 만들어지고 있는 고유한 세계상이 다음 인연을 맞이하기 위해 다시 빈 마음을 이루니, 빈 마음은 빈 마음이면서 한

번도 비어 있지 않는 것과 같은 상태라고 할 수 있습니다. 인연따라 온갖 세계를 펼쳐낼 수 있는 보배를 끼우기도 하고 흩기도 하는 마음입니다. 어떻게 끼우고 어떻게 흩을까 하는 것은 사람마다의 인연이라고 할 수 있습니다. 강조해서 말하면 인연처가 어떻게 마음을 현상하게 할 것인가를 정한다고도 할 수 있습니다. 『금강경』에서 "어떤 현상에도 머물지 않을 수 있는 마음씀을 익히라"라고 하는 까닭도 여기에 있습니다. 현상에 현혹되지 않는 마음씀이 빈 마음과 궤를 같이하면서 삶을 보배롭게 만들거든요. 하여 부처님께서 머물지 않는 마음씀을 금강석에 비유하여 『금강경』, 곧 '금강과 같은 지혜를 쓰는 방법을 이야기하는 경'을 설하셨겠지요. 자식을 있는 그대로 바람 없이 바라보는 마음이 금강의 지혜를 쓰고 있는 마음이라는 뜻입니다. 허나 부모로서의 경험이 자식의 앞날을 앞당겨 생각하다 보니 부족한 자식이 되기 쉽고, 부족한 자식이라고 보는 마음이 숭고한 마음이면서도 지혜롭지 못한 마음씀이 되어, 부모도 자식도 바라지 않던 삶을 만들고 있는 경우가 흔하다고 하겠습니다. 하고자 하는 마음은 선도 악도 아니지만, 바라고 기대하는 마음이 하고자 하는 마음을 탐욕으로 분노로 이끄는 어리석은 마음이 되어 숭고한 일이 번뇌를 기르고 키우는 일이 되고 만 꼴입니다.

고달픈 삶을 피하고자 했던 다그침이라는 증여가 고달픈

삶을 만들고, 바람 없는 증여는 모든 바람이 이루어진 삶을 만드니, 무슨 마음을 쓸 것인가는 선택의 문제가 아니며, 지혜 수행은 특정한 사람들이 닦아야 할 삶의 덕목도 아닙니다. 지혜 수행의 출발은 무아에 대한 이해, 곧 자아를 규정하는 본질이 없다는 이해로부터 시작된다고 할 수 있습니다. 이는 일상의 '나'가 없다는 뜻이 아닙니다. 나의 일상을 규정하는 본성이 없다는 뜻입니다. 행위의 양상이 자신의 본질이면서 현상입니다. 행위는 인연 조건에 따라 다른 양상으로 펼쳐져야 합니다. 그러기 위해서는 지나간 조건에서 현상했던 양상에 머물러 있어서는 안 됩니다.

인연에 따라 변해 가는 나

실제로 우리의 몸은 무의식적인 인지시스템을 작동시켜 보고 듣는 현상을 연출하고 있고, 그 경험을 기억으로 남기기도 하며, 현재의 경험으로 기억을 변주하기도 합니다. 농사를 지으면 농부가 되는 것이지, 농부가 농사를 짓는 것이 아닌데도, 인도에서는 부처님 시대 이전뿐만 아니라 이후에도 힘을 가진 이들이 '너는 농부다'라고 규정하는 순간 그의 본질은 농부가 되었고, 그들이 농사를 짓지 않으면 신의 소명을 저버렸다고 벌을 받았던 일을 하도 오랫동안 하다 보니, '나는 누구인가? 나는 무엇인가?'라는 질문도 의미를 갖게 됐습니다. 나이면서도 나일 수있는 조건의 유기적 관계가 나를 규정한다고까지 할 수 있는데, 조건을 배제하고 덩그러니 남는 나의 이미지만을 나의 본질이라고 규정하고, 본질적인 나를 찾는다고 인연의 장을 배제한 사유의 결과입니다. 이를 거꾸로 된 견해라고 합니다.

'조건에 따라 변해 가는 나'이기에 나를 무엇이다라고 규정하는 것이 오히려 자신의 모습을 잃고 있는 일이 되고 맙니다. 현상하는 순간의 마음과 몸과 세계가 자신일 수 있는 유일한 순간이면서 다르게 상속하는 나를 현상할 수 있도록 이전의 나를 비우는 순간입니다. 순간순간이 나이면서 나를 비우기에 나라는 이미지도 연속될 수 있습니다. 이를 앞서 다보여래라고 이야기했습니다. 비우는 일이 다음의 나를 인연 따라 현상하게 하는 역할을 합니다. 하여 비우기에 능숙해지면 현상한 '나'가 그 순간의 인연을 다 드러내는 일이 된다는 것을 알 뿐만 아니라 그 현상만이 삶의 실상을 드러내는 일이 될 수밖에 없다는 것도 사무치게 알게 됩니다. 일어나고 사라지는 현상들의 '나'가 그 자체로 나의 본성이면서 보배가 되는 까닭도 여기에 있습니다.

이 일은 생명체가 겪어 온 진화의 역사와 맥을 같이합니다.

생명의 흐름이 순간순간 다른 모습으로 드러나야만 하는 것도 인연의 장이 한시도 같은 모습으로 머물지 않기 때문입니다. 하여 생명체도 자신의 경험기억인 정보를 상속하면서도 단위정보들의 발생 시기와 연결망을 달리하여 흐름과 상응하여 변주하는 능력을 갖추게 됐고, 후손들에게 생명정보를 대물림할 때, '너는 너의 삶을 살아라'라는 명령어를 대물림할 수밖에 없었을 것입니다. 인연의 장을 배제한 나는 없습니다. 역설적이게도 생명의 본바탕이 무아여야만 '나의 상속'과 '되어 가는 사건들의 관계망'도 생명력을 발휘하게 됩니다. 대승불교에서의 수행덕목인 육바라밀의 첫째가 보시인 까닭도 여기에 있습니다.

보살행을 강조하는 대승불교가 번창하게 되는 시대적 배경의 하나로 대국의 출현과 불평등의 심화를 들기도 합니다. 그렇지만 더 근본적인 것은 생명현상 하나하나가 유기적인 관계망에서 발현되고 있다는 것입니다. 그렇기에 연기적인 생명계를 살리는 일이 '되어 가는 나'를 살리는 일이 된다는 통찰을 바탕으로, 그에 맞는 보시 등의 실천행을 해야만 보살수행자로서의 불교도가 된다는 뜻을 강조한 것이 대승불교 운동이라고 하겠습니다. 하나의 사건이 생성되는 배경으로 시공의 인연 전체를 강조하고 있는 『화엄경』의 이야기가 이 사실을 극명하게 천명했다고 할 수 있는데, 『화엄경』의 이야기는 자연선택으로 이뤄

지고 있는 진화의 이야기와도 맥을 같이한다고 할 수 있습니다.

아울러 사람끼리는 유전정보의 99.9%가 같다고 할지라도, 0.1%의 차이와 개개인이 마주했던 인연의 차이에 의해 신경네트워크의 패턴이 달라지면서 현상하는 마음과 해석된 세계는 사람 수만큼이나 많다고 하는 인지과학의 이야기도, 바른 논거에 기대지 않는 해석에 의해서 자신의 세계를 잘못 설정할 수 있다는 것을 명징하게 보여 준다고 할 수 있겠지요. 이것이 뜻하는 것은 대승불교의 보살수행이 보시를 실천하는 일로부터 출발한다고 해도 지나친 말이 아니지만, 보시수행이 최상의 공덕이 되기 위해서는 머묾 없는 빈 마음, 곧 기대하지 않는 마음 씀이어야 한다는 것입니다. 깨달음을 성취한 수행자들께서 내부이미지를 뜻대로 변환시킬 수 있는 선정과 어떤 이미지에도 머물지 않는 공성의 지혜를 강조할 수밖에 없었던 것도, 관점이 자유로운 신체가 아니면 기억 이미지에 머물고 마는 인지의 한계성을 알았기 때문일 것입니다.

수행은 삶을 보배로 만드는 일

반야의 빈 마음만이 그때그때의 사건들을 들뜸 없이 맞이할 수 있습니다. 사건들이 발생하는 인연 또한 정해진 대로만 맺어지는 것이 아니니 인연과 오롯이 상응하는 세계상을 만들기 위해서는 경험기억에만 머물러 있어서는 부족합니다. 관점 이동이 자유로운 신경망이 만들어져야 합니다. 하여 지혜의 완성을 신경망의 배선도가 바뀌는 것으로 보면 점진적이라고 할 수 있고, 빈 마음의 체험만으로 보면 찰나의 도약이라고 할 수 있습니다.

반야의 빈 마음을 신체화한 이들의 관점에 따르면, 보시는 생명체가 생명활동을 원활하게 할 수 있는 배경이 됩니다. 재물과 지식을 나누고 함께 두려움 없이 살 수 있는 삶터를 만들어가는 것이야말로 생명의 실상과 상응하는 삶이라는 것이지요. 그러기 위해서는 진화와 인지과학 등을 학습하여 삶의 방식을 새롭게 정립한 연후에, 익숙하게 다가오는 이익과 손해 등을 새롭게 지켜보는 생각길을 만들어 가는 수행이 필요합니다.

요즈음 활발하게 논의되고 있는 공기 살리기와 흙 살리기가 곧 생명 살리기 운동이라는 것을 알았다고 하더라도 이미 학습된 익숙한 삶의 방식과 결별하기 위해서 참아내는 수행도 병행해야만 합니다. 이와 같은 일을 저절로 할 수 있는 신체를 형성하는 일을 정진 삼아 해야 지혜의 신체인 법신 보살을 이루게 되거든요. 빈 마음을 뜻대로 쓸 수 있는 법신 보살이 다보여래입니다. 다보여래란 자신의 삶 하나하나를 보배로 만드는 공능을 뜻하니, 수행이란 삶을 보배로 만드는 일이 됩니다. 바람 없는 증여가 보시수행이 되고, 바람 없는 마음이 빈 마음이 되어, 현상마다 '다보여래의 보배'를 현현하게 한다는 것입니다. 하여 『화엄경』에서는 두두물물(頭頭物物)이 비로자나 부처님이라고 하였으며, 선종에서는 마음씀 하나하나 그 자체로 부처의 세계를 연출한다고 했겠지요. 이는 생명현상이 이웃과의 소통을 전제로 발현되고 있다는 것과도 맥을 같이합니다.

세포 하나하나도 그것 자체로 생명이면서 연대로서 생명활동을 하므로, 이웃과의 정보교류가 이루어지지 않는다고 하면 생명으로서의 작용도 멈추고 맙니다. 하여 생명활동에서 무엇보다 중요한 것 가운데 하나가 변할 수 있는 유연성이라고 할 수 있습니다. 지각시스템으로 보면 뇌 신경망의 패턴 조정과 시냅스의 가지치기를 통한 배선과 재배선으로 인하여 관점의 변화가 일어나는 것과 같습니다. 관점이 변한다는 것은 생각의 토대가 되는 신경망의 변화를 동반하기 때문입니다. 생명체는 본래부터 관점을 만들기도 하고 비우기도 하는 능력을 갖추고 있는 것과 같아, 특정 관점에 잠시 머물기도 하지만 그것에 집착하지 않을 수도 있거든요.

이 공능을 공성이라고 할 수 있는데, 이는 혜능 대사께서 『육조단경』에서 '머물지 않는 마음이 선의 본령'이라고 한 이야기와 일맥상통합니다. 언어를 빌려 이야기하다 보니 본령이라는 단어를 쓰고 있지만, 드러난 현상에도 그 현상에 머물지 않게 하는 공성의 공능이 작용하므로 생명활동의 유연성이 담보될 수 있으며, 해체된 이미지 속에서 새로운 현상이 피어날 수 있습니다. 생명활동으로 보면 특정 현상으로 생명의 현재를 드러내고 있지만, 그 또한 이웃 인연과의 소통 속에서 드러난 현상이라고 할 수 있으니, 하나의 현상마다 그 모습으로 자신의 우주상을 드러냈다고 할 수 있습니다. 하여 육조 혜능 스님께서는 기억의 상속이나 기억을 토대로 해석된 이미지가 활발발한 생명의 활동인 비움을 가로막고 있다고 하셨겠지요. 이 말은 상속된 기억정보가 생명현상을 뒷받침한다고 할 수 있지만, 다윈이 처음 이야기한 생명의 진화원리, 곧 자연 선택의 원리에 비추어 본다면 정보의 상속과 정보의 변이가 적의적절하게 작동했을 때만이 생명현상이 이어질 수 있다는 뜻과 맥을 같이한다고 하겠습니다.

이는 자연의 흐름과 잘 상응할 수 있는 공능이 생명 상속에서 무엇보다 중요할 수밖에 없다는 것을 말합니다. 있는 정보를 변이할 수도 있고 다른 정보를 받아들이면서도 그 정보를 자기화할 수 있는 공능이야말로 생명이 생명이 되게 하는 물리현상이면서 정신현상이니, 생명의 활동 하나하나는 중첩된 세계이면서도 단 하나의 세계가 될 수밖에 없거든요. 이를 '비움'과 '관계'의 세계라고 할 수 있는데, 반야경 계통은 비움, 곧 공성의 지혜를 강조한 경전이라고 할 수 있으며, 『화엄경』은 하나하나의 사건이 중첩된 관계가 피워낸 꽃이라는 것을 강조한 경이라고 할 수 있습니다. 이와 같은 생명 원리에 입각한 수행 방법이 대승불교에서 제시한 보시 등의 육바라밀수행입니다.

이는 '어떻게 살 것인가'라는 선택과도 맞물려 있습니다. 선택에는 책임이라는 단어가 뒤따르고 있지만 선택조차 온전히 자율이라고 하기 어렵습니다. 선택된 사건에 스며 있는 중첩된 정보가 자신의 의지와는 다른 양상으로 발현될 요소가 깊숙이 개입되고 있기에, 어쩌면 시공간 전체의 파동이 깊숙이 개입되고 있기에 결과에 대한 책임도 사회 전체의 관계망에서 함께 모색하지 않을 수 없다는 것입니다.

반야의 가르침, 곧 공성에 대한 이해와 일어나는 사건마다 시공간의 전체 파동이 얽혀 있다는 화엄의 지혜는 사람마다 매 순간 경험하고 있는 선택과 책임이라는 사건을 어떻게 접근해야 하는지를 이야기하고 있습니다. 반야와 화엄의 이야기는 빈 마음인 바람 없는 마음으로 보시하는 일이 수행의 축이 되어야 한다는 뜻인데, 그와 같은 활동은 생명활동의 진실과도 부합됩니다. 하여 생명활동에는 맥락이 중요합니다. '아' 다르고 '어' 다르다는 말처럼 맥락에서 작용하는 선택과정의 연속이 사건들의 흐름이 되니, 맥락 없는 말은 일회적 사건은 되지만 삶의 흐름에 상응하는 정보가 되기 어렵거든요. 생명체는 타고난 정보를 가지고서 환경이 만들어 내는 맥락과 상응하기 위한 선택과정 그 자체가 생명활동의 중심축이 된다고 해도 과언이 아니기 때문입니다.

불교를 상징하는 깃발

어떤 의미에선 자신의 생명활동이 원만하게 발현되기 위한 필요조건이 증여라고 하겠습니다. 생명흐름은 '받아들이는 통로'가 '주는 통로'가 되어 상호 간에 정보교류가 이루어졌기에 생명정보의 점진적인 변이와 자연 선택이 이루어지면서 지금까지 이어졌다고 할 수 있지 않을까요. 이를 현생인류의 시선으로 보면 학습을 통한 정보교환과 기억이라고 할 수 있겠지요. 불교에서는 이와 같은 일을 법시라고 합니다. '집착하고 있는 관점'에 의해서 받지 않아도 되는 아픔을 덜어내는 지혜 나누기입니다.

　나누어야 할 가르침 가운데는 불교를 상징하는 깃발이라고 할 수 있는 세 가지 관점이 있습니다. 이를 삼법인이라고 합니다. 모든 것은 제 스스로 그렇게 존재할 수 없다는 무아 이론과 모든 것들은 인연 따라 변해 가는 사건들이라는 무상 이론 그리고 무아와 무상을 통찰함으로써 모든 번뇌로부터 벗어난 열반에 대한 가르침입니다.

무아에 대한 예로서는 계급을 규정하는 실체로서의 본질이 없다는 것을 들 수 있습니다. 부처님 시대 이전부터 인도 사회는 계급적 실체로서의 자아인 아트만이 있는 사람과 없는 사람의 구별이 있으며, 아트만에도 계급에 따라 다양한 종류가 있습니다(현재는 법률로써 이와 같은 차별을 부정하고 있지만, 관습적으로는 여전히 빈번하게 일어나고 있는 것 같습니다). 예를 들어 사제 계급인 브라만에게는 브라만이라는 아트만이 있기에 사제로서의 삶을 살 수 있고 살아야만 합니다. 만일 브라만이 사제의 역할을 하지 않고 장사를 한다고 하면 자신의 본질과 어긋난 일로서 브라만 신으로부터 부여받은 소명을 저버리는 일이 됩니다. 장사하는 일과 농사짓는 일도 마찬가지입니다. 장사하는 아트만을 타고난 이는 장사만을 해야 되고, 아트만 자체가 없는 이들, 곧 여자나 천민 등은 그에 상응하는 일만을 해야 합니다. 그렇지 않으면 타고난 자아인 아트만의 본질과 비자아로서의 본질에 어긋나는 삶을 사는 것이 됩니다. 그렇게 살지 않는다고 하면 그 허물이 작지 않습니다. 하여 천민 여자가 브라만 남자와 결혼하게 된다면 신의 소명을 저버리는 일이므로, 그 마을 공동체에서 그 여자를 돌로 쳐 죽이기도 합니다(왜 남자에게는 그렇게 하지 않는가는 물을 필요조차 없습니다).

이 모든 차별은 아트만이라는 내재적 자아가 있고 없는가에 따라 정해지며, 이를 바탕으로 계급사회가 운영됐습니다. 부처님께서 말씀하신 나 없음[無我]이란 그와 같은 아트만이 없다는 뜻입니다. 아트만이 자신의 사회 활동을 규정하는 것이 아니라 오직 자신의 활동 양상만이 자신이 된다는 것입니다.

하여 불교 수행 공동체에는 아트만을 바탕으로 한 차별이 있을 수 없었으며, 여자 수행 공동체도 생길 수 있었습니다. 그들 가운데 깨달음을 이룬 비구·비구니 스님의 가르침이 지금까지도 전승되고 있는데, '장로의 게송'과 '장로니의 게송'으로 전해지고 있는 경전이 그것입니다. 불교 수행 공동체에서 생활할 때는 머리를 깎고 황토 물이 든 옷을 입는데, 머리를 깎는 까닭은 부처님 시대에는 머리카락의 길이와 옷차림이 외형적으로 신분의 높낮이를 구분하는 틀이 됐기 때문입니다. 내재적인 아트만과 외재적 차이를 통한 본질적인 차별을 원천적으로 차단하는 새로운 공동체가 탄생한 것이지요.

무아·무상의 가르침

무아의 가르침은 선택의 자율성을 담보하는 첫 출발입니다. 그렇다고 해도 그 선택이 오직 자신만의 결정일 수 없다는 것 또한 무아의 가르침입니다. 자아를 결정하는 내재적 본질이 없다는 관점에서, 자아란 연기적 자아라는 관점으로의 전환이 뜻하는 것은 '있음'과 '없음'이 절대적인 있음과 없음이 아니라는 것을 이야기합니다. 순간순간 인연 따라 새로운 자아가 탄생되어 간다는 것이지요. 변해 가는 활동 양상이 그 순간의 자아상을 규정한다는 뜻입니다. 이 과정을 무상이라고 합니다. 두 찰나를 이어 동일한 사건의 흐름이 있을 수 없다는 것이지요. 생명의 진화와 인식의 관점 이동이 가능할 수 있는 것도 여기에 기인합니다. 이미 생겨난 정보를 이용하지만 맥락과 인연에 따라 정보의 운용방식을 바꾸거나 새로운 정보를 만들 수 있는 것도 '흐름의 무상성'과 '생명활동의 유연성'이 뒷받침합니다. 무상의 가르침과 무아의 가르침이 삶과 자신을 보는 관점으로 자리 잡는 과정이 정견에 대한 수행입니다.

사건·사물의 흐름을 무상·무아로 보는 정견이 생성된다는 것은 브라만이 장사꾼이 된다고 해서 신에게 죄를 짓는 일이 아니라는 것을 사무치게 아는 일일 뿐만 아니라, 장사한다고 해서

죄책감을 심는 일도 일어나지 않는다는 것을 뜻합니다. 이와 같은 견해가 생기기 전과 비교해 보면 근거 없는 죄의식이 사라진 것과 같습니다. 최소한 그 부분에 대해서는 번뇌가 사라진 열반을 성취한 것입니다. 세번째의 내용으로 열반을 들고 있는 까닭도 여기에 있습니다. 근거 없는 자아와 변치 않는 항상성(생명체는 생존의 항상성을 위해 끊임없이 변해 갑니다)을 고집할 때, 그 고집이 생명의 원리와 어긋나 번뇌의 괴로움이 생길 수밖에 없거든요. 그러므로 잘못된 집착을 내려놓게 됨으로써 관점 이동이 일어나게 된다면 그 부분에 한해서는 번뇌가 사라진 상태로서의 해탈이라고 할 수 있습니다(해탈을 이야기할 때 별별해탈이라는 이야기를 하는 경우가 있습니다. 예를 들어, 최소한 '거짓말은 하지 않겠다'는 마음챙김을 이어 가다 어느 날 거짓말하려는 생각 자체가 일어나지 않게 됐다면 이 부분에 한해서는 해탈됐다는 뜻입니다). 이와 같은 해탈이 전체적으로 일어나고 있다면 완전한 열반을 성취한 것이 됩니다.

열반을 성취하기 위해서는 먼저 학습을 통해 무아와 무상에 대한 이해를 하고, 이해된 무상무아라는 관점을 체화하면서 내재된 집착심을 떨쳐내야 합니다. 불교에서는 이와 같은 관점을 익히는 마음챙김이 수행의 축이 되기에 불교 수행을 사유수행이라고 합니다. 관점의 유연성을 회복해 맥락과 인연에 따른 생명활동을 할 수 있는 신체를 만드는 일입니다. 하여 이와 같은 정보와 관점을 나누는 일인 법시(法施)가 보시수행의 한 축이 될 수밖에 없습니다. 더 나아가 맥락과 인연의 장이 어떻게 작동하고 있느냐에 따라 낱낱 생명체가 처하고 있는 삶의 내용이 변할 수밖에 없으므로, 곧 생명활동은 연기의 장이 어떻게 작동하고 있느냐에 따라 변할 수밖에 없으므로, 보시의 세번째 덕목으로 다른 생명체들로 하여금 두려움[畏] 없이[無] 살 수 있는 생명의 장을 만드는 데 힘을 기울여야 한다[施]고 말씀하셨습니다.

사실, 그렇게 하는 데도 조율이 필요합니다. 무조건적인 헌신으로 자신의 몸과 마음이 지치게 되면 안 됩니다. 가족의 일원으로서 해야 할 일을 한다고 해도 지치게 되면 안 됩니다. 지치게 되면 자신뿐만 아니라 가까이 있는 이들을 편안한 마음으로 지켜보기 어렵습니다. 가족 간에도 그럴진대 사회구성원끼리는 더 말할 필요조차 없겠지요.

어떤 아버지께서 들려준 이야기입니다. 20대 후반의 아들이 결혼을 하지 않겠다고 하면서, 자신의 삶도 노예의 삶과 다름없는데 배우자나 자식에게까지 그와 같은 삶을 살게 할 수 없다는 이유를 들었는데, 아버지께서도 아들의 이야기가 틀렸다고만 할 수 없어, 아들의 선택을 존중하겠다고 했다는 이야기입니다. 이와 같은 생각을 하는 청년들이 '필요 이상으로 내일을 불안으로 맞이하고 있는 것이 아닌가'라고 생각할 수도 있지만, 사회 전반에서 행해지고 있는 삶의 양상을 보면 그냥 호락호락하지 않은 사회생활이라고 치부하기에는 너무나 불평등지수가 높아졌다고 하겠습니다. 경제적 여건이 좋은 청년들은 결혼해서 평균 두 명의 자녀를 두고 있지만, 제 한 입조차 버거운 청년들의 미래는 삼포에서 오포 등으로 포기항목을 늘려가면서 현재를 살아가고 있으니, 내재된 불안의 크기가 커 내일의 두려움을 맞서기가 쉽지 않거든요.

바람 없이 나누는 수행─보시

불평등지수가 커진다는 것은 생명공동체가 내부균열을 향해 달려가는 속도가 빨라지고 있다는 것을 뜻한다고 할 수도 있으니, '무외시'라는 보시수행이 다른 무엇보다 필요한 시대라고 하겠습니다. 내일을 두려움으로 맞이할 수밖에 없는 현재의 불안은 단순히 한 사람이나 일부 청년의 마음 상태에 머물지 않기 때문입니다. 예를 들어 박테리아도 불안이 커져 갈 수밖에 없는 생존환경이 되면 불안을 야기하는 화학물질을 외부로 방출하게 되는데, 그렇게 방출된 화학물질의 농도가 높아지면 이웃 박테리아도 불안하게 되는 것과 같다는 것입니다. 포기의 항목을 늘려가면서까지 현재의 불안과 맞서고 있는 청년들이 소수가 아니라고 하는 것은 이미 청년들이 느끼고 있는 불안의 농도가 엄청나게 높아졌다는 것을 뜻하므로, 땜질 처방으로는 그 농도를 낮출 수가 없습니다. 이는 출산율을 높이기 위해 매년 천문학적인 예산을 쓰고 있으나 전혀 효과가 없는 사실이 증명한다고 하겠습니다. 과도하리만큼 수도권으로 몰릴 수밖에 없는 생존환경이라 경제적 여건이 나아졌다고 해도 안정적인 삶터를 확보할 수 없는 조건도 크게 한몫했겠지요.

그러므로 경제적 불평등지수를 낮추는 것 못지않게 삶의 환경과 심리적 안정에 도움이 되는 상호존중하는 의존관계를 넓혀 당당하게 살아가는 개인의 삶이 공동체를 위한 삶이 되는 수행, 곧 바람 없이 나누는 보시수행이 다른 무엇보다 중요해졌다고 하겠습니다. 그렇지 않는다고 하면 한 사람의 능력조차 조직화된 생태계의 총합에서만 나올 수 있으니, 두려움 없이 살 수 있는 사회관계망을 정교하게 조정하지 않는다고 하면 능력이라는 것조차 소수가 독점하는 사회가 되고 말겠지요. 이 말은 이런저런 조건을 통과해서 획득한 개인의 능력이 자기 자신만의 것이 아니기에 증여는 능력자가 주는 시여가 아니라는 뜻입니다. 증여 그 자체가 생명계의 생명원리에 부합하는 행동이면서 불안 없이 내일을 맞이할 수 있는 안전망을 만드는 일입니다. 불평등지수를 조율할 수 있는 사회적 기반이 생명활동을 원활하게 할 수 있는 생명계의 조직원리와 상응하기 때문입니다.

생명체의 기관들이 제대로 조율되지 못한다면 생존과 번식의 가능성이 사라지고 말듯, 사회 또한 그와 같습니다. 생명의 진화를 새롭게 갱신되고 조율되는 조직화의 흐름이라고 할 수 있듯, 삶의 현장 또한 그래야만 합니다. 불평등지수가 커진다는 것은 특정 조직만 비대하게 되는 것과 다름없습니다. 조율되지 않는 조직화는 삐걱 소리만 내다 생명활동을 멈출 수밖에 없어 생명의 도약이 이루어질 수 없습니다. 도약이 일어날 수 없는 생명활동은 내일을 기약할 수 없습니다. 포기가 내일을 맞이하는 조건으로 등장한 청년들의 무의식이 아마 이 일을 예견하고 있는지도 모르겠습니다.

바람 없이 베푸는 일이 생명흐름의 기반입니다. 빈 마음 또한 그렇습니다. 마음 빔이란 도약하는 생명활동의 터전입니다. 어제의 정보를 내려놓아야 하는 순간이 시시각각 일어나고 있는데, 그와 같은 흐름에 상응하지 못한다고 하면 어제를 죽일 뿐만 아니라 내일을 기약할 수 없습니다. 흐름이 멈추고 말기 때문입니다. 하여 노자는 생명흐름이 가능한 것은 잠시도 정체되지 않는 융합적인 흐름이 이루어지고 있기 때문이라고 말했겠지요. 노자의 도(道)가 생명이 흐르고 있는 길을 상징한다고 보면 하나의 생명현상마다 자신뿐만 아니라 생명이 흐르는 길을 조율하고 있는 것과 같다고 할 수 있습니다. 역으로 주변의 인연에 따라 길의 모습을 변주할 수 있기에 생명흐름이 가능하다는 것을 뜻한다고도 할 수 있겠지요. 그러므로 흐름이라는 말로서도 생명현상을 이미지화하기에는 충분하지 않습니다. 흐름을 포착하여 길이라고 하고 그것에 대해 이름 짓는 것이 가능하다고 해도, 상호융섭하면서 흐르고 있는 생명현상을 세부적으로 알아차리기에는 한계가 있을 수밖에 없기 때문입니다. 하여 생명흐름에 온전히 상응하기 위해서는 이미지화되어 있는 언어의 길을 변주하는 능력을 신체화해야 합니다. 신체화된 능력을 무위라고 합니다. 상황에 따라 저절로 작용하는 생명 운동입니다. 허나 너무나 오랫동안 상호융섭되어야만 작용하는 생명현상을 사유하지 않고 살아왔던 것 같습니다. 드러난 현상만으로 흐름을 규정하는 사유습관이 생명흐름의 무위와 상응하지 않음에도 불구하고 그와 같은 생각이 상식이 된 것 같거든요.

융섭되고 조율되는 생명현상을 이해하기 위해서는 생명을 보는 관점을 바꿔야 합니다. 한 사람의 능력은 그 사람만의 노력으로 만들어질 수 없으며, 생명현상은 상호비교해서 우열을 논할 수도 없습니다. 불평등지수가 높다는 것은 잘못된 유위의 학습이 체화되어, 능력이 개인의 실체를 정한다고 여길 뿐만 아니라 그에 따라 권력 행사의 불평등도 당연한 것처럼 교육된 허구에 기반하고 있을 뿐입니다. 생명흐름에 어긋나는 인지와 현상인데도, 이 현상을 뒷받침하는 사유의 근거를 반조하지 않는다고 하면 무위화된 불평등을 조율할 수 없습니다. 부처님께서 몸과 마음의 흐름을 알아차리라고 말씀하신 까닭도 여기에 있습니다.

생명 원리에 부합되는 행위—증여

일어나고 사라지는 것 같은 사건마다 사건을 주재하는 실체가 있어 그렇게 작용하는 것이 아닙니다. 헤아릴 수 없는 우연의 조합들이 순간순간 사건을 만들면서 해체하고 있습니다. 이는 마음 살핌을 통해 지금까지 경험하지 못했던 사건이나 익숙한 사건이 다른 양상으로 전개되는 것을 알아차리게 되면서(예를 들면 집중된 의식 상태에서 몸의 감각이 사라지는 순간 개체의 경계면도 사라지는데, 그렇게 되면 지금까지 경험하지 못했던 미세한 소리가 들릴 뿐만 아니라 그 소리에 의해 일어나는 공기의 파동에 따라 몸이 흔들리게 되는 것 등입니다), 곧 사건의 실상이 조건 따라 다르게 나타날 수 있다는 것을 직접적으로 경험하게 되면서 체득된 사실입니다. 그렇게 되면 만들어진 정보에 집착하지 않는 무위의 사유가 이뤄질 수 있는 단초를 마련한 것과 같습니다.

만들어진 정보를 대물림하는 교육 가운데는 사건들의 흐름과는 상반된 교육도 있으며, 자신이 지지 않아도 되는 허구의 짐을 지게 하는 교육도 있습니다. 사유의 축만 바꾸면 바로 없어지는 짐입니다. 허나 현실은 지지 않아도 되는 허구로 오늘을 소비하고 있는 일이 한두 가지가 아닙니다. 참선을 통해 빈 마음을 직관하신 분들이 마음 하나 돌리니 바로 극락세계가 펼쳐진다고 했던 것도 허구의 축은 그것이 허구라는 것을 아는 순간 더 이상 역할을 할 수 없기 때문입니다. 사유의 축을 바꾸는 것이 쉽지 않다는 것은 말하지 않아도 잘 압니다. 그 축 또한 신체화된 무위의 작용이기에 그렇습니다.

증여가 생명 원리에 부합되는 생명현상이라고 하더라도 함께 의식적으로 그와 같은 운동을 해본 경험이 많지 않다고 하면 '나의 것'이어야 한다는 사유의 축을 이기기 어렵습니다. 하여 대승불교에서는 보살수행의 전부라고 할 수도 있는 보시수행을 하기 위해서는 나누기를 기반으로 하는 생각과 말과 행동을 의도적으로 익혀 가야 한다고 이야기합니다. 인내심이 필요한 일입니다. 인내심이 필요한 확실한 이유를 모른다고 해도,

인내심이 없이는 보시수행이 지속되기 어렵다는 것을 매일 매일 경험할 것입니다. 부드러운 말 나누기 하나만 보더라도 그렇습니다. 자신의 가슴에다 수없이 쏟아내고 있는 아픈 말들, 가까운 이들에게 들려주는 아픈 말들은 하고 나면 약간은 시원한 듯하겠지만 그 말들이 갖고 있는 독한 이미지들이 말하는 이나 듣는 이 모두에게 바람직하지 않은 상처를 주고 말기에, 그렇게 할 필요가 없다는 것을 가슴 깊이 느꼈다고 하더라도 다시 그와 같은 상황이 되면 서로에게 독화살을 날리면서 괴로운 삶을 만들어 가지 않습니까.

기억할 수도 없는 오랜 세월 동안 자신의 행동이 권위를 갖는다는 것에 대한 직접적인 경험이 자신의 말과 행동에 순응하는 사람들을 통해서 이루어지다 보니, 한편으로는 권위에 복종하면서 생존과 번식을 이어 왔고 다른 한편 스스로 그와 같은 권위를 실현하는 자가 되기를 갈망했던 결과가 부드러운 말조차 나누기가 쉽지 않은 이유 가운데 하나가 아닐까요. 실험으로 권위에 복종하고 있는 상황을 만들고 난 다음, 권위에 복종하는 실험자들의 뇌 활동을 조사해 보면 주체적으로 생각하는 영역의 활동이 현저하게 줄어든다고 합니다. 생각 없이 주어진 일을 그냥 한다는 것이지요. 이와 같은 실험이 뜻하는 것은 자신의 생각조차 그 자체로 권위를 갖는 것과 같아, 권위를 행사할 수 있는 상황이 되면 무위적으로 이루어지고 있는 자신의 생각을 넘어서기가 어렵다는 것을 보여 준다고 하겠습니다.

자신이 보는 세계는 자신이 만든 세계상

실제의 생명현상과는 달리 권력과 권위가 독점적으로 점유되고 있고 불평등이 심화된다고 해도 그것이 생명 원리에 어긋난다고 보기가 생각보다 쉽지 않습니다. 생명계를 관통하는 사유의 축을 이해한 다음 그에 따라 생각하고 말하며 행동하기 위해서는 일어나고 사라지는 마음 살핌이 무엇보다 중요한 까닭도 여기에 있습니다. 생명 원리에는 어긋나지만 무위적으로 하고 있는 일이 무의식적으로 발현되는 생각이기에, 우선은 그렇게 일어나고 사라지는 생각 흐름을 있는 그대로 지켜보고, 그렇게 생각하는 근거를 살펴본 다음, 바른 견해(무엇이 바른 견해인지를 살피기 위해서는 진화와 인지심리를 먼저 공부하는 것이 중요하지 않을까요)로 생각의 흐름을 정리하고, 정리된 생각에 따른 고요하고 부드러운 말 나누기 등을 익히는 것입니다. 말뿐 아니라 얼굴 표정 익히기도 중요합니다. 이와 같은 일 또한 증여입니다. 기쁨 나누기라고 할 수 있겠지요.

그렇다고 해서 슬픈 상황인데도 그것을 숨기라는 뜻은 아닙니다. 특수한 경우에는 숨겨야 되겠지만 일반적으로는 그 감정도 있는 그대로 수용하고 이해하는 일이 중요합니다.

자신의 감정을 수용할 수 있을 때 다른 이의 감정을 수용하기 쉽습니다. 이때도 그 감정의 배경을 아는 일이 중요하며, 지나치지 않는 수용습관을 형성하는 것도 중요합니다. 감정이라고 해서 무형의 정신작용이 아니라 뇌의 정보해석에 따라 화학물질이 분비되는 생화학적 변화인 정신 물리의 현상이라는 것을 이해하고, 생화학 변화를 조율할 수 있는 습관을 만드는 수행을 하는 것입니다. 다양한 호르몬과 신경전달 물질 그리고 신경조절 물질이 감정을 만드는 데 참여하고 있기는 하지만, 일어난 감정을 약 90초 정도만 지켜보다 보면 그 사이에 감정을 만드는 데 개입한 화학물질이 혈류를 타고 사라지면서 감정에 의해 받게 되는 상처의 크기를 줄일 수 있기 때문입니다.

하여 마음 다스리기의 출발은 지켜보기가 됩니다. 지켜보다 보면 익숙하지 않은 생각의 회로가 열리기도 합니다. 사건·사물을 새롭게 볼 수 있는 내부의 지각망이 형성되기 시작했다고 할 수 있습니다. 이는 수용된 정보를 해석하고 의식하면서 주관적 세계를 만들어 살고 있는 자신의 지각시스템을 직접적으로 체험한 것과 같습니다. 자신이 만든 세계상을 자신이 보고 있다는 것을 알아차린다는 것은 주관적인 자신의 세계만이 자신이 만날 수 있는 유일한 세계라는 것을 안다는 것이며, 그와 같은 세계를 온전히 품어 안을 수 있는 사유수행을 해야 한다는 것을 뜻하기도 합니다.

공유의 세계상이 있어 어느 정도 이해를 같이한다 해도, 실제로는 그것조차 주관적 느낌과 어울린 세계상이기 때문에 다른 이의 세계상과 온전히 접속한다는 일은 일어나기 어렵습니다. 그러므로 마음 살피기를 통해 지각 이미지를 자신이 만들고 있다는 것을 알아차린다는 것은 그 이미지 속에 생명흐름의 정보가 융섭되어 있다는 것을 아는 데까지 이르러야 합니다. 만들어진 세계상이 주관적이지만 주관만이 아니면 객관적이지만 객관만이 아니라는 것을 아는 일입니다. 이와 같은 세계의 흐름을 부처님께서는 연기의 세계라고 말씀하셨으며, 용수보살님께서는 '공'이라고 말씀하셨습니다. 공이라는 말은 자신이 자신일 수 있는 실체가 본질로서 자신에게 내재되어 있는 것이 아니라 순간순간의 관계망에 따라 자신으로 드러난다는 뜻입니다. 나이면서 동시에 변해 가는 나가 될 수 있는 공능이 있기에 사건·사물이 드러나고 생명의 흐름도 상속될 수 있다는 이야기입니다.

이 관계를 『화엄경』에서는 상입(相入)과 상즉(相卽)이라는 개념으로 설명하고 있습니다. 이것이 뜻하는 것은 주관의 세계상이지만 그 세계상 속에는 이웃이 들어와 있고[相入], 들어와 있는 그 이웃이 주관의 세계상 속에서는 온전히 주관의 세계가 된다는 뜻입니다[相卽].

상입으로 보면 나이지만 나만의 나일 수 없고, 상즉으로 보면 온전히 주관의 세계상 속에서만 나일 수 있습니다. 삶의 실상이 이러하므로 사람의 행동 양상이 이기적이면서도 이타적이어야 이기도 이타도 완성됩니다. 연기와 공인 생명 원리에서 보면 온전한 이기와 이타가 본래부터 있을 수 없거든요.

잘못 만들어진 이미지에 매이지 않기

사건·사물은 맥락 속에서 함께 변해 가고 있을 뿐입니다. 현생인류가 이와 같은 일을 의식적으로 알아차린 것은 그리 오래된 것 같지 않습니다. 그러다 보니 이기적인 일을 한다고 했는데도 실제로는 이기적이지 못한 경우가 많습니다. 스스로에게도 이롭지 못한 세계상을 만들어 살면서도 그것에 집착하는 것이 좋은 예입니다. 마음 살핌이 깊어지면 마음 비우기가 동반될 수밖에 없는 까닭도 여기에 있습니다. 스스로의 삶과 함께 그 삶을 만들어 가고 있는 맥락을 이롭게 하지 않고서는, 애써 가꾸고 있는 자신의 삶이 자신의 노력을 알아주지 못하고 말 것이거든요.

그렇다고 해도 인류의 노력은 생명연대를 확장하는 쪽으로 변해 가고 있는 듯합니다. 개인의 삶을 개인의 노력 여부에 따른 결과라고만 말할 수 없다는 공감대가 커져 가고 있으며, 함께 사는 공동체를 위한 실천적인 노력을 병행하고 있는 개인과 단체가 늘어나고 있다는 것이 이를 보여 준다고 하겠습니다.

이타가 이기의 바탕이 되고 있다는 것을 아는 사회적 지혜가 확산될 수밖에 없는 조건도 한몫했다고 할 수 있겠지요. 이미 알고 있는 지식망을 바꿔야 하거나 새로 채워 넣어야 할 학습 내용이 다양해질 수밖에 없게 하는 삶의 장이 주는 선택압에 의해서 의식·무의식적으로 생각의 지도가 빠르게 변할 수밖에 없다는 뜻입니다.

기억정보를 토대로 만들어진 생각의 지도는 수용된 정보를 파악하기 위해 매 순간 바뀌고 있습니다. 매 순간 바뀌고 있다기보다는 수용된 정보를 해석하기 위해 매 순간 얼기설기 만들어진 생각의 지도에다 경험정보를 채워 넣으면서 지각 이미지를 만들고, 만들어진 이미지가 곧 해석된 정보가 되면서 의식의 흐름이 이어지고 있다고 할 수 있거든요. 이는 신경망의 구조가 이야기해 주고 있는 사실입니다. 신경망의 작용양상을 보면 의식된 정보에는 지금 수용된 정보의 양보다 10배 정도 많은 기억정보가 개입된 것과 같다고 하거든요. 그렇기에 사건은 있는 그대로 지각되는 것이 아니라 해석된 것이 지각되는 사건이 된다고 합니다. 이것이 뜻하는 것은 생각을 드러내는 개념어를 다시 살펴볼 것을 요구하고 있는 것과 같습니다. '나는 누구며, 어디서 와서 어디로 가는가'라는 질문에 대한 답을 익숙한 정보만으로 파악하려고 하는 것은 실패할 확률이 높다는 것이지요.

그러다 보니 시대마다 '나'에 대한 개념 정리가 이루어지고 있는 것 같으나, 그 내용도 '나'를 충족시키는 데는 한계가 있을 수밖에 없을 것 같습니다. 이것이 뜻하는 것은 나에 대한 주관적 관점이 '나'를 드러내는 것조차 충분하지 않다는 것을 전제하고서 나를 보는 것이 필요하다는 것을 말해 준다고 하겠습니다. 한 생각이 일어나고 사라지는 것이 한 우주가 생겨나고 사라지는 것이라는 말이 있듯, 매 순간 사건·사물들이 무의식적으로 증여하고 있는 생명활동의 관계망이 한 생각이 되면서 그 순간의 우주적인 생명활동을 드러내고 있다고 보는 사유의 힘을 기르는 것이 중요하다는 것입니다.

그래야만 잘못 만들어진 정보에 매이지 않는 마음 쉼, 곧 집착하는 마음을 비우기가 쉬워져 다음을 기대하지 않으면서도 지금 여기를 활기차게 살아갈 수 있는 상호의존의 삶터를 만들어 간다고 할 수 있거든요.

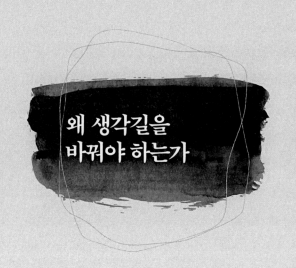

왜 생각길을
바꿔야 하는가

이미지에 매이지 않는 눈이 지혜의 눈

불교에서는 지혜를 공(空)·무상(無相)·무원(無願)이라는 세 가지 관점으로 사건·사물을 보는 것이라고 설명하기도 합니다. 틱낫한 스님은 공이라는 개념을 종이를 예로 들어 설명하고 있습니다.

　　종이는 나무, 물, 햇빛, 공기, 땅의 돌봄, 사람의 노력 등으로 만들어지는데 이 가운데 어느 하나만 없어도 종이가 생산되지 못하므로 종이는 있지만 종이 그 자체를 성립시키는 존재로서의 실체는 없다는 것입니다. 종이만 그런 것이 아니라는 것은 누구라도 쉽게 알 수 있습니다. 모든 사건·사물들이 그렇습니다. 더구나 그렇게 생산되는 사건·사물들은 잠시도 머묾 없이 변해 갑니다. 미세한 변화를 눈치채지 못하기에 사물화된 것들이 그 모습으로 상당 기간 머물러 있는 것처럼 인지되고 있지만 실제로는 인연 조건에 따라 두 찰나도 같은 상태로 존재하는 것은 없습니다. 하여 어떤 물리학자는 사물은 없고 사건만 있다고 했겠지요. 변해 가는 사건이지만 상당 기간은 그 특성을 유지하고 있기에 이름 붙여 사건을 사물화하고, 사물화된 사건을 존재로 여기게 될 뿐입니다('이 일이 가능한 것은 약 7만 년 전에 인지혁명이 일어나 내일과 같이 경험하지 않은 것을 추상할 수 있게 된 이후'

라고 유발 하라리는 『사피엔스』에서 이야기하고 있습니다). 하여 존재란 무엇인가라고 묻다 보면 인연으로 만들어지고 해체되어 가는 사건은 사라지고 사유된(불교 용어로는 법화된) 존재만이 인지의 대상이 되면서 인연의 흐름과 유리된 이미지의 세계가 펼쳐지게 됩니다. 이는 공(空)인 실상과 이미지인 허상이 자리바꿈을 한 것과 같습니다. 허상이 실상의 자리를 대신하게 되면서 부질없는 기대도 커져 가지만 그와 같은 기대는 물속에 일렁이는 달그림자를 잡으려 하는 것과 같아 노력에 대한 배신의 쓴맛을 볼 수밖에 없습니다. 이미지에 매이지 않고 사건을 보는 눈이 지혜의 눈이 되는 까닭도 여기에 있습니다.

생물이라는 '사건의 흐름'을 이해하는 데도 앞의 세 가지 관점이 필수적인 조건이 됩니다. 생물의 종(種)이 수만 가지이겠지만 낱낱 종의 특성을 규정하는 불변의 실체가 있어 종의 존재성을 규정하지 않는다는 뜻입니다. 현생인류만 봐도 그렇습니다. 몇십만 년 전으로 되돌아간다면 현생인류와 같은 종은 볼 수 없고, 약 700만 년 전으로 되돌아간다면 호모족과 침팬지 등의 공통 조상은 있지만 현재와 같은 호모사피엔스와 침팬지 등은 없습니다. 없다고 하더라도 절대 무가 아니었기에, 곧 절대 무에서 홀연히 사건·사물이 발생하는 것이 아니었기에 우연히 형성된 여러 진화적 조건에 따라 현재의 생물이 지구상에 나타날 수 있었겠지요. 이것이 뜻하는 것은 생물이 발생되기 이전의 지구적 조건에 의해 생물이 탄생됐다는 것이므로 무생물시대라고 하더라도 절대로 생물이 나타날 수 없는 시대라고 할 수 없다는 것입니다. 그 과정을 보면 무생물의 화학적 변이에 따라 유기화합물이 생겨났고, 유기화학물의 조성 변이에 따라 최초로 살아 있는 작용을 하는 물질인 RNA 등이 생겨나면서 생물시대가 열린 것과 같으니, 없음과 있음의 경계 또한 생각처럼 쉽게 나눌 수 없습니다.

일어나고 사라지는 사건·사물의 상속은 생각의 도구인 언어처럼 분명하지 않습니다. 더구나 낱낱 사건이 발생하게 되는 조건을 다 헤아린다는 것은 사실상 가능하지도 않으니 일어나면서 흘러가는 '현재라고도 할 수 없는 현재'에 어떻게 동참하는가가 자신의 현재를 규정한다고 하겠습니다. 『선어록』을 읽다 보면 깨달음을 성취한 분들의 삶을 어린아이가 놀이에 빠져 있는 모습에 비유하는 대목이 있는데, 이는 흘러가는 놀이 그 자체만이 있는 것과 같은 삶을 사는 것이 곧 해탈의 삶이라는 뜻이겠지요. 그렇게 살기 위해서는 기대하는 미래를 위해 현재를 살지 않는 훈련이 필요합니다. 삶의 흐름으로 보면 오지 않는 미래가 상속된 정보에 의해서 해석되는 현재로 다가올 수밖에 없기 때문에, 함께 만들어 내고 있는 현재의 인연을 놓이쳐럼 살기 위해서는 생명연대의 관계망을 촘촘히 읽어 내는 지혜가 필요하다는 뜻입니다.

생물의 진화를 봐도 그렇습니다. 처음으로 생명의 정보를 담지하고 상속할 수 있는 기능과 생명활동을 촉진하는 촉매기능을 갖고 있던 RNA가 정보 양이 많아지면서 해야 할 일도 많아지자 생명정보는 DNA로 촉매기능은 촉매단백질로 이전함으로써 보다 안정적으로 생명활동과 정보를 대물림할 수 있게 됐다고 하거든요. 약 20~30만 년 전에 나타난 현생인류의 경우에도 상속받은 DNA의 전체 정보 가운데는 바이러스로부터 온 것이 60% 정도라고 하며 그 중 현재 운용되고 있는 정보도 8% 정도라는 것만 봐도 있음과 없음, 같음과 다름, 연속과 불연속이라는 개념을 다시 생각하게 됩니다. 한때는 바이러스의 생명정보였지만 그 정보가 인류의 생명정보가 됐다는 것은 같은 정보라 하더라도 활용되는 맥락이 중요하다는 것을 말해 준다고 하겠습니다. 같은 정보이면서도 동시에 다른 사건들을 발현할 수도 있다는 것은 어느 것도 그것 자체만으로 그것일 수 없다는 것입니다. 맥락이 그것을 드러내고 그것이 다시 맥락을 흔들면서 다른 사건을 연출합니다. 맥락 없는 사건도 없고 사건 없는 맥락의 흔들림도 없습니다. 바이러스로부터 옮겨진 DNA 정보는 있는 자리를 고수하지 않고 다른 자리로 이동하기도 하는데,

그렇게 되면 그 정보가 작용하면서 맺게 되는 관계망이 바뀌면서 나타나는 현상도 달라진다고 하며, 자리 이동을 하는 데는 생존환경의 영향도 크다고 합니다. 환경이 생명정보의 활동 맥락과 변이를 초래하는 데 지대한 영향을 미친다는 것이지요.

미래를 만드는 과거

이 모든 것들은 생명활동의 복잡성을 말해 줍니다. 복잡하다고 해서 뒤죽박죽 엉켜 있지도 않습니다. 복잡한 가운데 일정한 패턴이 있습니다. 생명연대가 가능한 것도 패턴의 연결이 가능하기 때문입니다. 앞서 말씀드린 맥락이 그것입니다. 아무 조건 없이 맥락이 만들어지는 것도 아닙니다. 약 40억 년 전의 지구 조건이 생명 물질이 생겨나는 조건이었으며, 한 번 그와 같은 생명 물질의 물질 패턴이 만들어지고 나자 작은 패턴들의 연결망에 따라 더 큰 패턴이 형성되면서 두 찰나를 이어 동일할 수 없는 생명활동이 이어지게 됐다는 것입니다. 되어 가는 사건들은 맥락을 드러내는 사건이 되면서 동시에 새로운 패턴망을 형성하므로, 우주나 생명계는 진화가 연속되는 변해 가는 사건들의 흐름이라고 말할 수 있습니다.

하여 '나란 무엇인가'라는 물음은 특정 시점의 나를 묻는 것이면서 진화의 역사를 되돌아보게 하는 질문이 됩니다. 예를 들어 동물에게 눈이라는 감각기관이 생긴 것은 지금부터 약 5~6억 년 전에 식물로부터 눈이 되는 유전자를 얻게 된 이후라고 하니, '본다는 것은 무엇인가'라는 물음도 지금의 눈만을 가지고 이야기하는 것보다는 눈의 진화와 시지각을 형성하는 신경계와 뇌의 해석체계를 이해하는 것을 기반으로 하지 않는다고 하면 많은 것을 놓치게 되는 것과 같습니다. 인류가 눈이라는 감각기관을 통해 수용한 빛의 정보를 지금과 같이 해석하는 데는 뇌를 중심으로 한 인지시스템이 형성되고 난 이후라는 뜻입니다. 이와 같은 사실에 비추어 본다면 '본다는 것은 해석하는 것'이라고 할 수 있습니다. 인지의 실상이 이렇기에 해석에는 기억정보가 광범위하게 개입될 수밖에 없습니다.

그렇기에 현재라고 읽힌 사건은 해석된 현재이면서 동시에 과거를 살려내거나 변주하고 있는 것과 같으며, 기억정보 또한 미래의 일을 해석하기 위해 기억되고 있는 것과 같다고 하겠습니다. 하여, 미래라고 해서 아직 오지 않은 사건이라기보다는 준비된 현재가 아직 드러나지 않은 것과 같다고 해도 지나친 말이 아닙니다.

그렇다고 해서 미래가 변치 않는 사건으로 결정되어 있는 것도 아닙니다. 기억정보가 수용된 정보를 해석하여 현재의 사건을 이해할 때 기억정보의 패턴 변화와 수용되는 정보의 맥락 변화에 의해서 만들어진 미래가 변하면서 현재화되기 때문입니다. 이는 생명활동을 하는 인연의 장이 매 순간 다른 패턴 양상으로 낱낱 사건을 드러내는 것과 같다고 할 수도 있고, 다른 사건이 인연의 장을 다른 맥락으로 흐르게 하는 것과 같다고 할 수도 있습니다. '낱낱 사건'과 '사건이 발현되고 있는 장'이 둘이면서 하나라고 할 수 있고 하나이면서 둘이라고 할 수 있다는 뜻입니다. 그러므로 지금부터 약 15억 년 전에 만들어진 유전정보가 지금도 여전히 활동하고 있겠지요. 현생인류의 유전정보 가운데 유전정보의 발현 양상을 조율하고 있는 약 500여 개의 유전자가 그것입니다. 이들 유전자는 동물·식물·미생물에서도 같은 작용을 한다고 합니다. 이는 현생 생물의 조상이 갖고 있던 유전자가 지금까지 상속된 것이니 현재가 과거의 정보를 쓰고 있다고 할 수도 있고, 현생 생물의 작용맥락으로 보면 15억 년 전의 과거를 현재화한 것이라고 할 수도 있겠지요. 생명활동의 맥락을 보면 공간적으로 여기와 저기를 잇는 것만이 아니라 시간적으로 과거 현재 미래를 잇고 있기에, 점인 것 같은 사건 하나에도 시공간의 전 역사가 참여한 사건이 될 수밖에 없다는 뜻입니다.

맥락이 이미지를 규정한다

같은 유전자라고 하더라도 미생물에서는 미생물의 활동을, 식물과 동물에서는 식물과 동물의 활동 양상을 발현하는 역할을 한다는 것은, '나란 무엇인가'에서의 '나'와 '사람이란 무엇인가'에서 '사람'을 맥락을 배제하고 정의할 수 없다는 것을 웅변합니다. 이 관계를 가족 간의 이야기로 좁혀도 마찬가지입니다. 가족 구성원 한 사람마다 자신의 우주를 자신의 사건으로 드러내니 가족이라고 해도 다른 이의 일을 온전히 이해한다는 것이 가능하지 않다는 것이며, 더 좁혀 한 사람의 세계 이해도 그 사람의 신경망이 어떤 맥락으로 어떤 패턴으로 작용하느냐에 따라 다르므로 어제의 이해와 오늘의 이해가 다를 수 있다는 것입니다. 이 일을 극명하게 보여 주는 시기가 사춘기입니다. 이 시기는 사람으로 보면 한 사람인 것 같지만, 세계를 이해하는 신경망의 패턴 연결이 수시로 변하고 있는 시기라(그렇게 되는 까닭은 이 시기에 신경세포의 시냅스가 엄청나게 증가하기 때문이라고 합니다) 아침저녁으로 다른 사람과 같은 사건이 수시로 일어나고 있기 때문입니다. 그 까닭은 신경세포의 시냅스 하나도 그 자체로 하나의 생명활동체처럼 무의식적으로 살아 있는 물질 작용을 하고 싶어 하기 때문이라고 합니다.

접속이 이루어지고 상호 간에 정보를 주고받아야 살아남거든요(이 일은 청소년기의 왕따가 무엇을 뜻하는지를 알게 합니다). 접속이 이루어지지 않는 시냅스는 자동소멸이 되므로, 곧 살아 있는 활동을 하고 싶은데 할 수 없게 되므로 어떻게든 이웃 세포와 손잡는 일을 멈추려 하지 않다 보니, 이 시기의 청소년은 어떤 의미에선 자신도 왜 그렇게 생각하고 말하고 행동하는지를 알 수 없는 시기라고 할 수도 있습니다. 한참 지나 시냅스 연결망의 가지치기가 정비되고 난 연후에야 어느 정도 안정된 세계 이해의 지도가 만들어지거든요. 그렇게 생각의 지도가 만들어지고 변해 가는 사건이 한 사람의 일생을 만들어 가는 역사의 상속이라고 할 수 있지만, 그 역사 속에는 시공간의 전 역사가 동참했다고 해도 과언이 아닙니다. 자신도 자신을 알 수 없는 시기가 청소년기로만 국한될 수 없다는 뜻입니다. 사건들이 쓰여지고 있는 페이지마다 시공간의 전 역사가 개입되고 있으니 어떻게 페이지를 채우고 있는 내용을 미리 알 수 있겠습니까. 심지어 이미 쓰여져 있는 것 같은 과거조차 새롭게 쓰여지고 있는 페이지의 내용에 따라 달리 해석되기도 하니, 찰나를 이어 가는 사건들은 그 모습으로 현재 순간의 우주적 사건을 드러내 보이면서 다른 얼굴의 과거와 미래를 현재로 불러오는 역할을 한다고도 할 수 있거든요. 하여 물리학자 가운데는 다세계

이론을 이야기하는 학자도 있습니다. 순간순간 변해 가는 사건들의 흐름만이 유일한 자신의 우주가 아니라는 이야기입니다. 상상 가능한 생각의 빛깔 가운데 드러나지 않는 색깔의 세계는 드러난 세계와 다른 세계에서 다른 역사를 써 가고 있다는 것입니다. 이 이야기는 의식되는 사건으로 드러난 것만이 그 순간 의식할 수 있는 유일한 사건인 것 같지만 실제로는 무의식이 만들어 내고 있는 다양한 세계가 의식되지 않는 세계에서 펼쳐지고 있다는 것입니다. 무의식은 안팎으로부터 수용된 모든 정보를 의식되는 사건이 될 수 있도록 수많은 이미지를 만들고 있는데, 그 가운데 주의가 가는 것만이 의식되는 이미지가 되는 것이긴 하지만 의식되지 않는다고 해서 완전히 없어지는 것도 아니라는 뜻입니다.

이런 뜻에서 반드시 그렇게 흘러야 되는 의식 세계는 없습니다. 의식되는 이미지가 만들어지는 것도, 그리고 그 가운데 특정 이미지가 의식화되는 것도 시공의 전 역사가 개입되는 사건과 같기에, 낱낱 사건은 그렇게 드러날 수밖에 없도록 조율돼 있었던 것이라 할 수 없다는 뜻입니다. 인과관계가 분명하게 성립되지만 하나의 원인이 반드시 같은 결과를 발생시키는 것도 아니라는 것입니다. 원인의 관계망이 어떻게 흔들리냐에 따라 결과의 색깔이 달라질 수 있기 때문입니다. 사건의 실상이 이러하므로 용수 스님께서는 필연일 수밖에 없을 것 같은 사건의 흐름조차 결정적인 원인과 결과의 흐름일 수 없다는 것, 곧 원인의 공성(空性)과 결과의 공성을 이야기할 수밖에 없었겠지요. 발생된 낱낱 사건은 그 모습으로 특정 이미지를 띄우고 있지만 그것으로 존재하는 것일 수 없다는 이야기입니다.

주의 기울이기가 써 가는 역사

사건들은 그 모습 그대로 관계망의 전 역사를 드러내고 있지만, 드러난 순간 관계망이 만들어 내고 있는 또 다른 떨림으로 새로운 사건이 만들어지면서, 필연인 듯 필연 아닌 사건의 흐름만이 역사의 페이지를 써 가고, 역사의 페이지에 등장하지 않는 사건들도 그것으로 다른 역사를 만들어 간다는 것입니다. 사건의 흐름이 이러하므로 순간적으로 만들어지고 있는 수많은 버전의 자기 역사 가운데 어떤 역사를 남길 것인가는 주의 기울이기가 결정한다고 해도 과언이 아닙니다. 광고주들과 정치선전가들이 하는 일도 이와 같은 인지의 속성을 이용해 주체적으로 사는 것 같지만 결코 주체적일 수 없는 사람들을 양산하는 일이라고 할 수 있습니다.

가짜 정보라는 말도 그것이 가짜인 줄을 아는 순간까지는 결코 가짜일 수 없으며, 똑똑하다고 하는 사람 가운데 가끔 도저히 이해되지 않는 일을 하면서도 자신이 조종되고 있다는 것을 모르는 까닭도 여기에 있겠지요. 똑똑한 자신의 판단을 과신한 결과라고 하겠습니다. 사건을 있는 그대로 보는 것이 아니라 해석된 사건만이 자신이 만날 수 있는 유일한 세계가 되기 때문입니다. 특정 이미지에 주의를 기울이게 하는 것이 어렵지, 한번 그와 같은 해석 이미지로 주의를 기울이는 습관이 형성되고 나면, 그렇게 하는 일이 무위로 작동하기에 다른 면을 볼 수 없게 되거든요. 의식은 한 번에 한 가지 이미지만을 만나고 그것만이 그 순간의 역사가 되면서 다른 것은 볼 수 없기 때문입니다. 하여 불교에서는 수행자들에게 마음을 챙겨 있는 그대로 일어나고 사라지는 마음현상을 보라고 하거나 특정 이미지를 주시하라고 합니다.

있는 그대로 본다는 것은 마음현상이 제 뜻대로 발현되기를 바라는 마음 없이 그냥 지켜보는 것입니다. 그러다가 좋다거나 나쁘다는 판단에 따라 흔들리던 마음 밭이 고요해지고 지켜보는 힘도 커지게 되면, 일어나고 사라지는 심상 이미지에 따라 번뇌를 키우는 습관도 줄어들게 됩니다. 평정한 마음 상태로 자신과 세상을 보는 일이 쉬운 일이 된다는 것은 만들어진 가치나 신념체계로 자신을 판단하지 않을 뿐만 아니라 자신의 전 역사를 존중하는 힘도 커졌다는 것을 뜻합니다. 이 힘은 의식에서만 작용하지 않고 무의식적인 인지 패턴에도 영향을 미치기에 흔들림 없이 지켜보는 무위의 작용력도 커지게 됩니다. 이는 생각의 지도에 수행력을 증진시키는 인지의 패턴망이 자리 잡혀 가는 것과 같습니다. 그러다 보면 현상하는 이미지의 색깔 하나하나가 온전히 자신을 드러내고 있다는 것을 알고, 그런 자신을 껴안을 수도 있게 됩니다.

어느 순간이든 그것만이 자신의 색깔이므로, 만일 그 색깔을 존중하지 않는다고 하면 자신의 많은 부분을 잃은 것과 같습니다. 그렇게 되면 '나는 왜 이런지 모르겠어!'라고 하면서 자신을 받아들이지 못하는 습관을 강화하게 됩니다. 자신의 역사를 비루한 역사로 만들어 가는 습관입니다. 실제로는 아무도 비루한 역사를 살아오지 않았습니다. 만들어진 이미지에 자신을 꿰맞추기 전까지는. 허나 어느 순간부터 맞지 않는 틀에 자신을 맞추려 하다 맞지 않는 자신을 탓하는 일이 일어났습니다. 맞지 않는 것을 자신의 잘못으로 여기게 하는 학습과 광고에 따른 판단과 근거 없는 신념체계가 사달을 만들고 난 다음부터입니다. 만들어진 틀 자체가 허상인데도, 허상에 실상을 꿰맞추려 하다 보니 있는 자리에서 자신의 세계를 잃고 말았거든요.

감탄만으로는 부족한 생명의 존엄성

우리 몸을 이루고 있는 분자 하나하나도 제 역할을 하면서, 함께 우리라는 역사를 만들어 살고 있습니다. 몸에서 단백질이라는 분자가 하는 일을 보면 감탄만으로도 부족합니다. 생물 물질 분자이면서 온전히 지성체가 되어 제 역할을 알면서 하고 있기에 물질이면서 지성이고 지성이면서 물질입니다. 그러므로 지성도 지성만으로 존립할 수 없고 분자 물질도 분자 물질만으로 존립하는 것이 아닙니다. 나눌 수 없는 하나이면서 나누어진 둘처럼 알아서 제 역사를 써 갑니다. 생명의 존엄성은 여기에 있습니다. 분자 지성의 존엄이 우리의 존엄이 됩니다. 만들어진 이미지 따위가 범접할 수 없는 존엄입니다. 예로 유전자 가위, 곧 '크리스퍼-카스9'(CRISPR-Cas9)라는 분자가 하는 일을 들어 보겠습니다. 유전자 가위라는 이름과 같이 유전정보 가운데 특정 부분을 도려내고 그곳에 새로운 유전정보를 넣는 역할을 제 스스로 알아서 하는 분자입니다. 여기서 중요한 것은 제 스스로 한다는 것입니다. 영국에서 유전자 가위를 이용하여 유전병을 치료한 것이 좋은 예가 될 수 있겠지요. 그렇다 보니 세월이 한참 지난 뒤에 맞춤형 아기를 만들지 않겠느냐는 부정적인 여론이 있는 것도 사실이지만, 기술적으로 그 일이 가능하다는 것은 의심의 여지가 없는 것 같습니다. '물질과는 상관없는 정신'이 컨트롤 타워가 되어 그와 같은 일을 지시하는 것이 아니라는 이야기입니다. 하나의 생각이 일어나고 사라지는 데는 헤아릴 수 없이 많은 인연이 함께하고 있습니다. 참여하고 있는 인연마다 자기의 색깔을 고집하지도 않습니다. 그리하여 세상의 모든 사건은 새로 탄생됩니다. 결코 결핍된 사건은 없습니다. 앞서 말씀드렸듯이 '물질'과 '살아 있는 물질'과 '정신 물질' 그리고 '정신'이 하나인 듯 하나가 아닌 조건에서 온갖 사건들이 인연에 따라 발생하고 있거든요. 인과관계가 성립되는 것은 사실이라고 하더라도 특정 원인이 반드시 특정 결과를 산출한다고 말할 수 없는 까닭도 여기에 있습니다.

맥락에 따라 다른 의미를 갖는 언어와 같은 경우도 많습니다. 예로서는 우리의 유전정보 가운데도 A라는 자리에 있던 정보가 B라는 곳으로 이동하는 유전자가 있는데(주로 바이러스로부터 온 유전자로 무작위적으로 또는 환경에 따라 자리 이동을 한다고 합니다), 그렇게 되면 표현된 사건의 양상이 달라지는 것을 들 수 있습니다. 이 사실은 바바라 맥클린톡(Barbara McClintock)에 의해서 밝혀진 사실입니다. 그분은 옥수수를 가지고 연구를 했는데, 유전적으로 같은 옥수수씨를 심었는데도 서로 다른 모양의 옥수수가 생산되는 원인을 연구하다 유전자가 자리 이동한다는 사실을 알게 됐고, 이 연구로 노벨상을 받았습니다.

반면 세포막을 보면 수용될 수 있는 외부정보가 정해진 것과 같습니다. 눈이 빛을 수용하듯 각 세포도 안팎으로 통할 수 있는 특정 통로를 만들어 제 역할을 하고, 그 역할이 원활하게 이루어지고 있기에 살아 있는 작용도 일어날 수 있다는 것입니다. 그러다가 사람에 이르러서는 이와 같은 사실을 알 수 있는 정신 물질과 정신작용이라는 특수한 사건이 생겨났다고 이야기할 수 있겠지요.

생명의 창조성, 공

발생된 사건과 흐름에 대해 원인과 결과를 추론할 수는 있지만, 사건이 발생하기 전에 반드시 그와 같은 결과를 산출하는 원인이 정해져 있는 것이 아니라는 말씀을 드렸습니다. 원인이 원인으로서 작용하기 위해서는 주변의 조건도 크게 영향을 미치고 있기 때문입니다. 인과관계가 이렇기에 생명의 활동과 지각시스템도 특정 상태로 고정될 수가 없습니다.

이와 같은 상태를 용수 스님은 '공'(空)이라고 정의했습니다. 더 나아가 공이란 존재의 상태가 아니라 현상하는 과정이라고 이야기했습니다. 곧 사건이 일어나기 전으로 보면 A도 아니고 B도 아닌 상태에서 인연 따라 A도 되고 B도 되지만, 현상한 것 또한 A나 B로 존재하는 것이 아니라 새로운 A'나 B'로 되어 간다는 것입니다. 사건의 발생은 그 사건으로 현상할 필연의 조건이 본래부터 없다는 뜻입니다. 자연 선택을 통한 진화가 이를 증명합니다. A도 아니고 B도 아니기에 다양한 현상이 일어날 수 있고, 일어난 사건도 그것으로 머물 수 없기에 다시 새로운 사건으로 현상할 수 있다는 것입니다.

생명의 계통수는 수직으로 물려받는 유전정보와 수평으로 주고받은 정보에 의해 특정 생명체가 탄생되고 있다는 이야기를 하고 있습니다. 드러난 사건으로 보면 주변과 다른 모습으로 현상하고 있지만, 그 과정에서 이루어지고 있는 상호 간의 정보 유통으로 보면 낱낱 사건은 하나이면서도 다중적인 사건이 될 수밖에 없다는 뜻입니다. 이 일은 생물에서만 일어나는 것도 아닙니다. 우주가 열역학 제2법칙, 곧 엔트로피 증가 법칙에 따라 결국에는 열적 죽음 상태에 이른다고 하지만, 죽음에 숨겨져 있는 듯한 탄생, 곧 A(죽음)도 아니고 B(탄생)도 아닌 상태에서 A 또는 B로 현상하기 전을 열적 평형 상태라고 이야기할 수도 있다는 것입니다. 어쩌면 열적 평형 상태는 'A도 아니고 B도 아닌 상태'이거나 'A이면서 B인 상태'이기에 열적 죽음에서 열적 탄생이 새롭게 시작되는 것은 아닐까요. 현상하는 사건의 속성을 축소된 우주적 사건이라고 이야기할 수는 없을까요.

반면 의식한다는 것은 축소된 현상을 가지고 확장된 우주를 상상하는 것은 아닐까요. 하나의 사건을 해석할 때 사람마다 다른 해석을 하고 있는 것을 보면 그런 것 같기도 합니다. 그런가 하면 모든 해석을 합쳐도 아직 하나의 사건을 제대로 이해했다고 자신할 수 없는 것은 상상 가능한 모든 이미지를 하나의 사건이 품고 있는 것 같기도 하고요. 해석의 실상이 이렇다 보니, 곧 사람마다 세계 해석이 같을 수 없다 보니 가족 간에도 이해할 수 없는 일이 일어나게 됩니다. 하여, 어떤 뇌과학자는 인류의 수만큼 많은 우주가 있다고 했겠지요.

세계 해석은 뇌의 인지시스템에 의해서 일어나고 있는데, 이 시스템에 참여하고 있는 피질 영역만 해도 그 기능을 나누다 보면 180곳이 있다고 합니다. 그 중 시각 이미지를 만드는 데 참여하는 부분이 약 30곳이라고 하며, 각 영역을 더 세분해 보면 수백만 개의 모듈이 있고, 이들 모듈들이 특정 패턴을 형성하면 그 영역만의 부분적인 해석 상이 만들어지고, 그것으로 최종적인 시각 이미지를 만드는 데 참여한다는 것입니다. 인류의 수만큼 많은 우주 상이 만들어지는 까닭은 시냅스의 연결을 통해 패턴이 만들어지는데 여기에는 각자가 익혀 온 습관 등에 따라 끌림의 강도 차이가 있기 때문이라고 합니다.

수용된 정보를 알아차리기 위해서는 그 정보가 해석되어야만 하는데, 해석에는 각자 살아온 역사가 개입될 수밖에 없고, 해석된 것만이 자신이 만날 수 있는 유일한 세계이기에, 해석된 세계는 공유의 세계이면서 동시에 고유의 세계가 된다는 뜻입니다. 자외선과 적외선이 만드는 세계상을 볼 수 없는 사람의 시지각 시스템으로는 가시광선 밖의 세계상을 짐작조차 할 수 없는 것이 좋은 예라고 할 수 있지 않을까요. 두레박 난초를 예로 들어 보겠습니다. 두레박 난초가 꽃을 피워 곤충을 불러들일 때 자외선 정보를 해석할 수 있는 곤충의 눈에는 꽃 모양이 이성의 신체처럼 보인다고 합니다. 난초가 곤충을 유인하는 수단으로 냄새뿐만 아니라 형상까지를 조작한다는 것입니다. 이것이 뜻하는 것은 곤충에게도 해석된 것이 세계의 실상이 될 수밖에 없다는 것입니다.

보인 것이 실재가 아니라 해석된 것이 실재라는 것은 자신의 세계를 새롭게 창조하는 일이 가능하다는 것과 같습니다. 수행으로 생각하기, 말하기, 행동하기를 조율하게 된다면 내부에서 작용하고 있는 해석의 패턴 연결이 새롭게 형성되면서 이전까지 경험하지 못한 세계가 펼쳐지게 되는 까닭도 여기에 있겠지요. 해석됐다는 측면에서는 환상과 다르지 않다고 할 수도 있지만, 환상만이 실재를 끌어오는 도구가 된다는 측면에서는 다양한 환상세계를 꿈꾸는 것 자체가 그 세계를 건립하는 것과 다름이 없다고 할 수도 있거든요.

생명활동에는 높낮이가 없습니다

지각되는 이미지가 만들어지기까지는 셀 수 없는 인연이 참여하고 있겠지만, 만들어지고 나면 그것만이 자신의 세계가 될 수밖에 없습니다. 이는 부모가 자녀에게 유전정보를 물려준다고 해서 부모와 자녀가 같은 세계를 살아갈 수 없는 것과도 같습니다. 부모로부터 물려받은 유전정보라고 하더라도 100% 같지도 않고, 유전자를 기반으로 만들어 내는 해석체계가 만들어지는 데는 환경, 학습 등의 영향이 심대하므로 각자는 각자의 세계상을 가지고 공유의 세계상과 만날 수밖에 없거든요. 어떤 의미에선 유전자를 물려주면서 '나처럼 살 수 없으니 너는 너의 세계를 살아라'는 명령어도 물려주는 것과 같다고 할 수 있습니다.

만나는 세계의 실상이 이러하니 불편한 감정으로 들뜨지 않는 삶을 살기 위해서는 기대하지 않는 습관을 기르는 것이 중요합니다. 생각과 말과 행동을 할 때 방향성을 설정하는 것이 필요하다고는 해도, 그 일의 성립은 헤아릴 수 없는 우연이 개입되는 것과 같거든요. 사건의 실상이 이러한데 '할 일을 다 하고 천명을 기다린다'(진인사대천명)는 말처럼 천명을 기다릴 필요가 있을까요. 사건의 발생이 이렇다고는 해도 해석된 결과만을 놓고 보면 존재론적으로 흐르기 쉽고, 사건의 흐름 또한 결정되어 있다고 여기기 쉬워, 인지시스템 내에 하나하나의 사건을 신이 만들어 내고 있다는 신념이 뿌리를 깊게 내리게 된 것 같으나, 그 또한 허구에 지나지 않습니다. 사건의 발생과 흐름이 그럴 뿐이니 허구의 신념으로 자신의 행위를 재단해서는 안 됩니다. 한 일의 결과가 자신을 증명하는 것이 아닙니다. 하는 일 그 자체가 자신의 세계를 있는 그대로 드러내는 일이며, 그것밖에 다른 세계도 없습니다.

특정 이미지로 실상을 재단할 수도 없습니다. 인연의 장은 순간순간 그 흐름에 맞는 이미지를 산출하면서 변해 갈 뿐입니다. 생명활동 그 자체에는 높낮이가 없습니다. 마음챙김이라는 일도 비슷한 것 같습니다. 허리를 세우고 온몸에 힘을 빼고 몸과 마음에서 발생되고 있는 사건들을 지켜보되, 잘 되지 않는 경우라도 그냥 그 자세를 유지하면서 할 수 있는 만큼 알아차리다 보면 갑자기 몸 전체가 확 깨어나는 경우가 있거든요. 그 일이 있고 나면 힘들이지 않고 지켜볼 수 있게 됩니다. 어쩌면 지켜봐야겠다는 의지의 힘이 빠져야 힘들이지 않고도 지켜볼 수 있는 힘이 생겨나는지도 모르겠습니다. 익숙한 생각길이 작동을 멈출 때 그냥 지켜보는 길이 열린다는 것은 기대를 내려놓을 때 지금 여기의 삶이 그 자체로 존중받는 것과 같아지면서 자신의 삶을 있는 그대로 대면할 수 있는 조건이 갖추어지는 것과 같다는 것이지요.

나는 그냥 나

익숙한 가치판단을 내려놓을 때 생명활동 하나하나가 그 자체로 자신에게 선물이 되는 순간이라는 것을 일깨워 주는 사건이 몸이 깨어나는 사건이 아닌가 합니다. 어쩌면 자신에게서 일어나는 사건 하나하나를 존중할 수 있는 힘이 커지는 것이 기대하는 조건의 힘을 빼는 것만큼 커지는 것인지도 모르겠습니다.

삶 그 자체가 이러하므로 힘 빼는 수행이 몸에 익게 되면 무위로 자신에게서 일어나는 사건들을 있는 그대로 존중하면서 볼 수 있는 힘을 갖춘 것과 같습니다. 하여 지혜를 온전히 쓸 수 있는 사람은 원하지 않고서도 자신과 타인에게 이로운 일을 할 수 있다고 이야기합니다.

　번뇌가 생겨나는 것을 보면 원을 매개로 하지 않는 것이 없는 것 같습니다. 기대 그 자체가 불안을 키우면서 받고 싶지 않은 번뇌를 선물로 청구하고 있는 것과 같거든요. 현생인류는 내일을 추상하고 기대할 수 있게 됐을 뿐만 아니라 그 기대를 충족시키기 위한 관계망을 넓혀 왔기에 오늘날 가장 번성한 종이 됐다고 할 수 있습니다. 그렇지만 추상했던 기대가 충족되지 않았던 경험과 예기치 않은 사건들을 기억하는 인지능력에 의해 충족된 현재의 사건보다는 바라지 않는 사건이 발생할지도 모른다는 불안정서의 강도도 함께 커져 왔기에 해탈의 삶을 살기가 어렵게 됐다고 할 수도 있겠지요.

　그렇다 보니, 곧 내일을 준비하는 현재가 현재이면서 결코 현재일 수만도 없다 보니, 현재는 오지 않는 선물을 기다리는 일을 하는 것처럼 되고 말았다고 하겠습니다. 하여 하나하나의 사건들은 헤아릴 수 없는 인연망에 의해서 일어나고 있으니 기대를 내려놓고 기쁨과 슬픔으로 들뜨지 않는 힘을 기르는 것이 수행이 되겠지요. 이 일은 인간관계에서도 쉽게 드러나는 일입니다. '나는 그냥 나야'라는 듯이 산다고 하면 스스로가 스스로 보는 눈도 편안할 것이고, 그 생각이 가족이나 가까운 이들을 볼 때도 작용한다면 '그래 그것으로 충분해'라는 생각을 하기도 어렵지 않겠지요. 그렇게 되면 불안을 배경으로 하는 탐욕과 분노를 키울 일은 줄어들고, 해탈의 오늘을 맞이할 확률은 커져 갈 것입니다. 그러므로 '이런 삶이 행복한 삶의 전형이야'라는 생각으로(본인 스스로도 행복한 삶이라고 자신할 수 있는 삶을 살지 않고 있으면서도) 그렇게 살려고 노력도 하지 않는 것 같은 자녀나 친척 청년들에게 "너 언제 △△할 거야?"라는 말을 아무런 반성 없이 하고 있는 것 자체가(실은 이런 생각 자체가 자신의 삶조차 자유롭게 하지 못한다는 것을 매일매일 경험하게 하는 것은 아닐까요) 타고 있는 번뇌의 불꽃에 기름을 붓는 것과 같다는 것을 사무치게 아는 것이 중요합니다. 이웃을 생각해 주는 일이 전혀 이웃을 생각해 주는 일이 못 되는 경우가 허다하다는 것을 알아야 스스로에게도 이롭고 이웃에게도 이로운 일을 하기가 조금은 쉽지 않겠어요.

있는 그대로 보는 훈련

자리이타(自利利他)의 삶을 살기 위해서는 자신이 만들어 걷고 있는 생각길에도 늘 새로운 화학변화가 일어날 수 있게 하는 안목을 길러야 합니다. 그 첫번째가 사건·사물을 있는 그대로 보는 훈련입니다. 있는 그대로인 줄을 아는 것도 쉽지 않습니다. 보이는 현재는 원숭이는 원숭이고 사람은 사람인데, 한 걸음 더 들어가 보아야 원숭이와 사람이 공통 조상의 후손이라는 것을 알 수 있으니, 학습이 필요합니다. 환경보호나 기후변화에 대처하는 것을 하나의 사건으로만 보지 않고 생존권 보장이라고 보는 것도 직관을 넘어선 이해가 필요한 부분이며, 이타적 행위가 이기를 담보한다는 것을 아는 것도 연기적으로 이루어지고 있는 삶의 실상을 있는 그대로 볼 수 있어야 하거든요. 바람 없이 보는 것도 쉽지 않지만 바람 없이 보아야 하는 사실을 아는 것도 쉽지 않습니다. 수행이 깊어졌다는 것은, 이런 뜻에서, 이타적이며 이기적인 마음을 쓰는 기술 명장이 됐다고 할 수 있습니다.

일상으로 보면 탓할 만한 것이 없는 행위라고 하더라도 조금 더 들어가 보면 스스로를 힘들게 할 수밖에 없는 사유습관과 행동 양상이 봄이 되면 싹이 나오듯 무위로 작용하고 있는 경우가 많습니다. 익힌 기술의 방향이 자신을 번뇌롭게 하는 쪽으로 숙련되어 있으니 무위적으로 번뇌라는 싹을 틔우는 것이지요.

애쓰지 않아도 드러나는 기술의 방향이 해탈의 삶을 살 것인가 괴로운 삶을 살 것인가를 정하는 것과 같으며, 해탈을 실현하는 관계망보다는 괴로움을 실현하는 관계망이 더 촘촘히 작용하고 있으니, 어느 의미에선 익히려는 노력을 크게 하지 않더라도 괴로운 일상과 맞닥뜨리기가 쉽습니다. 해탈의 연대를 이루는 기술을 연마하는 것이 생명공동체로 보면 훨씬 이기적인 활동이라고 할 수 있겠지만, 알게 모르게 익혀 온, 결코 이기적인 것일 수 없는 것을 이기적인 것이라고 해석하는 기술의 숙련 정도가 깊기 때문입니다. 전체적으로 보면 반이기적인 것을 이기라고 여기면서 괴로운 일상을 살아갈 확률이 높을 수밖에 없다는 것이지요.

마음 쓰는 숙련도에 따라 어떻게 살고 어떤 세상과 마주할 것인가를 결정한다고 할 수 있으므로, 익힌 기술의 정도에 따라 수행단계를 설정하기도 합니다. 그렇다고 해도 설정된 단계가 그 사람의 본질을 규정하는 실체는 아닙니다. 세계 해석과 행동 양상의 차이입니다. 여기서도 중요한 것은, '일어나고 사라지는 것 같은 사건 하나하나에는 수없이 많은 역사적 인연과 수평적으로 맺고 있는 인연의 차이에 의해서 필연을 넘어선 우연의 요소가 많이 개입될 수밖에 없다는 것'을 아는 것입니다. 일상 그 자체가 기대하거나 예측한 모습으로 마주할 수 없는 경우가 많다는 것을 잊지 않는 마음씀입니다.

사실 잊지 않는 일은 누구라도 익숙하게 하고 있습니다. 괴로운 결과가 발생되는 것을 한두 번 경험한 것이 아닌데도 불구하고 여전히 습관적인 해석을 내려놓지 못하고, 그 해석을 근거로 생각하고 말하고 행동하면서 불편한 일상을 만들고 있는 것 또한 이미 익힌 잊지 않는 습관의 결과라고 할 수 있거든요. 이 일을 수행이라고 부르지 않는 것은 의지적으로 자신의 생각과 말과 행동을 되돌아보고 해탈의 일상을 만들어 내는 심리현상을 잊지 않는 것과는 다르기 때문입니다. 의지하기도 전에 이미 익혀진 것과 같은 습관을 업이라고 부르는 까닭도 여기에 있습니다. 하여 업이란 이미 익혀진 정보의 관계망이라고 할 수 있으며, 일상은 이와 같은 정보망을 토대로 해석된 세계에서 사는 것이라고 할 수 있기 때문에 의지적으로 이와 같은 삶의 흐름을 관찰하고 조율하지 않는다고 하면, 열심히 살았는데도 불구하고 해탈된 삶을 살기가 어렵습니다.

불교 수행은 사유수행

번뇌의 삶과 마찬가지로 해탈의 삶을 뒷받침하는 것 또한 사유의 기술이라고 할 수 있습니다. 번뇌의 삶과 해탈의 삶이 갈리는 지점이 '무엇을 잊지 않고 있는가'에 의해서 정해지는 것과 같거든요. 불교 수행을 사유수행이라고 하는 까닭도 여기에 있습니다.

해석과 판단을 하는 생각길을 바르게 만들기 위해 치열하게 너무도 치열하게 수행하면서 '왜 해탈이 나에게는 일어나지 않는가'라는 조급한 마음을 갖고 있지는 않은가요. 무언가가 되기를 바라는 마음은 번뇌를 닦는 마음입니다. 실제로는 번뇌를 닦는 것과 같은 수행을 하면서 번뇌가 일어나지 않기를 바라는 것이니, 번뇌가 없어질 수 없겠지요. 일어나고 사라지는 생각 하나하나가 이미 익혀진 정보를 바탕으로 발현되고 있는 것이 사실이라고 해도, 정보가 발현되는 데는 바로 전의 생각과 환경의 역할을 무시할 수 없기 때문입니다. 하여 그냥 하는 마음이 아니라 바라는 마음은 지금의 자기를 탓하는 마음과 같아 번뇌가 자랄 수 있는 환경이 되고 맙니다. 그러다 보니 해탈의 바탕이 되는 사유를 생각 생각으로 이어 가는 훈련을 하기 위해서 일상과 다른 수행처를 찾기도 합니다. 수행 환경도 중요하지만, 앞서 말씀드린 바와 같이 일어나고 사라지는 마음현상을 바라는 색깔 없이 있는 그대로 보고 껴안는 마음가짐이 먼저여야 합니다.

일어나고 사라지는 생각을 의지적으로 조율하거나 들뜸 없이 지켜볼 수 있는 힘이 없다고 하더라도, 그런 생각 하나도 수많은 인연이 얽혀 발생되고 있다는 이해를 바탕으로 보면 그냥 흘려보내는 일이 조금은 수월해질 것입니다. '나는 왜 이런가'라는 비난의 화살을 쏘기 전에 지금까지 형성된 무위의 사유통로가 그렇게 작용하고 있다는 것을 알게 되면, 그 생각으로 아파하는 자신을 안을 수 있는 힘이 커지면서 자신을 비난하지 않는 것만큼 함께하는 이들을 비난하지 않는 힘도 커지게 되거든요.

현재 상황을 이해하게 되면 자신에게 과도하게 부여했던 갖가지 이미지의 실상을 이해하게 될 것이고, 가까운 이들에게 부여했던 불필요한 이미지도 걷어 낼 수 있을 것입니다. 이는 청춘남녀가 만나 좋아하는 감정을 키워 가는 데서도 유효한 사유방법입니다. 이런저런 인연으로 사귀는 사이가 됐다고 해도 그 기간이 길어지게 되면 기대했던 것만큼의 상대가 아니거나 왜 사귀는지 알 수 없는 경우도 있을 것입니다. 일이 그렇게 진행되는 것은 있는 그대로의 누구를 만나는 것처럼 보여도 실상은 자신이 만든 상상의 사람을 만나는 것이기 때문이며, 자신이 상상했던 사람은 존재할 수 없기 때문입니다.

하여 만남이 번뇌가 되지 않기 위해서는 기대의 항목을 줄이는 일이 먼저여야 합니다. 서로가 상대의 기대에 충족되는 사람이 되기 위한 노력을 기울이는 강도가 적으면 적을수록 해탈의 삶을 살 확률이 높아집니다. 조금 강조해서 이야기하자면 당연한 것 같은 원도 실제로는 번뇌의 씨앗이 되고 맙니다. 원하는 수만큼 번뇌의 숫자도 증가합니다.

이 일은 자신에게도 성립됩니다. 누구도 기대하는 그 세계에서 살 수 없습니다. 사건이 발생하기까지 우연의 요소가 필연처럼 개입되면서 기대를 비틀고 있거든요. 더구나 수용된 사건을 해석할 때 부정적으로 해석하는 해석통로의 힘이 긍정적으로 해석하는 통로의 힘보다 다섯 배 정도 강하다고 하니, 기대한 일과 기대하지 않는 일의 빈도수가 같다고 하더라도 전체 사건을 부정적으로 해석하기 쉽고(이 일은 비난받을 일이 아닙니다. 진화과정에서 살아남을 확률이 높은 것은 긍정적인 해석보다는 부정적인 해석이 더 유효했기 때문입니다), 그런 사건과 만나고 있는 자신을 부정하기 쉽습니다. 이것이 뜻하는 것은 이미 갖고 있는 정보에 의해 사건에 대한 해석이 잘못될 수 있다는 것입니다. 인지의 실상이 이러하므로 의식된 해석 이미지가 마음에 들거나 들지 않더라도 그 이미지에 대해 시비선악을 따지기 전에 있는 그대로를 보는 마음챙김이 중요합니다. 마음챙김이 자신의 삶을 해탈의 삶으로 이끄는 기술이거든요.

　사건이 발생하는 인연의 장을 있는 그대로 인정하고 존중하는 일이 수행이 되는 까닭도 여기에 있습니다. 만나는 사람과의 관계가 상호존중된다고 하면 바람이 없는데도 바라는 삶이 순간순간 이루어지는 것과 같지 않을까요. 삶의 실상으로 보면 사람마다 자신의 우주를 만들면서 사는 것과 같아, 누구의 바람이나 기대에 맞추어 살 수도 없거든요. 그렇게 살고 있다고 자신하는 분들이 있다면 그 사람은 스스로 그렇다고 속고 있거나 "나는 왜 이런가 모르겠어"라는 말을 입에 달고 살 확률이 높습니다. 그런 분들은 스스로의 삶을 존중하기가 어렵기에 자신이 상상하는 이미지에 자신의 삶을 매몰시키면서 잘 산다고 여기지 않으면 견디기 힘들거든요. 우상은 그렇게 해서 탄생하게 됩니다. 우상을 자신의 기대를 충족시켜 줄 힘이라고 여기기에 한번 우상이 만들어지면 우상숭배는 저절로 발생합니다.

자본이라는 우상

현재의 상황으로 보면 우상 가운데 가장 힘을 갖는 것은 자본이라고 할 수 있으며, 권력과 신 등도 여기에 해당합니다. 그렇게 만들어진 우상이 삶의 이유가 되는 것과 같기 때문에 우상을 숭배하는 삶은 자신의 삶을 사는 것이 아니라 우상이 자신을 조정하는 것과 같습니다. 조정당한다는 것은 봄이 되면 싹이 트듯 우상과 연계된 것 같은 사건이 발생하게 되면 저절로 숭배하는 일을 하게 된다는 뜻입니다. 그렇게 되면 생명이니 삶이니 이웃이니 하는 이야기가 들리지 않게 됩니다.

자본에 대한 우상숭배의 양상이 이렇다 보니 생명과 환경을 생각하기가 하늘의 별 따기보다 어렵게 됐습니다. 지구의 생명 환경은 생명체가 만들어 왔다고 해도 과언이 아닌데도, 자본의 증가를 위해 이산화탄소를 증가시키는 일을 열심히 하면서 잘 살기를 바라는 것이 우상숭배의 현실이라는 것이지요. 현재 지구의 대기에는 이산화탄소의 비율이 약 0.03%라고 하는데 (상당히 오래전의 통계입니다. 지금은 더욱 높아졌을 것입니다) 만일 지구에서 생명체가 사라진다고 하면 지구의 환경은 화성이나 목성과 크게 다르지 않게 된다고 합니다(화성과 목성의 대기에는 이산화탄소가 약 98%와 96%라고 합니다).

열심히 사는 것이 분명하다고 해도 왜 그렇게 살고 있는가를 되돌아보면 우상숭배를 넘어서지 못한 일을 할 수밖에 없음에도, 우상인 자본을 소유하고 있는 층이 극소수에 불과한 것을 보면 이 또한 왜곡된 삶의 질서를 명징하게 보여 주고 있다고 하겠습니다. 올해의 통계로 보면 세계 전체 인구 가운데 1%의 부자가 소유하고 있는 자본이 나머지 99%가 가지고 있는 자본보다 많다고 하니, 자본이 우상이 되어 있는 모습을 확실히 보여 주는 것으로는 이만한 것도 없겠지요. 어떤 의미에선 자유롭지 못한 사유의 근거가 우상이라고 해도 과언이 아닙니다. 이런 뜻에서 우상은 집착의 다른 이름이라고 할 수 있으며, 인간관계가 파국에 이르는 것도 서로 믿는 우상이 다르다는 데 있다고 할 수 있습니다. 우상은 실재가 아니라 만들어진 것임에도 불구하고 힘이 세므로 한번 집착하게 되면 내려놓기가 쉽지 않거든요. 사귀는 사람에게 주어지는 역할 놀이가 단순히 역할 놀이가 아니라 그 사람의 정체성을 규정하고, 그렇게 살지 않는 것을 못마땅해하는 것도 여기에 해당합니다. 바람과 집착은 자기가 만든 실재인데도 그 실재를 일반화하여 다른 이에게 그렇게 하기를 요구하는 것이 번뇌를 만드는 첩경이 된다는 뜻입니다. 자신이 만든 사유의 세상을 본인처럼 맞이할 수 있는 사람은 있을 수 없거든요. 하여 언어 씀이 살아가는 삶의 양상을 대변한다고 해도 과언이 아닙니다. 어떤 철학자의 말처럼 언어가 존재의 집이 되는 것을 넘어 의식을 조정할 수도 있기 때문입니다. 시장을 지배하는 것이 자본과 언어인 까닭도 여기에 있습니다. 시장주의가 단순히 물건을 사고파는 것을 말하는 것이 아니라 의식의 작동 방향을 조정한다는 것입니다.

마음을 비운다는 것

불교 수행의 중심축인 팔정도에 바른 언어 사용이 들어 있고, 나아가 자애로운 언어 씀이 수행의 한 축이 되는 것도 언어가 정보를 주고받는 수단을 넘어 의식의 색깔을 만들어 내고 그 색깔이 자신의 삶을 규정하고 있는 것과 같다는 것을 알았기 때문이겠지요. 하지만 앞서 말씀드린 대로 해석된 세계는 언어정보를 기반으로 자신이 만든 세계이기 때문에 누구와도 100% 같을 수가 없으며, 살아온 동안 경험했던 것들도 결코 같을 수가 없으니, 이해를 같이해 주기를 바라기보다는 서로 다른 세계상을 인정하고 존중하는 생각길을 만드는 것이 번뇌를 만들지 않는 무위 통로를 개설해 가는 것이 됩니다.

이는 자연 선택을 통한 생물의 진화상과도 맞닿아 있습니다. 사람의 생각도 마찬가지입니다. 의식·무의식적인 연습을 통해 뇌에 생각길이 만들어지기는 하지만 그 길은 콘크리트 길처럼 굳어 있지 않습니다. 새로운 경험을 받아들이고 그 정보를 유용히 쓰기 위해서는 생각길이 생각보다 유연해야 하기 때문입니다. 어쩌면 생물 물질의 특성을 유연성에 둘 수도 있습니다. 자연적으로 생명의 관계망이 펼치고 있는 변화와 상응하기 위한 특성이 유연성이라고 할 수 있기 때문입니다. 불교에서 말하는 '집착이 괴로운 삶을 만들고 있다'는 것도 집착이 생물 물질의 유연성을 등지는 일이 되면서 결과적으로 살아 있는 역할을 방해하는 것과 같다는 이야기입니다.

진화과정을 보면 생물의 유연성은 생물환경의 변화에 상

응할 수 있는 생존 조건 가운데 가장 중요한 요소일 수밖에 없었습니다. 하여 수행자가 집착 내려놓기를 연습하는 것도 수십억 년을 살아온 생명의 유연성과 상응하는 생명활동을 할 수 있는 신체를 만드는 일이라고 할 수 있습니다. 어떤 우상에도 머물지 않는 생각길을 갖는 신체입니다. 이 일이 어렵다는 것은 누구라도 잘 압니다. 이는 기억이 뇌의 해석기반이듯 세포의 화학작용도 일종의 기억정보의 상호작용이라고 할 수 있으니, 곧 살아 있다는 것은 기억정보를 바탕으로 상호작용하는 생명의 관계망이라고 할 수 있으니, 기억과 그것을 바탕으로 만들어지는 세계상으로부터 온전히 자유롭다는 일은 일어날 수 없기 때문이겠지요.

그럼에도 불구하고 진화과정에서 사람에게는 내적 이미지에 흔들리지 않고 일어나고 사라지는 마음현상을 관찰할 수 있는 기능도 생겨났습니다. 그냥 알아차리기만 할 수 있는 능력입니다. 이 능력에 의해 생각길을 조율할 수 있는 일도 가능해졌습니다. 많은 분이 공의 세계를 체험하고 난 다음 이전과 다른 세계상을 만드는 해석체계를 새로 건립했던 것이 이를 증명하고 있습니다. 이는 수용된 정보를 다르게 처리할 수 있는 생각길의 강도와 넓이가 커진 결과라고 할 수 있습니다.

이런 뜻에서 수행이 가장 필요한 곳은 자신과 가족 그리고 가까운 이들이 맺고 있는 관계망이라고 할 수 있습니다. 자신을 볼 때 무엇이 되어 있어야 한다는 존재로서 자신을 보지 않는 훈련을 해야 한다는 것이며, 그 마음을 가까운 이들을 보는 데까지 넓혀 가야 한다는 것입니다. 생물의 유연성으로 보면 특정 존재 상태로 머물러 있을 수 없을 뿐만 아니라 특정 이미지로 가둘 수도 없기 때문입니다. 하여 불교 수행을 사유수라고 합니다. 뇌의 유연성으로 보면, 좋은 보기는 아니지만, 사유수에 대한 설명으로 핸드폰에 새로운 어플을 까는 것과 비교할 수 있습니다. 일어나고 사라지는 심리현상과 동화되어 생각하고 말하고 행동하기 전에 잠시 멈춰 심리현상의 흐름을 관찰하고, 심리현상 속에 들어 있는 판단의 근거를 헤아려 보는 어플입니다. 핸드폰에 어플을 깔면 바로 작동하지만 심리 어플은 깔려고 해도 쉽게 깔리지 않을 뿐만 아니라 의도대로 작동하지도 않을 것이기에 깔릴 때까지 되풀이해야 하는 수고를 감당해야 합니다. 그러다 보면 익숙한 사유 흐름과 판단근거가 생명의 실상과 상응하지 못한 것이 많다는 것을 알게 될 것입니다. 알기까지는 그냥 관찰하는 것으로는 부족합니다. 공부가 치밀해지고 넓어질수록 새로운 어플이 인지시스템에 스며들 확률이 높아지고, 스며든 강도만큼 관찰과 판단의 결과도 달라지게 될 것입니다. 달라진 만큼이 새로 깔린 어플의 효능입니다. 인문학을 공부하는 것이 사람의 무뇌를 달리하는 것이라고 할 수 있지만, 여기에 더해 물리화학의 운용방식과 생명활동의 공존성을 공부하다 보면 좋은 향기가 나는 무늬를 만드는 근거를 굳건히 설정하는 것과 같기에, 과학적 사실을 기반으로 인문학을 공부하다 보면 새로운 어플을 설치해야 하는 이유가 더욱 분명해질 것이고, 일단 설치되고 나면 그것을 통한 사유의 횡단이 한결 자유롭게 이루어질 것입니다.

횡단적인 사유

횡단적인 사유가 어려운 것은 힘써 익혀 와 자리 잡힌 어플들이 자신의 삶을 붙잡아 매고 있기 때문이라고 할 수 있는데, 그 내용을 들여다보면 어이없는 경우도 많을 것입니다. 그렇다고 해도 익숙한 사유의 흐름을 그냥 지켜보면서 그 어플의 작용양상을 파헤쳐 관찰하다 보면 매듭이 풀리는 것처럼 홀가분해지는 경험을 하게 됩니다. 이는 관찰수행을 할 때 상대적으로 쉽게 일어나는 현상 가운데 하나입니다. 중요한 것은 몸에 힘을 빼고, 다시 한번 강조해서 말씀드리면 집중이 되거나 되지 않거나 상관하지 말고 힘을 빼고 허리를 펴고 앉아 마음챙김을 시도해 보는 것입니다. 그러다 보면(잠을 자지 않는 상태에서 멍한 것 같지도 않고 집중된 것 같지도 않은 상태로 앉아만 있는 경우입니다. 불멍이 불을 보면서 멍을 때리는 것이라고 한다면 이 경우의 마음챙김은 불의 자리에 자신의 몸과 마음을 두는 것이라고 할 수 있습니다) 어느 순간 갑자기 몸 전체가 깨어나는 현상을 경험할 것입니다. 이 현상이 생겨나면 몸과 마음에서 일어나고 사라지는 현상을 힘들이지 않고 오롯이 지켜볼 수 있게 됩니다. 그때 보면 현상을 관찰하고 있는 것 같은 마음, 곧 먼지 하나 묻지 않는 거울이 모든 현상을 비춰 아는 것과 같은 일을 힘 하나 들이지 않고 할 수 있게 됩니다. 한번 이런 일이 일어났다고 해서 다음번에도 쉽게 그와 같은 경험을 할 수 있는 것은 아니지만, 이를 통해 일상적으로 일어나는 지각 양상과 다른 지각을 경험하게 되면 보고 듣는다는 것이 무엇인지를 알게 됩니다.

'지각된 모든 것들은 마음이 만든 것이다'라는 말이 언어 이미지를 빌려 해석하고 있다는 것을 넘어 지각된 현상 자체를 마음이 만들고 있다는 것을 알게 된다는 뜻입니다. 이 일은 지금까지 자신을 해석해 왔던 어플 또한 실재를 반영한 것이 아니라는 것을 직관한 경험이라고 말할 수 있습니다. 새삼스럽게 어떻게 보고 어떻게 생각할 것인가를 되묻게 하는 경험입니다. 이와 같은 경험은 보고 듣고 경험하는 세상이 무엇에 기반해 있는가를 묻게 하고, 물음을 통해 새로운 생각을 담아내는 어플을 깔게 되는 단초가 됩니다. 이 어플이 깔리면 인식 토대의 작동 양상도 변합니다. 새로운 관점이 하나 생긴 것과 같거든요. 그렇다고 해도 익숙한 관점이 워낙 강하기에 전체적인 관점 변화가 일어난 것이라고 할 수는 없고, 이전의 인지망에 숨구멍을 낸 것이라고 할 수는 있습니다. 이 숨구멍은 나를 좋은 사람으로 만드는 일을 한다기보다는 나를 있는 그대로 좋아할 수 있는 심리현상을 작동하게 합니다. 자신을 그렇게 대할 수 있다면 가족과 가까운 사람도 그렇게 대하기가 한결 수월해질 것입니다.

좋은 사람이기에 좋아하는 것이 아니라 좋아하는 일을 하는 것이 온전히 좋은 사람을 만드는 것과 같다는 것을 깨어난 몸이 증명했다고 할 수 있습니다. 그냥 좋아하기는 어린아이에게 베풀 수 있는 가장 좋은 선물입니다. 그런 선물을 받고 자란 아이라면 보다 쉽게 그런 선물을 나누게 되겠지요. 말을 배우는 결정적 시기가 있듯 그냥 좋아하기에도 결정적 시기가 있는 것은 아니지만 태어나서부터 지속적으로 바람 없이 좋아한 선물을 받아야 의지하지 않고도 그런 생각과 행동을 쉽게 할 수 있지 않겠어요. 이런 행동을 『금강경』에서는 무주상보시라고 이야기합니다. 조건 없이 베푸는 마음길이 확립되었기에 가능한 일입니다. 지혜로운 생각길이 만들어졌기에 밖으로 드러난 행동 또한 그렇게 하기 쉽겠지요.

21세기의 중심어, 공감

이와 같은 행동이 21세기의 중심어라고 이야기하는 공감과 맞닿아 있다는 것은 두말할 필요조차 없습니다. 사람마다 세계를 이해하는 세부 항목을 비교하면 온전히 같은 사람이 한 사람도 없다고 할 만큼 차이가 있기는 하지만 그 차이가 빨강을 파랑으로 보는 차이는 아닙니다. 사람마다 주관적 느낌이 다르기에 실제로 어떤 느낌인 줄을 있는 그대로 알 수도 없고 비교 자체가 가능하지 않다고 해도, 뇌의 해석 시스템으로 보면 그렇게 다른 것만도 아니라는 뜻입니다. 예를 들어, 상처를 입어 아픈 느낌을 만들어 내는 신경망의 패턴(신경지도)이 상처받는 이야기를 들을 때도 작용하면서 아픈 느낌을 만들어 내고, 그 일을 하는 부분들이 다른 사람의 상처를 보는 경우에도 작용하고 있다는 것을 보더라도 주관적 느낌도 어느 정도 공감할 수 있다는 것입니다. 느낌을 만들어 내는 부분들이 있다고 해서 모두 같은 양상으로 느끼지도 않을 것이고, 살아오면서 익혀 온 조건에 의해 다른 양상으로 일반적이지 않은 해석이 일어나고 있다는 것 또한 사실이라고 하더라도, 전체적인 인지시스템으로 보면 강도의 차이라고 할 수 있다는 것입니다.

역설적이게도 무주상보시 등을 보다 쉽게 하기 위해서는

'아닌 것'은 아니라고 말할 수 있는 습관을 들이는 것이 중요합니다. 하고 싶지 않은 일을 이런저런 이유를 들어 들어주거나 들어줄 수밖에 없는 분위기를 형성한 연후에 마음 약한 고리를 건들면서 할 수밖에 없는 상황이 자주 만들어진다고 하면, 그 일은 자신을 괴롭히는 기반을 만들어 갈 뿐입니다. 그냥 좋아하는 일과 무주상보시라고 하더라도 특수한 경우가 아니라면 자신의 힘에 맞추어 해야 합니다. 일을 해주고 나서 '나는 왜 이런지 모르겠어'라고 후회한다면 그 일은 무주상보시가 아닙니다. 공감 등도 여기에 해당됩니다. 예를 들어 친구라는 이가 친구 관계를 앞세워 이런저런 요구를 하면서 그 요구를 들어주는 것이 친구를 증명하는 것처럼 군다면 그 사람은 결코 친구가 아닙니다. 그 사람은 친구라는 미명을 이용하는 것에 지나지 않으므로, 한두 번 아니라고 말하면 더 이상 친구로서 지내려 하지 않을 것입니다. 그런 사람과는 친구로 지낼 필요가 없습니다. 허나 그렇게 해주는 일을 가열차게 익혀 왔고, 그렇게 해주는 것이 착한 일을 하는 것처럼 세뇌된 착한 사람이 많다 보니, 어이없는 일도 제 일처럼 하면서 불편한 관계를 이어 가려 합니다. 그러다 보면 어느 틈엔가 사람과 만나고 싶지 않게 됩니다. '이것 좀 해줄 수 있어'라는 말은 해보지도 못하고, 부당한 요구조차 열심히 들어주면서 살아왔으니, 숨이라도 편히 쉴 수 있는 방법은 만나지 않는 것밖에 없거든요.

　이런 일은 친구 사이에서만 일어나지 않습니다. 조직사회에서도 마찬가지입니다. 그 속에서 일한다는 것이 많은 경우 '너를 소진해'라는 보이지 않는 요구를 들어주어야 하거든요. 서로가 사람으로서 살려는 일이 살려는 의지를 소진해야만 그나마 살아남아나는 일이 되니, 어느 틈엔가 어딘가로 가고 싶다는 생각으로나마 오늘을 버티는 일이 되풀이됩니다. 아무도 공감해 주지 않는 것 같은 일들을 열심히 하면서 누군가가 공감해 주기를 바라지만, 공감해 주다 보면 뒤처지는 일을 하는 것처럼 되고 마는 자본의 이동 관계는 오직 자본축적의 길만을 가는 것이 생의 궁극적인 이유가 되어, 의지 없는 자본이 생의 의지를 대신해 주는 것 같습니다.

　그러므로 생의 의지가 된 자본의 의지를 자신의 의지에서 배제하지 않고서는 불평등한 끈을 내려놓을 수 없습니다. 자본을 자석과 같다고 할 수 있는데 많은 자본을 소유한 이들이 자석을 운전하고 있으니, 젊은이의 영끌은 자신의 의지라기보다는 자석 운전자의 손짓을 자신의 의지라고 착각하는 몸짓이 아닌가 합니다(2021년 상반기 5대 시중은행의 이자 이익만 20조 원이 넘는다고 합니다). 내재화되어 있는 자석의 쏠림 현상과 외부에서 작동하는 자석의 코드가 갖고 있는 전제를 뒤집지 않고서는 서로의 처지를 공감하는 것만도 벅찬데, 그 행위로 보면 결코 공감되지 않는 사회현상이 폭포수처럼 흘러가고 있거든요. '노오력'만으로는 그곳에서 벗어나는 것이 가능할 것 같지도 않고, 쉽게 벗어나지 못하게 하는 유인책도 그럴듯하고요. 그러니 '이건 아니지'라는 생각만으로는 공감을 주고받기도, 그냥 좋아하기도 쉽지 않겠지요.

마음 내려놓기는 마음이라는 것을 내려놓는 것이 아닌 신체화된 마음의 네트워크를 바꾸는 일입니다. 그런데 특정 신호에 자석 끌리듯 끌려가게 되어 있는 마음 쏠림 현상이 자신의 삶을 되돌아보는 것만으로 전향될 것이라고 보는 것은, 자신의 자석이 갖고 있는 힘의 세기를 과대평가한 것과 같다는 생각이 들기도 할 것입니다.

그렇다고 해도 시작은 자신의 해석기반을 되돌아보는 것부터 해야 합니다. 외부의 자석에 끌려가지 않기 위해서는 끌림의 방향을 내부로 돌려야만 하거든요. 누군가가 아무 이유 없이 공감해 주고 좋아해 주기를 바랐듯이 스스로 자신이 살아온 역사를 있는 그대로 품에 안는 훈련입니다. 이와 같은 훈련에서도 중요한 것은 건강한 식사를 하는 것입니다. 특히 채소를 많이 섭취하는 것이 중요합니다. 그 이유는 우리 몸에 있는 약 1,000조 개 정도라고 알려진 미생물의 먹이가 채소이기 때문인데, 미생물은 우리 몸과의 공생체이면서도 그들의 기분 상태가 우리의 기분에도 지대한 영향을 미치기 때문입니다.

마음이 아프다는 것은 몸의 부조화가 커졌거나 사회적 불평등이 심화된 결과입니다. 마음이라는 무형의 요소가 아픈 것이 아니라 작게는 자신의 생태계, 크게는 사회적 생태계가 아픔으로 나타날 수밖에 없는 상황에 이르렀다는 것이지요. 그렇게된 상황에서 보면 '무엇을 위해 그렇게 살았는지 모르겠어'라는 자조 섞인 말밖에 할 수 없게 되는 경우가 흔합니다. 평정한 삶을 살기 위한 노력이 늘 부족한 노오력이 되어 가열차게 노오오력하게 했으나, 기울여 온 노~~~력만큼 역으로 아파하는 마음이 개인적으로나 사회적으로 커져 왔으니 그럴 만도 합니다. '분노하라'는 말이 새삼스럽게 크게 다가오는 시대며, MZ세대로 보면 윗세대보다는 조금씩이나마 제 목소리를 낼 수 있는 시대를 만들어 가고 있다고 할 수 있는 것도, 의식 또는 무의식적으로 생의 의지를 달리해야만 된다는 의지가 작동하고 있는 것이 아닌가 여겨집니다.

이것은 자신의 삶이 부족한 것 같다고 여기는 그 마음을 보게 하는 의지입니다. 불평등은 부족하다는 마음 밭에서 자라고 있는 생물과 같습니다. 한번 부족하다고 여기는 마음이 마음 밭에 자리를 잡게 되면 어제까지도 괜찮았던 삶이 갑자기 부족한 삶이 될 수 있고, 그 부족한 부분을 채우고자 하는 의지가 평정한 삶을 흩뜨리기에 어떤 자석에 끌려가는지도 모르고, 기울이는 노력은 노력하는 만큼 아픈 삶을 만드니, 부족하다고 여기는 그 마음을 헤아려 보지 않고서는 결코 제 스스로를 품기가 쉽지 않게 됩니다. 내부가 만든 이미지의 세계를 알아차리게 하는 의지가 일을 하게 해야 합니다.

사건의 실상을 아는 일—되묻기

일어난 사건에 붙여진 이미지가 그 사건과 어떻게 관계 맺고 있으며, 사건 자체가 맺고 있는 관계망은 어떻게 작동하고 있는가를 아는 일이 먼저인 것 같지만, 해석의 실상은 이미지가 좌지우지합니다. 사건을 정의하는 일이 사건이 된다는 뜻입니다. 삶 또한 마찬가지입니다. 하여 내재된 정의의 틀을 살펴보지 않고서는 평정한 마음으로 사건을 보기가 어렵습니다.

그러기 위해서는 이미 가진 전제를 깨뜨리고 보는 관점 이동이 중요합니다. 죽음이라는 사건을 그려볼 수 있는 인간은 미리 맞이하는 불안이라는 마음현상을 덤으로 얻었지만, 죽음이라는 이미지를 통해 삶에 대한 관점을 다양하게 설정해 왔다고 할 수도 있습니다. 그렇게 되기까지는 진화를 통해 의식작용이라는 사건이 생겨났기에 가능했습니다. '마음이 모든 것을 만든다'라는 말처럼 사건은 해석되면서 특수한 사건이 되어 생의 단면을 읽어 내는 정보로서 가치를 갖게 됩니다. 그리고 그렇게 기억된 정보는 미래를 그리는 초석의 역할을 하게 됩니다. 이 말은 기억된 정보가 전부는 아니지만 무슨 정보를 기억할 것인가가 미래의 나를 만들어 낸다 해도 과언이 아니라는 말과 같습니다.

여러 사건들의 패턴을 기억하고 그것으로 미래를 그려볼 수 있는 생각길이 생겨나면서 가능해진 일입니다. 허나 기억된 패턴과 다른 양상이 펼쳐지게 되면 불안이라는 심리현상의 패턴망도 강화된다고 하니, 일어나고 사라지는 사건의 우연성만큼이나 불안도 증가하게 될 수밖에 없었겠지요. 이 사실은 불안이라는 심리현상을 어떻게 바라볼 것인가를 되묻게 합니다. 되묻는 것이야말로 사건의 실상을 있는 그대로 관찰하게 할 뿐 아니라 사건의 발생 배경을 알게 할 것입니다. 바른 학습을 통한 사건 이해와, 바른 이해를 바탕으로 이미 갖고 있는 심리 패턴을 조율하는 사유수행이 동반될 때 관점 이동이 보다 수월해질 것이기 때문입니다. 수월해졌다는 것은 그만큼의 수행력이 몸에 익은 것과 같습니다. 이는 내재한 인지의 패턴망이 변한 것이라고 할 수 있으며, 어떤 의미에선 집착하지 않고서 사건을 볼 수 있는 내부의 눈이 생긴 것과 같다고 할 수 있습니다. 하여 이와 같은 변화를 지혜의 눈이 생겼다고 이야기하기도 합니다.

지혜의 눈을 갖게 됐다는 것은, 해석되는 이미지가 생겨나고 해체되는 심리현상을 직접적으로 관찰하게 되면서 사건·사물의 생성과 흐름이 상호의존적이라는 것을 체화했다는 것입니다. 그렇게 되기까지는 상호의존적인 인연망에서 발생하는 사건을 존재로서 사물화하는 언어 분별을 넘어선 체험이 있었을 것이고, 그와 같은 체험을 통해 사건·사물이 특정한 상태로 존재하기를 원하는 마음을 만드는 생각길의 네트워크가 해체되는 사건이 있었기 때문이라고 하겠습니다. 이 사건을 크고 작은 깨달음이라고 할 수 있습니다.

자신과 가족, 그리고 가까운 이들을 보는 관점을 새롭게 정립할 수 있는 사건입니다. 이와 같은 사건을 경험해야 번뇌를 만드는 집착으로부터 벗어나 해탈의 삶을 살 수 있기 때문에 불교에서는 세 가지 지혜(공·무상·무원)를 체험하고 신체화하는 팔정도 수행을 강조합니다.

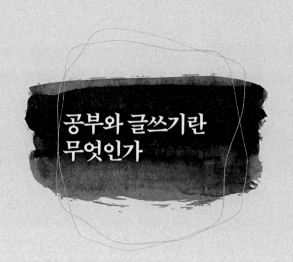

공부와 글쓰기란
무엇인가

같음과 다름을 새롭게 보는 눈

불교에서의 공부와 글쓰기는 자신과 타인을 온전히 존중하는 마음의 역량을 기르고, 그런 과정에서 경험하게 되는 사건들을 있는 그대로 이야기하는 것이라고 할 수 있습니다. 그러기 위해서는 있는 그대로의 자신을 보는 훈련이 필요합니다. 있는 그대로의 자기는 무엇이 된 자기가 아닙니다. 현실적으로는 무엇이 됐다는 것은 무엇을 소유했는가를 묻는 것과 다름이 없으며, 이는 필연적으로 자신이 어떤 상품인가를 증명하는 일이 됩니다. 익혀 온 것에 따라 할 수 있는 일의 성격이 다르므로 그것으로 그 사람의 존재를 규정해서는 안 되지만, 실제로는 그렇게 하는 것이 정답인 양 상품화된 존재양식으로 사람들을 줄 세우니, 줄 밖에서 살기도 만만치 않습니다.

사실 사람이라는, 더 나아가 생명이라는 존재를 상품으로 여기는 순간 세상 모든 것들은 돈 되는 것이냐 아니냐라는 분류 속에 들어갈 것이니, 돈 안 되는 상품으로서의 사람을 대하는 갑의 태도에 시비를 거는 것조차 시대에 뒤떨어진 일이 되는 듯합니다. 여기저기서 그런 일이 일어나고 있잖아요. 사람도 이럴진대 다른 것은 더 말할 필요조차 없겠지요. 집이 존재의 등급을 규정하고 있는 것과 같은 현실만큼 적나라한 증거가 있을까요? 오늘날의 젊은이들을 다포세대라고 부르며, 결혼을 했더라도 자식만은 낳지 말자는 무의식적인 사회적 동의는 작년 한 해의 출산율이 증명하고 있습니다. 여기저기서 급성장한 나라의 본으로 한국을 들고 있는 것 같지만, 내 자식에게는 물려주고 싶지 않은 현실은 몇 가지의 상품만이 제값을 받고 있는 것 같은 존재적 아픔에 기인한 것은 아닐까요?

저마다의 생각이 하나의 우주가 된다는 이야기는 뇌과학자의 푸념처럼 들리지만, 미국의 한 대학에서 일어났던 사건을 보면, '잘 팔리는 상품이 되세요'라는 생각의 창, 곧 특정한 우주만이 존중받는다는 생각의 창에 균열을 내야만 한다는 이야기를 듣는 것 같습니다. 한계를 갖지만 동시에 새로운 이미지를 만들면서 한계를 돌파하고 있는 언어의 흐름과 일맥상통한 이야기입니다. 무슨 이야기인가 하면 미국의 어느 대학 시험시간에 한 학생이 옆 학생의 답을 컨닝해서 쓴 답안지를 제출한 사건이 있었는데, 대학 당국에서는 컨닝한 학생보다는 컨닝해도 되는 시험문제를 낸 교수에게 패널티를 줬다는 이야기입니다. 아마 그 시험은 각자의 삶이 묻어나는 이야기를 써야 되는 문제였던 것 같습니다. 그런 문제라면 결코 답을 베껴 쓸 수 없어야 하는데 베껴 써도 답이 되는 문제를 냈으니 교수에게 벌점을 줄 수밖에 없었겠지요. 이는 언어라는 도구로서 자신의 경험을 표현하고 있기는 하지만, 그 속에서도 각자의 세계가 갖는 색깔이 달리 드러날 수밖에 없다는 것을 강하게 보여 준 사건이 아닌가 합니다.

우주의 언어라는 수학, 곧 우주의 패턴을 설명하는 수학 방정식으로 보면 물리학자마다 같은 언어를 사용한다고 할 수 있겠지만, 그러한 방정식 또한 인간의 마음이 이해한 패턴을 수학이라는 언어로 이미지화한 것이라고 볼 수 있으며, 궁극에는 마음에 대한 방정식이 등장할지도 모르겠습니다(몸과 마음이 다른 실체를 갖는 것이 아니기 때문에 몸에 대한 물리화학 방정식이 마음을 이해하는 수단이 될 수도 있다는 뜻입니다). 물리학자들이 꿈꾸는 대통일이론이 완성된다면, 하나의 방정식으로 우주의 모든 사건들을 설명할지는 모르지만, 실제로는 사건마다 다른 모습으로 방정식의 해를 풀어낸 것이라고 할 수 있듯, 각자의 마음이 풀이한 해가 자신의 우주상이 될 수밖에 없다는 것입니다. 마음 방정식으로 보면 같겠지만 마음이 이해하고 쓰고 있는 패턴 융합으로 보면 같다고 할 수 없거든요. 이것이 뜻하는 것은 마음이라는 언어상이 각자의 마음을 가리키고 있는 것이 사실이라고 해도, 실제로는 각자의 마음이 풀어내고 있는 세계 그 자체만이 마음 방정식이 풀어낸 마음이라는 뜻입니다. 이와 같은 관점에서 보면 같음과 다름이 무엇인가를 다시 물어야 하지 않을까요. 온전히 같지도 않지만 온전히 다르지도 않는 세계상이 사람마다 만들어 내고 있는 세계상이면서 각자가 만나고 있는 세계상이니, 같으면서 다르다는 것으로 보면 다른 패턴이라고 해서 다른 것만도 아니고, 다르면서 같다는 것으로 보면 같은 패턴이라고 해도 결코 같을 수 없거든요.

맥락을 이해하기

앞서 말씀드렸듯이 불교에서 이야기하는 공부(쿵후)는 사유의 유연성을 체화하여 특정 이미지로 자신을 규정하지 않는 마음을 뜻대로 쓰는 것이라고 할 수 있는데, 그래야만 있는 그대로의 자기를 존중할 수 있거든요. 어떤 사건이든 인연 따라 유동하면서 변해 가고 있으므로, 규정하는 순간부터 규정된 이미지와 멀어지기 시작하는 것과 같은 것이 사건의 실상이기 때문입니다. 그렇기에 여러 가지 공부가 공부라는 이름으로 보면 같은 것 같지만 신체화되어 있는 작용의 강도로 보면 같을 수 없으며, 공부의 내용을 보아도 다를 수밖에 없으니 유동하는 사건들을 언어쓰임의 맥락을 통해 이해하게 하는 문법을 익히는 공부가 중요하게 됩니다. 문법은 패턴들을 이어주는 방정식입니다.

수학의 방정식과도 일맥상통합니다. 여기에 대해서는 (고등학교 때 익혔던) 수학 방정식이 만들어지는 원리와 내용을 다시 숙지한 연후에 취업을 한 사람을 예로 들 수 있을 것 같습니다(이 이야기를 일반화할 수는 없지만 삶과 지식의 내용을 언어화하는 데서 보면 일리가 있다고 생각합니다). 그 사람이 그렇게 했던 것은 대학을 졸업하고 여러 기업의 취직 시험을 봤지만 다 떨어지고 나서 조언을 구하고자 졸업한 대학의 교수님을 찾아갔는데, 제자의 전후사정을 다 들은 교수님께서 고등학교 때 배운 수학을 다시 공부해 보는 것이 도움이 될 것이라고 이야기를 했기 때문입니다. 내용이 좋다고 해도 그것을 꿰는 줄이 매끄럽지 못하면 빛을 발하기 어렵다는 것을 이야기해 주고 있는 일화라고 하겠습니다.

제 생각에도 수학은 문제풀이라기보다는 사건에 대한 논리적 이해를 수학이라는 언어로 정리해 가는 사유방법이라고 여겨집니다. 하나의 개념을 기억하는 데 그치는 것이 아니라 개념의 탄생과 개념들끼리의 연결성에 대한 합리적 사고 과정에 대한 정리가 수학이라는 것이지요. 이 또한 뇌의 세계 이해 방식과 동일합니다. 그저 보고 받아들이는 것이 아니라 사건들의 인과성과 관계망을 알아차리면서 인식의 패턴망을 만들어가는 것이 우리들의 인지시스템이라고 할 수 있기 때문입니다. 그렇기에 사건에 대한 기억도 중요하지만, 곧 분절화된 사건들을 기억하는 것도 중요하지만 사건들끼리의 관계성을 통찰하는 것이 훨씬 더 중요합니다. 하나의 정보가 유의미한 것이 되기 위해서는 관계가 만들어 내는 맥락 속에 있어야 하기 때문이며, 맥락에 따라 의미가 변해 가면서 다양한 세계상이 만들어지는 양상이 마치 방정식이라는 형식을 사용하는 것과 같다고 할 수 있기 때문입니다.

해서 취직시험을 상의하러 왔던 제자에게 수학 공부를 다시 해보는 것이 어떻겠느냐는 제안은 배운 지식을 자신의 삶과 연계시키면서 삶에 대한 새로운 통찰력을 기르게 한 것이었다고 할 수 있으며, 컨닝이 필요 없는 시험 문항이어야 답 속에 개인의 통찰력이 드러날 수 있다는 것이겠지요. 이것이 뜻하는 것은 기억도 중요하지만 기억된 정보들을 유의미하게 읽어낼 수 있는 경험학습을 바탕으로 하는 통찰력이 중요하다는 것을 보여 준 것이라고 할 수 있습니다. 홀로 선 듯한 삶, 경쟁으로 치닫는 삶, 도태되는 것이 개인만의 책임인 양 여기는 삶의 양상이 결코 삶의 실상이 아니라는 것을 명징하게 알게 하는 사유 방정식이 필요하다고 하겠습니다.

업이 곧 나다

유전자의 발현 양상도 그와 같습니다. 특정 유전자가 고유한 생명정보, 곧 특정 단백질을 만들라는 정보인 것은 사실이라고 하더라도 어떤 정보를 발현할 것인가는 주변 상황과 맞물려 있으며, 어떤 경우에는 유전자의 자리 이동이 일어나면서 이전과 다른 양상으로 유전정보가 표현되거나 표현되게 하는 사실도 연대하고 있는 분절된 정보가 맥락에 따라 표현이 다를 수 있다는 것을 보여 주거든요. 예를 들면 뇌세포나 간세포 등이 따로 있는 것이 아니라 하나의 수정란이 커 가면서 맥락에 따라 특정 유전자를 켜거나 끄는 과정을 통해 최종적으로 뇌세포나 간세포 등이 된 것을 들 수 있으며, Y염색체상에 있는 유전자 가운데 임신 6~7주가 되면 켜지는 '남성호르몬을 방출하세요'라는 정보(SDR)가 있는데, 드물기는 하지만 이 정보가 X염색체로 이동된 경우에는 XX인 수정란이라고 하더라도 남성호르몬이 방출되면서 남성의 신체적 특성이 드러나게 되는 것을 들 수 있습니다. 이것이 뜻하는 것은 SDR 정보가 일을 하기 전까지의 XY는 그 자체만으로 반드시 남성으로 커 가게 결정되어 있다고 말하기 어렵다는 것입니다(SDR유전자가 없는 XY는 여성의 신체적 특성이 드러나게 된다고 합니다).

생명활동을 하는 정보가 중요하다는 것은 두말할 필요가 없겠지요. 그렇지만 작동방식을 보면 생물 분자의 상호작용 등을 통해 물질분자가 생명정보가 되기도 하고, 정보의 작용양상에 따라 물리활동 양상이 달라지기도 하는 것을 보면, 생명활동의 방정식조차도 정보가 작용하고 있는 생태계까지를 염두에 두고 있다고 할 수 있습니다. 이 사실이 들려주는 이야기는(너무나 당연한 이야기입니다만) 개체 진화가 생태계의 진화와 맞물려 있으니 맥락을 꿰뚫어 아는 통찰력이 보다 중요하다는 것이 겠지요. 불교에서는 이와 같은 생명활동의 관계성을 연기법이라 했으며, 연기법이 가능한 이유는 하나하나의 사건들이 내적 원인이라고 할 수 있는 실체에 의해서 발현되는 것이 아니라, 관계망의 떨림과 상응해서 변해 갈 수 있는 무아무상성이 낱낱 사건의 실상이기 때문이라고 말하고 있습니다. 용수 스님은 이를 공성(空性)이라고 했으며, 반야경 계통의 경전에서는 이를 무자성(無自性)이라고 했습니다. 개체가 변치 않는 개체만의 본성을 갖고 있지 않다는 뜻입니다.

이것에 대한 예로서는 다 큰 수컷 쥐가 암컷으로 변할 수도 있고 그 반대도 성립된다는 것을 들 수 있습니다. 암컷으로서의 성을 결정하는 데 중요한 역할을 하고 있는 FoxI2라는 유전자가 있는데, 다 큰 암컷 쥐에서 이 유전자를 제거하면 그 순간부터 수컷으로 변해 가고, 수컷 쥐에서 SDR이라는 유전자를 제거하면 그 순간부터 암컷으로 변해 간다는 것입니다. 보다 근본적인 것은 생명의 진화라고 하겠습니다. 변치 않는 종으로서의 본성이 있다고 하면 진화라는 말 자체가 성립될 수 없거든요. 유전자가 생명 진화의 방정식을 풀어가는 중심축이라고 해도 상속하는 과정 등에서 일어나는 유전정보의 변이와 생명체끼리 수평적으로 주고받았던 정보에 의해서 어제까지 없었던 새로운 종이 탄생하기도 하고, 드물기는 하지만 살아가는 과정에서 받게 된 요인으로(예를 들면 피폭 등) 활성화된 정보가 후손에게 전해지는 후성유전을 보면, 변하면서 되어 가는 사건들의 연속이 생명흐름일 수밖에 없으니, 처음부터 특정 종으로 살아가게 하는 고정된 실체를 갖는다는 것 자체가 허구에 지나지 않는다는 말입니다.

그러므로 '나는 누구(무엇)인가?'라는 물음에서 불변의 주체로서의 '나'를 상정하고 그것을 찾는다는 일은 실패할 수밖에 없습니다. 하나하나의 행위양상이 그 순간의 자신을 규정하기 때문입니다. 하여 부처님께서도 "업이 자신이다"라고 말씀하셨겠지요. 업이란 활동하고 있는 동사적 상황으로, 숙련된 동사적 반응양상에 따라 자신의 현재를 규정하는 자기인식의 알고리즘이라고 말할 수 있거든요. 선종에서 학습보다 참선을 통해 지혜의 눈을 갖추어야 하는 것을 강조하는 까닭도 여기에 있습니다. 지혜를 숙련하는 방법 가운데 하나가 학습이기에 학습의 중요성은 더 말할 필요조차 없겠지만, 참선을 통해 체험하게 되는 새로운 경험은 내부화되어 있는 인지의 알고리즘을 다른 양상으로 조율하는 것과 같다고 할 수 있거든요.

마음이면서 몸인 몸과 마음

참선을 하다 보면 이전까지 경험하지 못했던 지각현상을 경험하곤 합니다. 예를 들면, 시공간이 달리 보이고 들리지 않던 소리가 들리는 것들뿐만 아니라(이는 수용된 감각자료에 대해 이전과 다른 해석을 했다고 할 수 있습니다), 마음이 만들어 낸 빛의 이미지를 보는 것 등입니다. 이와 같은 경험은 보고 듣는다는 것이 무엇인지 묻게 합니다. 익숙한 인지의 알고리즘에 구멍을 뚫는 일입니다. 있는 그대로의 세상을 보는 줄 알았는데 심리상태의 변화만으로도 세상이 달리 보인다는 것은 공부의 방향을 어떻게 설정해야 하는지를 고민할 수밖에 없게 합니다. 그렇기는 해도 그와 같은 경험을 했다고 해서 강력하게 내부화되어 있는 해석시스템이 쉽게 바뀌는 것은 아닙니다. 태어나자마자 이미

배웠던 것처럼 작용하고 있는 인지의 알고리즘이 있기에 덜 헤매고 살아갈 수 있다고 하며, 후천적으로 이루어지는 학습을 통해서 그와 같은 해석체계가 강화되거나 바뀐다고는 해도, 한 번 배선된 신경망이 갖고 있는 편의성을 넘어서기가 쉽지 않다는 것을 날마다 경험하지 않습니까? 약 3만 년 동안 사람의 뇌에 유의미한 유전적 변이가 일어나지 않았다는 사실도 한몫하고 있겠지요.

업을 정의하면서 앞으로 무엇이 되거나 무슨 일을 하게 하는 근본 원인으로 생각하는 경우가 많은데, 업은 그것이 아닙니다. 신경망의 배선에 따라 특정 패턴들이 만들어지고, 만들어진 패턴들을 통해(문자의 자모음이 모여 글을 만들 듯) 수용된 감각 자료를 해석하는 인지시스템의 알고리즘을 업이라고 할 수 있거든요. 패턴은 태어나면서 만들어진 것들도 있고, 학습을 통해 만들어지기도 하고, 신경세포가 랜덤으로 만들기도 하는데, 이 또한 고정된 것은 아니라고 합니다. 그렇지만 한번 만들어진 패턴망을 보호하고 지키고자 하는 일 또한 신경망이 하는 듯합니다(그래서인지 어떤 학자는 "뇌는 게으르다"라고 이야기합니다). 일어나고 사라지는 사건의 흐름을 예측하기 위해 에너지 소비를 줄이고자 하는 고육책이라고 할 수도 있겠지요. 그래야 덜 불안하게 된다는 것입니다. 마술처럼 예측된 양상으로 사건이

전개되지 않는 것에 더 주의를 기울이는 까닭도 여기에 있습니다. 그리고 그런 사건들이 마술이라고 이해되어야 안심하게 되기도 합니다. 이 말은 익숙한 세계 이해 방식이 틀리지 않았다는 것을 알아야 마음이 편안해진다는 것을 알려 줍니다.

부모가 자식 걱정하는 내용도 이와 같습니다. 자녀들의 동선이 자신들이 경험했던 것을 바탕으로 만들어진 패턴과 다른 양상으로 전개되면 불편해질 수밖에 없다는 것입니다. 이와 같은 마음작용은 과거를 기억하고 미래를 상상하게 된 이후부터라고 합니다. 의식적으로 사건의 흐름을 상상하게 된 역량이 생기고 난 이후부터는 부딪치는 사건의 패턴을 파악할 수 있게 되었고, 그 결과 사건과 마주치지 않는 경우라도 기억정보만을 가지고 사건의 흐름을 엮어 낼 수 있게 됐거든요. 그리고 그렇게 읽혀진 세계 경험은 전반적으로 보면 긍정적인 사건과 부정적인 사건이 반반일지라도 부정적인 사건에 대한 기억강도가 높았으므로(그래야 살아날 확률이 높았다고 합니다), 어떤 사건에 대해 한 번 부정적인 관점이 자리 잡게 되면 다음부터는 그와 유사한 사건을 긍정적으로 보기는 어렵게 됩니다. 일어나고 사라지는 사건들은 그냥 그렇게 일어나고 사라진다고 해도(특별한 의미나 목적이 없다고 해도) 특정 사건과 연계된 경험을 바탕으로 사건들을 해석하는 의미체계와 일반상이 만들어지고 나면(이렇게 만들어진 심리현상 그 자체로만 보면 마음이 만들어 낸 이미지에 근거하고 있으므로), 상상과 현실의 구분이 생각처럼 쉽게 되지 않는다는 뜻입니다. 지각시스템이 이렇다 보니 마음 챙김 수행으로 신심의 조건이 변하게 되면, 변한 조건에 따라 이제까지 경험하지 못한 지각 이미지와 현상들을 경험하기도 하는데, 이러한 경험은 마음이라는 무형의 어떤 것이 실재하고, 그것이 주체적으로 내부이미지를 만들고 있는 것이 아니라는 것을 알게 합니다.

　　마음, 곧 의식 또는 무의식의 작용양상은 생물 물질을 이루고 있는 물질분자들이 수행하고 있는 지성활동의 결과라고 할 수 있습니다. 지성체가 물질과는 다른 실체로 존재하면서 지성활동을 하는 것이 아니라 생물 물질의 작용 그 자체가 무의식이며 마음이라는 뜻입니다. 지성 작용의 원리가 그렇다 보니 수행은 수용된 정보를 해석하는 패턴을 의지적으로 조율하는 힘을 기르는 것이라고 할 수 있습니다. 하여 '행을 닦는다'[修行]는 뜻이 마음을 닦는 일이면서 동시에 닦여진 사유 패턴을 신체화하는 일이 됩니다. 하나인 몸과 마음은 작용 양상에 따라 몸 또는 마음으로 이름할 수는 있지만 몸만으로서의 몸과 그와 상대하는 마음만으로서의 마음은 없기 때문입니다. 몸이면서 마음이며 마음이면서 몸입니다. 이 상태를 조건과 상응하여 변해 가는 몸과 마음이라는 뜻으로 보면 무상하다고 할 수 있고, 변화를 주체적으로 만들어 가는 실체가 없다는 뜻으로 보면 무아라고 할 수 있습니다.

삶은 변해 가는 사건들의 흐름

삶은 실체가 변해 가는 것이 아닙니다. 변해 가는 사건 하나하나가 순간을 살아가는 유일한 삶의 모습입니다. 사건의 안팎에 사건을 주재하는 실체는 없습니다. 선정상태에서 경험하게 되는 다양한 사건들이 이를 증명합니다. 불변의 실재는 상상으로는 존재하는 듯하지만 그것은 허구 가운데 허구에 지나지 않습니다. 허구인 줄 알게 되는 것은, 다양한 이미지가 생성되고 소멸되는 듯 작용하고 있는 마음 밭을 의지적으로 여행할 수 있게 되면 특정 이미지에 집착하면서 살고 있는 알고리즘이 바뀌게 되고, 그 자리에 집착 없는 무위의 해탈을 이끌어 내는 배선이 새로 깔리기 때문이라고 할 수 있습니다. 이전에는 이와 같은 경험은 형성력을 닦는 수행자들이나 예기치 않게 신경망의 배선이 달라진 사람들에게서만 일어났었는데, 지금은 뇌연구소에서 강자기 자극법 등으로 뇌의 작용 스위치를 조율하는 것만으로도 이런 일들을 경험할 수 있게 됐습니다. 예를 들면 유체이탈이나 귀신체험 등이 뇌의 스위치를 조율하는 것만으로도 가능하게 됐다는 것입니다. 현재의 연구 성과로만 보아도 구름 같은 이야기가 지상으로 내려온 것과 같으며, 가위 눌린 현상 등을 조율하는 일도 가능할 것 같습니다,

가위 눌린다는 것은 의식은 깨어났으나 운동 영역의 스위치가 켜지지 않는 상태입니다. 세포 공동체라고 할 수 있는 우리 몸은 세포끼리 주고받는 신호를 통해 수용된 정보를 해석하면서 공동체를 운용하는데, 가위 눌리는 경우와 같이 이전과 다른 상태가 나타나면 그것에 대해 나름 합리적인 해석을 합니다. 귀신이 나타나서 운동을 하지 못하게 한다는 식으로 해석한다는 것이지요. 무의식은 나름대로 그럴듯한 해석을 했다고 여기겠지만 실상과는 거리가 멉니다. 이 경우만 보아도 우리의 뇌에서 세계 해석이 어떻게 일어나고 있는지를 엿보게 합니다.

감각기관이 수용한 각종 정보는 무의식적인 처리과정을 거쳐 의식되는 이미지로 전환된 연후에야 의식적으로 안다는 사실이 발생하고 그에 따른 후속 조치가 일어난다는 것입니다. 전혀 경험하지 못한 일이 발생할 경우에도 마찬가지이지만, 급박한 경우에는 그 일을 해석하기 위해 경험기억을 한꺼번에 꺼내기도 합니다. 예를 들면, 높은 배의 갑판에서 바다로 떨어지

는 경우 등 아주 짧은 시간 안에 이전의 경험기억이 다 드러난 것과 같은 체험을 하게 되는 것 등입니다. 뇌가 그렇게 하는 것은 너무나 급박한 상황인데 적절한 후속조치를 할 수 없기에, 가능한 한 많은 기억정보를 꺼내 지금 일어난 사건을 해석하기 위해서라고 합니다. 그렇다 보니 불과 몇 초에 지나지 않는 시간이 엄청 오랜 시간처럼 느껴집니다. 이 일은 어른의 시간 흐름과 아이의 시간 흐름이 다른 느낌으로 다가오는 것과도 같습니다. 어른의 시간 흐름 속에 나타나는 사건들은 대부분 이미 예측된 정보와 같아 시간이 한꺼번에 쓱 하고 지나가는 데 반해, 아이에게는 마주치는 사건마다 새로운 사건과 같아 처리해야 할, 곧 해석해야 할 정보의 양이 많아지면서 하루가 느리게 가는 것과 같다는 것이지요.

물론 시간 그 자체가 독립 변수가 아니라 공간과 얽혀 있기에 공간의 양상에 따라 시간 흐름이 다른 것처럼 심리 상태에 따라 다른 시간을 산다는 것이 이상하지는 않습니다. 그렇지만 사유된 시간에 대한 새로운 관점은 시간 흐름의 다름에 대한 직접적인 체험이라고 할 수 있는 선정의식을 경험한 이후라고 할 수 있습니다.

번뇌와 해탈의 갈림길

선정의식 상태가 됐다는 것은 이전과 다른 세계 해석 체계가 움직이기 시작했다는 것과 같습니다. 이는 마음 기능 가운데 하나인 형성력의 작용양상이 달라지면서 일어나는 현상이라고 할 수 있습니다.

형성력은 생각하고 말하고 행동하는 의지작용을 뜻하는데, 불교에서는 이를 행(行)이라고 합니다. 그러므로 마음챙김을 통한 수행(修行), 곧 행(行)을 닦는다는 것[修]은 수용된 정보를 해석하기 위해 무의식적으로 기억의 자모음을 조합해 의식되는 이미지를 만드는 신경패턴망의 배선을 정비하거나 새롭게 만드는 일이 됩니다. 그렇기에 의지적으로 마음챙김을 한다는 것은 세계 해석에 대한 정보창을 새롭게 형성하는 일이 됩니다. 세계를 새롭게 해석하는 정보창이 생겼다는 것은 하나의 세계가 새롭게 탄생되는 것과 같으며, 이 일이 익어지면 가지고 있는 해석 내용에 집착하는 일도 줄어들게 됩니다. 해서 부처님께서는 팔정도 수행으로 집착을 여의게 되면 해탈의 삶이 생겨난다고 하셨겠지요.

앎의 실상이 이렇다 보니, 곧 무상한 변화와 상응하지 못한 정보에 집착하고 있는 상황과 집착을 내려놓고 인연의 변화와 상응한 해석체계를 신체화하는 일이 인지시스템으로 보면 다를 것이 없다 보니, 특정 기억정보와 예상정보를 고집하고 있는가와 그렇지 않는가에 따라 무위적으로 번뇌를 만드는 삶과 해탈을 만드는 삶이 갈린다고 하겠습니다. 의식적인 앎이거나 무의식적인 앎이거나 앎의 실상을 보면 모든 생명체가 그 나름대로 자신의 세계상을 만들어 살고 있는 것과 같거든요. 하여 다른 생명체들의 세계상을 공감해 주는 것도 중요하지만 공감할 수 없는 사건일지라도 그것을 존중하는 생각길을 만드는 일이 생명공동체를 살아가는 태도라고 할 수 있습니다. 이 일은 '나는 왜 이런지 모르겠어'라는 일조차 '반드시 이래야 됐어'라는 것을 배경으로 판단해서는 안 되는 경우가 많다는 것을 이야기합니다.

사건에 대한 판단과 실행에서 전 찰나의 조건이 다음 찰나의 판단과 실천을 규정하는 경우가 많기 때문이며, 빨강이라고 해석된 색상조차 사람마다 동일할 수 없다는 사실을 전제하고 보면, 다른 사람은 말할 필요조차 없고 자신조차도 익숙한 기억정보로만 판단하려 해서는 자신을 있는 그대로 보기가 어렵게 된다는 것입니다.

공감과 존중의 영토를 확장하기

판단이라는 마음활동이 '인식주체인 듯한 마음'이 하는 일처럼 보여도, 실제로는 판단이 일어나기 전의 조건인 기억의 자모음이 만드는 패턴 연결에 의해 불쑥 그와 같은 판단이 이루어진다고 할 수도 있습니다. 더구나 그 가운데는 광고와 같이 '생각 없이 받아들이는 것이 정답이야'라고 이야기하는 것도 있으니, 내려놓고 지켜보는 수행이야말로 공감과 존중의 영토를 확장하는 일이면서 판단의 근거를 바르게 설정하는 일이 됩니다. 마음 집중이 깊어지는 경우에는 뇌에서 판단과 실행을 하는 부위의 스위치가 잠시 꺼지면서 다른 세계에 사는 듯한 자신을 경험하기도 하는데, 이와 같은 경험은 세상을 보는 방향을 전환하는 근거가 되기도 합니다. 선정의식이라는 특수한 의식상태를 경험하는 것은 '가서 보는 것'과 같기 때문이며, 이를 통해서 지혜로운 판단이 생겨나기 때문입니다. 그렇다고 해도 학습은 여전히 관점 이동을 하기 위한 방법 가운데 중요한 요소입니다.

학습에 대한 예로서는, 며칠 전 신문 기사에 난 이야기인데, 그 기사에 의하면 '트랜스젠더라는 말 자체가 성립되지 않는다'고 하면서, 그 이유로 '트랜스젠더라고 불리는 분들은 어릴 때부터 어른이 될 때까지 성적 지향성이 트랜스(전환)된 적이 없기 때문이다'라는 이야기를 들 수 있을 것 같습니다. 이 기사를 읽기(학습) 전까지 저는 트랜스젠더라는 말이 맞는 말인 줄 알았거든요. 돌이켜 보면, 그분들이 지향하고 있는 성에 대한 심리현상 등이 그분의 세계이듯, 각자가 살아가고 있는 세계는 각자의 고유세계라고 할 수 있는데, 밖으로 드러난 사건만을 가지고 판단하는 것은 사실에 기반하지 못한 판단일 확률이 높은 것 같습니다. 하여 '셀 수 없는 성'이라는 제목을 단 책도 나왔겠지요. 더 나아가 일반적인 것이 특수한 것이 되기도 하며, 특수한 것이 일반적인 것이 되기도 하니, 처음부터 다수가 그리는 이미지만이 사건의 실상을 가리킨다고 이야기하기에는 무리가 따를 수밖에 없다고 하겠습니다. 생물의 진화를 보더라도 그런 것 같습니다. 유전자 하나하나가 고유한 역할을 하면서도 관계망의 변화에 따라 다른 그림을 그릴 수도 있으며, 유전자의 변이로 새로운 종이 탄생하기도 하므로, 새로운 학습이 이루어지지 않는다고 하면 시대에 뒤진 판단근거를 짐처럼 지고 있는 모양새를 넘어서기가 어렵다는 것입니다.

예를 들어 정확히 몇만 년 전이라고 이야기하기는 어렵지만(어떤 책에서는 17만 년 전이라고 이야기하고 있습니다) 언어를 발생하는 유전자인 FoxP2에서 네안데르탈인과 다른 변이가 발생한 이후로 현생인류의 구강구조가 바뀌게 되면서 풍부한 자모음을 구사할 수 있게 됐고, 후손에게 살아가는 데 필요한 정보를 보다 정확하고 풍부하게 전할 수 있게 된 것을 들 수 있습니다. 그렇다고 해서 FoxP2를 이루고 있는 염기쌍이 획기적으로 변한 것도 아니라고 합니다. 수십만 개의 염기쌍 가운데 단 한 곳이 바뀌었다고 합니다(어떤 책에서 바뀐 것이 없다고 이야기하고 있습니다). 네안데르탈인의 게놈도 2010년경에 전부 밝혀졌기 때문에 비교할 수 있게 됐는데, 비교해 보면 FoxP2 유전정보의 염기쌍 가운데 아데닌(A)이 티민(T)으로 변한 곳이 한 군데 있고, 그 결과 네안데르탈인보다 현생인류의 입천장이 더 둥글게 되고 후두도 길어졌다는 것입니다. 이와 같은 신체의 변화가 언어 사용의 변화를 이끄는 데 그치지 않게 됐다는 것은 더이상 말할 필요조차 없다고 하겠습니다. 이는 항상하지 않다는 것이, 곧 무상하다는 것이 무엇을 말하는지를 돌아보게 하는 예라고 할 수 있습니다.

무상하다고 해도 언어마다 언어의 방정식이라고 할 수 있는 항상한 것과 같은 문법이 있습니다. 문법에 맞지 않는 말을 들으면 누구라도 이상하게 느끼지 않습니까. 언어의 규칙이 먼저 생겨난 것은 아니었겠지만 문법은 언어를 매개로 한 정보전달에서 의미 있는 맥락을 만드는 역할을 하는 것과 같거든요. 그렇기에 '언어와 언어의 규칙성'은 상징을 넘어서는 도구가 됐고, 그 도구를 잘 이용할 수 있게 된 현생인류는 복잡한 삶을 살아가는 데 다른 호모 족에 비해 유리했겠지요. 이 사실은 살아남은 현재의 인류가 증명하고 있습니다. 어느 의미에선 세포의 생존도 유전언어에 달려 있다고 하겠습니다. 예를 들면 수정란이 자궁(아들이라는 뜻을 매개로 하는 자궁이라는 단어보다는 수정란을 품고 있다는 뜻으로 포궁이라는 말을 쓰자는 분들도 있고, 수정이라는 뜻이 정자를 받아들였다는 의미이기에 이 단어보다는 다른 말을 쓰자는 분도 있습니다)에 착상하게 되면 엄마의 면역세포가 외부의 침입자라고 여겨서 공격할 수도 있는데, 수정란이 착상하게 되면 KDM5D라는 유전자가 특수한 분자(언어)를 발현해 '우리는 이제 한 식구야'라는 뜻을 전하게 되므로 공격받지 않게 되는 것을 들 수 있습니다.

수정란 가운데 XX보다는 XY가 공격의 대상이 되는 경우가 많으므로 KDM5D라는 분자 언어가 손상되면 남자 아이가 태어나지 않을 확률이 높아집니다. 하여 네안데르탈인이 지구상에서 사라지게 된 원인 가운데 하나로 무슨 까닭인지는 모르지만 KDM5D가 손상된 것을 이야기하는 학자도 있습니다. 이와 같은 예가 뜻하는 것은 한편으로 보면 결정된 것과 같은 물리와 생명의 방정식이지만, 방정식이 펼쳐내고 있는 다양성으로 보면 항상하지만 동일하지만도 않고 무상하지만 다르지만도 않은 것이 생명계가 풀어내고 있는 방정식의 해라고 할 수 있다는 것입니다.

힘 빼기의 중요성

방정식의 해가 이렇다 보니, 곧 다양하게 펼쳐지는 사건들과 접속하면서도 생명방정식과 어긋나지도 않아야 하니, 집착은 생명의 흐름과 어긋나는 해법이 되고 맙니다. 무상하기에 허망한 것이 아니라 집착이 허망을 불러온다는 뜻입니다.

　개인적인 경험이기는 합니다만 마음챙김에서 가장 중요한 것은 몸과 마음의 힘을 빼는 것이 아닌가 합니다. 힘이 들어간 상태는 긴장하고 있다는 것을 넘어 특정 언어 이미지에 집착하고 있는 것과 같은지 새로운 지각현상이 일어나지 않았는데, 몰입 상태가 아니었는데도 힘이 빠져 있는 경우는 몸이 깨어나면서 이전까지 경험하지 못한 현상이 발생하기도 했거든요. 힘이 빠진 상태가 집착하는 마음을 내려놓은 상태가 되었던 듯합니다. 그런 상태에서 경험한 예 가운데 하나가 눈을 감고 있는 상태에서 나타나는 특이 현상이었습니다. 먼저 감은 눈 앞에 나타나는 스크린의 색조가 구름 한 점 없는 짙푸른 하늘색으로 변하기도 하고 황금색이나 보라색으로 변하기도 했습니다. 그리고 짙푸른 하늘 한가운데 둥그런 보름달이 떠오르기도 했으며, 보름달이 다시 반짝이는 별들로 변했다가 그 별들이 무지개 색조를 띠면서 반짝거리다가 사라지기도 했습니다.

이런 일들은 보인다는 것이 무엇인지를 되묻게 했습니다. 이와 같은 체험은 있는 것을 보는 것이 아니라 그렇게 보이도록 만들어 놓은 자신의 마음 한쪽을 보는 것과 같거든요. 하여 선종에서는 보는 것도 마음이며 보이는 것도 마음이라고 이야기했겠지요. 그것 자체가 마음이라는 뜻이 아니라 그것이라고 해석되거나 그렇게 보여야만 그것이 된다는 뜻입니다. 이런 일은 익숙한 마음현상이라고 해서 '그것이 있는 그대로의 그것'이라기보다는 마음현상 그 자체만이 그 순간의 있는 그대로의 세계가 된다는 것을 이야기해 준 것과 같습니다.

현생인류의 인지방정식으로 보면 내일이 불안할 수밖에 없는데, 이는 내일을 어떤 해법으로 맞이할 것인가를 아무리 생각해 봐도 생각된 패턴대로의 내일이 나타날 것이라는 보장이 없기 때문이라고 할 수 있습니다. 이 또한 지금 여기의 자기이면서 매일 내일의 불안을 키워 가는 지금 여기의 자기입니다. 이것은 기억정보를 기반으로 '내일을 준비하는 것'과 '내일을 불안해하는 것'은 인지의 방정식을 풀 때 서로 다른 기억의 자모음을 사용하는 것과 같기 때문입니다. 기억의 자모음은 신경 네트워크가 만든 패턴의 기본요소라고 할 수 있습니다. 그러므로 패턴 연결이 달라진다는 것은 마음현상이 달라진다는 것과 같으며, 패턴 연결은 환경과의 상호작용 속에서 이루어지고 있으니 마음현상 하나하나가 그 순간의 세계상을 현상하는 것과 같다고 해도 지나친 말이 아닙니다.

내일이 된 오늘

내일을 기대하면서 '내일을 만드는 오늘'을 잘 살아내려는 오늘의 일이 실제로는 오늘을 힘들게 하는 것이 한두 번이 아닌데도, 늘 내일을 위해 오늘을 사는 것처럼 사는 허망한 오늘, 이것이 있는 그대로의 오늘일까요? 내일도 살아내기 위해서 오늘을 죽여야만 하는 일이 오늘을 잘 살았다고 이야기하는 것은 아닐까요? 이런 오늘은 온전한 오늘이 될 수 없는데도 불구하고 그것만이 오늘이 될 수밖에 없으니, 인류에게 일어난 인지의 진화는 내일을 준비하는 데 오늘을 많이 할애한 만큼 오늘을 없애는 듯합니다. 그렇지 않다면 '오늘만을 사는 다른 동물'(의식적으로 미래를 그릴 수 없다는 뜻입니다)과 다르지 않았겠지요. 오늘을 살지만 내일을 그리는 것 또한 오늘 일이 됐고, 그 일이 미래를 상상하는 전두엽의 주 업무가 된 까닭도 여기에 있겠지요(뇌의 특정 부위가 특정한 인지를 하는 것처럼 보여도, 인지의 실상은 신경네트워크가 하는 일이기 때문에 전두엽이 무엇을 한다는 식으로 말해서는 안 된다고 이야기하기도 합니다). 다른 한편 생각을 생각할 수 있게 된 인류는 충동을 조절하면서 마음을 챙길 수 있기에 깨달음도 가능해졌다고 하겠습니다. 특별한 사람만이 깨닫게 되는 것이 아니라, 누구라도 깨달을 수 있는 조건을 갖추게 됐다는 것이지요(불교에서는 이와 같은 공능을 불성이라고 이름했습니다).

지구상에 나타난 최초의 생물은 살아갈 수 있는 공능, 곧 자기복제의 공능을 갖는 고분자 유기화합물이라고 할 수 있는데, 그와 같은 공능은 필연적으로 아는 활동을 할 수밖에 없었을 것입니다. 그냥 보면 만들어진 분자의 안정성을 유지하는 활동으로 보이겠지만 그 활동 양상을 보면 알고 하는 것처럼 보인다는 뜻입니다. 하여 어떤 학자는 생물분자의 활동을 분자지성의 활동이라고 했으며, 다른 학자는 최초 생물의 작용 자체를 마음의 활동이라고 했겠지요(이 마음은 의식이 생기기 전부터 작용하는 마음입니다). 처음부터 물질분자의 살아 있는 활동이 곧 지성의 작용이 되어 생명현상을 안정적으로 유지하게 하는 역할을 하고 있다는 것입니다. 이런 양상에서 보면 세포공동체라고 할 수 있는 생명체는 지성공동체라고 할 수 있습니다. 세포공동체의 운용방식이 상호 이해될 수 있는 정보를 교환하면서 무의식적으로 사건을 해석하는 시스템이라고 할 수 있기 때문입니다.

더 나아가 진화를 거듭해 온 생명체는 오랜 세월 동안 세포공동체이면서 지성공동체의 삶을 살아오다가, 현생인류에 이르러서는 그와 같은 앎의 활동을 반조해 알아차리는 공능이 생겼기에 깨달은 사건도 발생할 수 있었고, 깨닫고 보니 깨닫기 위해서는 집착을 내려놓아야만 한다는 것도 알게 되었다고 하겠습니다. 아는 활동만으로 보면 이미 익혀진 생각길을 무의식적으로 따르고 있기에 내려놓기가 쉽지 않지만, 그냥 알아차리는 공능이 생긴 이후로는 알아차린 내부영상을 그냥 보는 일도 가능해졌기에 알 수 있게 된 사실입니다. 그냥 지켜보다 익숙한 이미지를 만드는 생각길이 쉬게 되면 빈 마음 상태도 경험하게 되고, 빈 마음 상태에서 이런저런 내부영상이 만들어지고 사라지는 것을 경험하게 되기 때문입니다. 그렇게 되면, 안다는 것은 해석된 것일 뿐, 알아차린 이미지가 그 자체로 실재하지 않는다는 것도 알게 되고, 익혀진 것들이 얼마만큼 길들여진 것인 줄도 알게 되거든요. 예로서는 여자는 핑크색 남자는 파란색이라는 관념을 들 수 있습니다. 지금부터 약 200년 전의 사정을 보면 핑크색은 남자의 색이었고 푸른색은 여자의 색이었다는 사실이, 길들여진 관념의 실상이 무엇인지를 극명하게 보여 주고 있거든요. 그러다 보니 요즈음의 젊은이들이 유니섹스라고 하여 남성 옷, 여성 옷이라는 관점을 넘어서 자신의 취향을 확장하는 것이 오히려 사건의 실상과 계합하는 것이라고 할 수 있습니다.

　알고 있는 사건의 실상이 학습된 집착인 경우가 많다는 것과 자신의 집착이 자신의 삶을 가리는 경우가 많다는 것이 도리어 빈 마음을 경험하는 수행의 중요성을 역설적으로 말해 준다고 하겠습니다. 예를 들어 유전적으로 물려받거나 변이가 일어난 경우로 인해 성염색체가 XX와 XY만 있는 것이 아니라 XXY 등도 있으며, 환경과 학습 그리고 세포끼리 맺고 있는 지성의 네트워크가 랜덤으로 만들어지면서 한 가지일 수 없는 의식과 감정상태도 같은 이야기를 하고 있거든요. 이 말은 익혀진 의지의 방향성만을 보면 실제적인 것 같아도 그 이면을 보면 수많은 인연에 의해서 그렇게 작용하고 있다는 뜻입니다. 생물의 진화를 보더라도 변이가 필연적으로 일어나고 있지 않습니까. 생명의 장이 이렇기에 생명체의 지성활동은 이미지를 만들어 사건·사물을 분별하는 것 못지않게 조건에 따라 이미지를 바꾸는 지성의 작용, 곧 내려놓는 마음 작용이 중요할 수밖에 없습니다.

욕망의 갈림길, 채움과 비움

어쩌면 아는 활동을 다시 알아차리게 된 인류는 필연적으로 수행을 하고 있다고 할 수 있습니다. 의지의 방향성을 조율할 수 있는 능력이 생긴 이후로, 곧 기억을 회상할 수 있으며 미래를 그리게 된 이후로는 경험기억을 바탕으로 원하는 미래를 의지하면서 현재를 사는 것 자체가 행을 닦는 일이기 때문입니다. 의지를 닦는다는 것으로 보면 마음채움과 마음비움이 다를 것도 없지만, 그 결과로 보면 한쪽은 번뇌를 불러올 확률이 높고 다른 한쪽은 해탈을 불러올 확률이 높습니다. 여기에는 개인의 내려놓음만이 중요한 것이 아닙니다. 사회적 인정도 중요합니다. 생명체로 보면 누구나 성공한 생명체인데, 인정의 폭이 좁다 보니 성공한 인생임에도 불구하고 실패한 인생으로 사는 사람도 많고, 성공의 척도가 쟁취한 정치권력이나 자본권력의 크기로 정해지다 보니, 불평등이 심화된 사회가 사회적 의지를 그쪽으로 몰고 가는 것과 같아, 결과적으로 번뇌는 커지고 해탈의지는 약해지는 쪽으로 갈 수도 있기 때문입니다.

권력 이윤과 자본 이윤을 소수가 독차지했던 세월은 왕정 시대만이 아닙니다. 지금도 여전히 새로운 왕정시대로 재편되고 있습니다. 삶 그 자체가 위협받는다고 하면 새로운 생각길을 만든다는 것이 가능하지도 않습니다. 생의 의지보다 큰 의지가 있을까요? 수행은 의지를 닦는 것인데, 새로운 생각길을 형성하는 것인데, 생 그 자체가 위협받을 정도로 내몰린다면 사회적 의지는 내려놓음을 키울 수 없습니다. 마음비움이 요원해질 뿐입니다. 잠시 다른 것을 의지함으로써 해탈을 대신할 수는 있겠지만 커져만 가는 허무를 넘어서기는 쉽지 않습니다. 불교에서 이야기하는 수행력, 곧 상(想: 내적 이미지)에서 행(行: 의지, 형성력, 생각하기, 말하기, 행동하기)으로의 흐름을 지켜보는 수행력을 키워 상호존중하는 의존관계로서의 삶을 살려는 의지를 형성하려 해도, 개인의 마음속에는 이미 사회나 환경 등과 함께 만들어 온 의지의 방향과 형성력이 깊숙이 자리 잡고 있기 때문입니다. 내외부로부터 수용된 정보를 해석해 의식되는 내부이미지를 만드는 것까지는 알아차리기 이전의 영역이거든요. 내부이미지가 만들어지고 나면 그에 따라 익숙한 생각과 말과 행동이 뒤따르므로 이미 익혀진 생각길을 공고히 하는 일은 의지하지 않고서도 가능하지만, 만들어진 내부이미지를 있는 그대로 알아차리면서 새로 익힌 학습내용을 통해 생각하고 말하며 행동하는 양상을 다르게 형성해 간다는 것은 강한 의지력이 동반되어야만 가능하다는 뜻입니다. 과거를 기반으로 만들어지는 것과 같은 현재 의식의 흐름을 알아차린다는 것은 과거가 만들어 놓은 신경네트워크의 패턴을 바꿔 가는 것과 같기에 결코 쉬운 일일 수 없거든요.

그렇다고 해도, 곧 어렵다고는 해도 신경네트워크의 특성 가운데 하나인 유연성에 의해 나이 들어서도 패턴의 양상이 변해 가는 것 또한 사실입니다. 생각길이 고정되어 있다면 깨닫는다는 사건이 발생할 수도 없겠지요. 유연성이 있기에 선정의식을 경험할 수 있고, 그와 같은 경험이 사건·사물을 새롭게 볼 수 있는 생각길을 여는 단초가 되기에 깨달음이 가능하다는 뜻입니다. 그렇다고 해도 체험 그 자체를 실재시켜서는 또 다른 집착만을 만들고 말 것이니, 특별한 내부영상은 말할 것도 없고 빈 마음을 경험했다고 해서 마음의 실제를 비움이라고 여겨서도 안 됩니다. 이 또한 조건 따라 있는 듯 없는 듯 작용하는 마음현상일 뿐입니다. 내부영상이 만들어지면 의식이 그것을 알아차리고 있는 듯하고 아무런 이미지가 없을 때도 그 상태를 알아차리고 있는 듯하므로 알아차리는 의식이 앎의 중심인 듯하지만, 어떤 경우는 알아차리고 있는 듯한 마음조차 사라지기도 하니, 알아차리는 마음 또한 근본 실제일 수 없거든요. 그래서 그런지 선종 어록을 보면 어떤 때는 마음이 부처라고 이야기하기도 하고, 어떤 때는 무심이 부처라고 이야기하기도 합니다.

생명마다 자신의 우주를 건립하여 살아감

있음도 변치 않는 실재가 있음으로 현상한 것이 아니며 없음 또한 실재가 없는 상태가 아닙니다. 인연 따라 변해 가는 사건들의 흐름이 지성의 흐름이며 생명의 흐름이므로 있을 땐 있는 것 같고 없을 땐 없는 것 같을 뿐입니다. 일어나고 사라지는 사건을 해석하는 지성 또는 불성이 작용하지 않는다고 하면 그와 같은 사건 또한 일어났는지도 알 수 없을 테니 한낱 물거품과 같다는 말조차 필요 없겠지요.

생물의 인지시스템으로 보면 지성 또는 불성을 아는 주체로 생각해서도 안 됩니다. 무의식적으로 실행되고 있는 인지시스템이라고 규정하는 것이 조금은 타당할 것 같지만, 이 경우에도 신경세포의 패턴망 자체를 인식의 주체라고 생각해서는 안 된다는 뜻입니다. 신경세포가 생기기 전에도 생물의 활동은 마음의 활동이었을 뿐만 아니라 신경세포가 생기고 난 이후로도 몸과 환경의 상호작용에 의해서 패턴망의 배선 양상이 변하기 때문입니다. 그러므로 어느 한쪽만을 가지고 다른 쪽을 규정하려고 해서는 무리가 따릅니다. 더구나 고정된 것과 같은 길과 변해 가는 길이 상호작용해야만 인지가 발생하므로 변하지 않는다는 것과 변한다는 것 또한 그 자체로는 의미를 갖는다고 하기도 어렵거든요. 이는 앞서 말씀드린 성정체성의 경우와 같이 태어나면서 굳건히 만들어진 배선망이 죽을 때까지 변치 않고 작용하고 있는 것 같은 측면에서는 트랜스라는 말이 성립될 수 없는 것 같지만, 성체가 된 상태에서도 성을 결정하는 중요 유전자를 바꾼다고 하면 그에 따라 신체가 달라지고 성에 대한 생각도 달라질 수 있기에 어떤 경우에도 변하지 않는다, 라고 말할 수 없는 것과 같습니다.

뒤의 경우라고 해도 트랜스의 예로서 정당한 것이라고 할 수는 없습니다. 현상으로 보면 바뀐 것 같지만 성의식을 정하는 유전자의 작용양상을 보면 변했다고 할 수 없기 때문입니다. 지성이나 불성으로 정의되는 것은 '신체와 환경이 주고받는 무의식적인 이야기가 현상하면서 알게 되는 사건들'을 통해 추론된 것이기는 합니다. 그렇지만 의식적인 마음을 열면 없는 것도 보이고 의식적인 마음을 닫으면 있던 것도 보이지 않으니, 의식적으로 마음을 다스리는 연습이 의식의 흐름만을 조율하는 정도에 그치는 것도 아닙니다. 마음챙김이 익어진다는 것은 궁극적으로 그 공능이 신체화된다는 것이니, 마음 다스리기는 몸 다스리기가 되고 환경 다스리기가 될 수밖에 없다는 것입니다.

의식되는 세계는 의식의 세계이면서 자신이 만날 수 있는 유일한 세계입니다. 그러므로 깨달음이라는 사건은 해탈된 의식이 신체화되는 사건이면서 자신의 세계가 부처의 세계가 되는 사건입니다. 마음챙김으로 일상의식과 선정의식을 자재하게 넘나들게 된다는 것은 인식주체인 듯한 마음과 인식대상인 듯한 현상이 모두 공이라는 사실을 아는 지혜가 인지시스템에 자리 잡혔다고 할 수 있기 때문입니다. 이는 빈 마음인 다보여래가 부처세계를 펼쳐내고 있는 것을 직관하고 있는 것과 같습니다. 그러므로 인식의 주체가 없다는 것을 철두철미하게 깨달았다는 것은 인식되는 세계상을 만드는 연기적 패턴망이 '인식의 주체'도 '인식의 대상'도 '인식'도 만들어 낸다는 것을 아는 지혜가 온전히 체화됐다는 것을 뜻한다고 하겠습니다. 하여 번뇌를 만드는 인지의 패턴망은 인식과 신체와 세계를 번뇌로 만드는 것과 같고, 해탈을 만드는 패턴망은 인식과 신체와 세계를 해탈하게 하는 것과 같습니다. 그렇기에 마음 한 번 돌리면 중생세계가 부처세계로 변한다고 했겠지요. 이것이 뜻하는 것은 하나의 우주에서 뭇 생명이 살아가는 것이 아니라 생명마다 자신의 우주를 건립하면서 살아간다는 것입니다.

이 이야기를 요즘 이야기로 바꿔 말한다면 세계를 만들어 내는 뇌와 신체와 환경이 맺고 있는 관계망의 양상과 작용이 사람마다 다 다르다는 것과 맥을 같이한다고 할 수 있습니다. 의식되는 세계상은 뇌와 환경이 만들어 낸 창조물이라고 할 수 있는데, 뭇 생명이 처한 환경이 같을 수 없으며, 뇌가 성장하는 과정에서 접하게 되는 호르몬 등의 화학물질이 뇌의 발달에 지대한 영향을 미쳐, 사람마다 다른 인지의 패턴망이 만들어지기 때문입니다. 이 말은 지구상에 있는 모든 생명체의 조상이 같다고는 해도 생명을 상속하는 과정에서 유전적인 변이가 발생했고, 발생된 변이가 생존환경에 적합한 경우에만 살아남게 됐다고 하는 다윈의 자연선택 이론과 맥을 같이합니다. 진화론은 생명 활동의 항상성과 생명 현상의 무상성을 이야기했다고 할 수 있는데, 지금까지 생존하고 있는 생물종은 지구상에 등장했던 모든 종들 가운데 약 0.1%에 지나지 않는다는 사실이 이것을 극명하게 보여 준다고 하겠습니다.

변해야 생명활동이라는 항상성이 유지될 수 있다는 것입니다. 이런 사실은 직관으로 알 수 있는 한계를 넘어섭니다. 뉴턴의 말처럼 거인의 어깨를 빌려서야 보이는 세계입니다. 인류의 지성활동이 쌓여서 지금까지 보지 못했던 세계가 조금씩 보였다가, 임계점을 넘게 되면 삶을 이해하는 새로운 관점이 생각

지도 않았는데도 이미 알았던 것처럼 자리 잡힌다고 할 수 있거든요.

삶을 이해하는 공부의 중요성은 다른 어떤 것보다 크다고 할 수 있으나, 그 내용이 분명하게 밝혀진 사실과 부합되어야 한다는 것은 두말할 필요가 없습니다. 예를 들어 소크라테스가 감옥에서 도망치지 않고 죽음을 받아들이면서 '악법도 법이다'(이 말도 소크라테스가 했던 말이 아니라고 합니다)라고 했다는 말을 저는 '악법을 받아들인다는 것은 죽는 일밖에 없으니, 악법을 받아들이지 마세요'라는 가르침이라고 여겼는데, 근래 어떤 철학자가 쓴 신문기사를 보고 나서야 비로소 기꺼이 죽음을 받아들이는 소크라테스의 태도를 알게 됐습니다. 그 이유는 소크라테스의 생각으로는 영혼이 육체의 감옥에 갇혀 있는 것과 같은데 죽는다는 일은 영혼을 해방시키는 것과 같아 피할 필요가 없다는 것이었습니다.

저의 이야기는 소크라테스의 생각이 옳은가 그른가를 이야기하는 것이 아닙니다. 제 나름대로는 그럴듯하게 해석한다고 했지만 제 생각이 사실에 기반하지 못했다는 뜻입니다. 생명의 실상을 아는 공부는 더 말할 필요조차 없겠지요. 사실에 기반하지 않는 이야기는 호랑이 담배 피던 시절의 이야기가 되고 말 뿐입니다.

마음챙김이 수행이 되는 이유

공부의 내용에 따라 상상력을 펼치는 데 도움을 주기도 하지만 어떤 경우는 생명의 실상을 가리기도 합니다. 하므로 바른 공부가 무엇인지를 살펴 아는 것이 중요합니다. 예를 들어 생명의 실상을 이해하는 데는 진화론을 공부하는 것이 우선되어야 하는데도 불구하고 진화론을 부정하는 공부를 한다든가, '평행하는 두 선은 만나지 않는다'라는 명제도 굴곡이 전혀 없는 평면을 전제하지 않으면 성립되지 않는다는 것을 모르고서 그냥 외우기만 하는 것 등은 바른 공부라고 하기 어렵지 않겠어요. 저의 경우만 보더라도 삼십이 넘어서야 절대평면, 곧 유클리드 평면에서만 평행선이 만나지 않는다는 것을 설명한 수학자의 책을 읽고서야 처음으로 알게 됐습니다. 공간의 조건에 따라 평행선이 만나기도 하고 더 벌어지기도 하는 것을 설명하는 기하학을 리만기하학이라고 하더군요. 이는 사실인 것처럼 알려진 현상도 발생하는 조건이 같지 않은 경우에는 다른 현상으로 드러난다는 당연한 사실을 잊어서는 안 된다는 것을 가리킨다고 하겠습니다. 그래서 그런지 뇌는 평생 변치 않는 배선망도 있지만 20분만 지나도 변할 수 있는 배선망이 있다고 합니다. 조건에 따라 유연하게 배선망을 재배치해야 순간의 사건을 제대로 수용하고 해석할 수 있기 때문이겠지요.

이것이 뜻하는 것은 수용된 정보를 해석하기 위한 인지시스템 자체가 항상성과 무상성을 동시에 확보하고 있다는 것이며, 그 결과 배선의 패턴 변화만으로도 다양한 세계상을 그릴 수 있게 된다는 것입니다. 선정의식 상태에서 지금까지 경험하지 못했던 다양한 영상을 볼 수 있는 것도 여기에 기인한다고 할 수 있겠지요. 측두엽 간질환자의 경우에는 자신의 의지와는 상관없이 이런저런 영상을 새롭게 경험하는 경우가 있다고 하는데, 이 또한 신경망의 배선이 세계상을 만드는 데 중심축이 된다는 것을 알 수 있게 합니다(배선이 만들어지는 과정에서 환경 등의 영향을 받게 되므로 뇌만이 중심이 된다고 여겨서는 바른 이해라고 할 수 없습니다). 또 다른 예로는 살바도르 달리의 그림이 보여 주는 기이한 이미지를 들 수 있습니다(작가가 편두통이 발작했을 때 나타난 환각을 그렸다는 이야기도 있습니다). 우리의 인지시스템이 이렇기에 마음챙김 수행으로 부처가 될 수 있겠지요. 『법화경』은 이 생각을 끝까지 밀고가 '중생은 반드시 부처가 될 숙명을 지녔다'고 이야기합니다.

그렇기에 법화행자는 어느 누구도 가벼이 여기지 않는 마음챙김과 실천을 합니다. 하여 『법화경』에서는 이들 수행자를 상불경보살이라고 이름하였습니다. 말 그대로 항상[常] 다른 이들을 가벼이 여기지 않는[不輕] 보살행을 해야 법화행자가 된다는 뜻입니다. 그 까닭은 생명활동의 근본이 지성인데, 언젠가는 반드시 지성 그 자체가 자신의 역할을 깨닫게[佛] 될 날이 오기 때문입니다. 아직 깨닫지는 않았지만 반드시 깨닫게 된다는 것은 생명활동을 깨닫게 될 지성인 불성이 한량없는 수명으로 상속되는 것과 같습니다. 하여 불성을 무량수불이라고 이름했습니다. 선종에서 석가모니 부처님께서 깨닫게 된 것 또한 마음챙김의 거인들 어깨에 기댄 것과 같다고 하여 그분들을 과거의 일곱 부처님이라고 이름한 것과 같습니다.

석가모니 부처님 이전의 일곱 부처님이라고 특칭했지만, 마음활동을 지켜보면서 그 흐름을 알아차리는 공능이 생겨난 인류는 필연적으로 사건을 관통하는 법칙성을 추상하게 됐고, 더 나아가 추상만의 세계도 건립할 수 있게 됐을 뿐만 아니라 마음수행으로 그렇게 건립된 세계 이해가 마음이 만든 해석상이라는 것도 알아차리게 됐기에, 인류라는 거인 그 자체를 부처의 반열에 올리게 될 수밖에 없었다고 하겠습니다. 하나하나의 사건처리를 보면 번뇌를 쌓는 일을 하고 있는 듯하지만, 그런 가운데서도 개인과 사회가 '왜'라는 질문을 할 수 있는 공능이 생겨났기에 언젠가는 깨달을 수밖에 없는 불성이 상속되고 있는 것과 같았고, 마침내 상속된 불성이 부처님을 통해서 꽃을 피웠다고 할 수 있다는 뜻입니다. 번뇌의 마음도 개인만이 만든 마음현상일 수 없듯 깨달은 마음 또한 그렇습니다. 깨달음이라는 사건 또한 온갖 인연 속에서 피어나거든요. 이를 부처님께서는 연기법이라고 말씀하셨습니다. 그렇기에 '연기법이라는 사유를 심화시키는 마음수행'과 '연기적 삶을 실천하는 이타적 보살행'이 불교를 관통하는 핵심사상과 실천행이 됩니다. 일상이 인연 따라 흐르고 있으니, 평상심은 도가 되고 연기적 삶 그 자체는 물맛과 같습니다. 행복한 맛도 슬픈 맛도 아닙니다. '행복을 찾아서 앞으로'라는 구호가 살아가게 하는 동력인 것처럼 보여도 삶은 그늘에서 고요히 쉬면서 공기의 흐름과 함께할 수 있는 담담한 마음으로 '색없음'입니다. 행복한 마음도 평상심이고 슬픈 마음도 평상심이니 마음 빛 자체가 도입니다. 특정한 색이 도가 아니라는 뜻에서 '색없음'이 도를 관통하는 색이 됩니다.

인연의 네트워크가 펼쳐내는 마음

행복감과 슬픈 느낌은 갈 곳과 피할 곳을 가리키는 역할을 한다고 할 수도 있고, 그것 자체가 평정한 평화로움은 아니라고 할 수도 있습니다. 그렇지만 그와 같은 느낌까지를 포함한 일상의 마음밖에 다른 마음이 없습니다. 그러므로 일상의 마음을 온전히 껴안는 마음챙김이 수행이 됩니다. 마음챙김을 하다 보면 극도의 행복감을 경험하기도 하지만, 집중과 살핌이 깊고 강해질수록 고요하고 평정한 알아차림이 뚜렷해지는 평온 상태에 이르게 됩니다. 그렇기에 수행 경험을 물맛과 같으며 물의 흐름과 같다고 이야기하기도 합니다. 들뜸을 온전히 인정하고 지켜보는 평온이 번뇌가 들끓는 것 같은 평상심을 도(道)로 만드는 것과 같다는 것이지요. 하여 선정의식을 풀어 쓴 시구를 보면 '평온한 마음챙김은 반쯤 마신 차의 향이 처음의 향과 같은 것 같고, 인연 따라 살펴 아는 마음활동은 물 흐르고 꽃 피는 것과 같다'고 하였겠지요.

이를 다시 정리해 보면 빈 마음(다보여래)과 현상하는 마음(석가여래)을 대비한 이야기라고 할 수 있습니다. 빈 마음이라는 개념으로 보면 사람마다 같은 듯하지만 빈 마음 또한 마음현상 가운데 하나일 뿐입니다. 그 상태만이 마음의 실상일 수 없다는 뜻입니다. 물 흐르고 꽃 피는 듯 하는 마음현상 또한 그 자체로 마음의 실상이면서 머물지 않는 마음작용입니다. 빈 것으로 보면 마음은 없는 듯하지만 그곳에서 모든 현상이 생겨나고, 생겨난 현상이 순간의 마음흐름을 나타내지만 그곳에도 머물지 않는 특성이 다시 빈 마음을 알게 합니다. 어느 쪽도 그것만으로 마음의 실상을 다 드러낼 수 없어 빈 마음이 곧 현상한 마음이라고 하기도 하고, 현상한 마음이 곧 빈 마음이라고도 했겠지요. 육조 혜능 스님께서 "마음이 흔들리는 것이지 깃발이 흔들리는 것이 아니다"라고 한 이야기도 아는 마음이 사건의 주체인 듯하지만, 아는 마음 또한 수많은 인연에 의해 그렇게 작용하고 있다는 것을 잊어서는 안 된다는 뜻일 것입니다. 인식된 현상만을 놓고 보면, 세계 이해는 마음이 빚어내는 것이라고 해도, 그런 마음 또한 인연의 네트워크가 만들었다고 할 수 있거든요. 예를 들어, 분홍색은 없지만 백색광에서 초록색을 내는 빛의 파장이 수용되지 않는 경우 뇌가 빛 방정식을 풀이해서 분홍색이라는 답을 현상하는 것과 같다고 하겠습니다. 뇌가 빛의 삼원색을 풀이하는 해법에 따라 온갖 색상이 현상하듯(뇌라고 했지만 뇌의 신경세포가 주고받는 정보의 흐름이 곧 마음이 된다고 할 수 있습니다. 이 생각을 끝까지 밀고 나가면 생물 물질의 작용양상과 인연을 맺는 모든 정보활동을 무의식적인 마음이라고 할 수 있지 않을까요), 세포끼리 주고받는 정보활동이 마음의 활동이면서 그 결과로 해석이미지가 만들어지고 의식현상도 나타난다는 것입니다.

분자지성이 깨어난 사건 —생물의 탄생

생물의 작용 양상으로 보면 물질, 무의식, 의식, 마음 등등은 실체를 갖는 것이라기보다는 여러 인연들이 만들어 낸 현상인데, 이는 상속되는 정보의 작용 양상이라고 할 수도 있습니다. 이것이 뜻하는 것은 드러난 현상으로 보면 행위의 주체 등이 존재하는 것 같지만 실제로는 관계망의 공명과 끌림에 의해 그렇게 드러난 것이라고 할 수 있다는 것입니다. 수행자에게 지금 여기를 온전히 사는 것이 수행의 요체임을 강조하는 까닭도 여기에 있습니다. 관계망이 변하면서 순간의 사건으로서 다른 나가 탄생되고 사라지는데도, 이를 관통하는 주체로서의 자아가 있다고 해석하는 것은 뇌 신경망이 풀어내는 방정식의 해에 지나지 않는다는 것이지요. 그렇게 산출된 해는 맞는 듯하면서도 맞지 않고, 맞지 않는 듯하면서도 맞습니다. 자아상뿐만 아니라 사건들의 일반상 또한 사건들을 이해하기 위한 해법으로서 뇌가 상상한 것이라고 할 수도 있거든요.

이와 같은 이해는 마음에 대해서 새로운 질문을 하게 합니다. 일상적으로 만나는 사건들의 방정식을 푸는 것은 익숙한 풀이(이미 설정된 기본값을 바탕으로 하는 풀이)를 재현했다고 할 수 있기에 맞는지 틀린지를 물어볼 필요조차 없었으나, 세상을 새롭게 경험하게 할 AI의 등장은 정신에 대한 이해를 다시 해볼 것을 주문한 것과 같기 때문입니다. 바둑의 무궁무진한 수를 컴퓨터는 알 수 없을 것이라는 신념이 딥러닝 기술을 장착한 컴퓨터의 등장으로 하루아침에 깨지듯, 감정 등을 알 수 없을 것이라는 신념의 성 또한 그렇게 공고할 것 같지 않거든요. 이것이 말해 주는 것은 약 40억 년 전에 나타난 생물 물질 자체가 물리 방적식을 깨지 않았으며, 진화를 통해 발현된 사건들이 생물 물질의 지성 작용이라고 할 수 있으니, '나는 누구이며, 어디서 와서 어디로 가는가'라는 물음조차 익숙한 신념체계를 깨뜨리지 않고서는 알 길이 없다는 것입니다. 마음챙김이 깊어지면, 곧 일어나고 사라지는 몸과 마음의 현상들을 있는 그대로 알아차리다 보면 마음의 실상을 어느 정도 엿볼 수 있겠지만, 그 경험에 대해 이미 밝혀진 학문의 성과를 학습하지 않는다고 하면 사건에 대한 잘못된 해석을 답습하기 쉽습니다.

학습에 대한 한 가지 예로서는 약 6~7만 년 전에 현생인류의 인지시스템에 혁명적인 변화가 일어난 다음 '나'라는 것을 사유할 수 있게 됐고, 그렇게 탄생된 '나'가 과거를 이어 미래를 살아갈 것이라고 추상할 수 있게 된 것을 들 수 있습니다. 변치 않는 주체로서의 '나'는 행위로서 존재하는 것이 분명한 것 같지만, 파악된 나는 '드러난 행위를 관장하는 주체'라고 추상된 나일 뿐이거든요. 언어문법으로 보면 내가 활동하는 것 같지만 생명의 실상으로 보면 활동하는 지금 여기의 흐름만이 자기를 드러내는 실제입니다. 하여 매 순간 새로운 자기가 탄생되고 있다고 해도 과언이 아닙니다.

호모사피엔스라는 종의 탄생은 약 20~30만 년 전이었고 지금까지도 여전히 호모사피엔스이지만, 활동 양상뿐만 아니라 유전자의 변이를 보면 결코 같을 수 없습니다. 이 말은 상속된 생명이라고 해서 온전히 같을 수도 없고 그렇다고 온전히 다를 수도 없다는 뜻입니다. 약 40억 년 동안 유전자의 상속을 통해 생명활동을 계속해 온 생명체의 역사가 그렇습니다. '살아있는 물질'이라는 말에서 살아 있다는 것은 무의식적인 앎의 작용이 이루어지고 있다는 것을 뜻한다고 할 수 있거든요. 그러다가 약 2억여 년 전에 뇌가 생겨났고 진화가 거듭되면서 기억과 앎이 연계되었으며, 마침내 아는 것을 알아차리는 의식이 생겨나 앎의 주체를 추상할 수 있게 된 호모사피엔스의 시대가 열리게 되었다고 합니다. 이것을 보더라도 상속과 변화가 생명흐름의 축이라는 것을 알 수 있습니다. 앎을 반조하는 앎의 공능이 생겨났기에 앎의 흐름을 깨달을 수 있게 됐고, 깨닫고 보니 상속되는 관계 속의 변화가 앎이라는 사건으로 드러난다는 것을 알게 됐다는 것입니다.

실체 없는 이데아

집착이 번뇌를 낳고 내려놓음이 해탈을 낳게 되는 까닭도 여기에 있고, 이것을 알았다고 해도 (앎을 반조하는 앎이 늦게 나타났기에) 집착하는 습관을 내려놓는 힘을 기르는 수행이 어려운 까닭도 여기에 있겠지요. 이미 몸에 밴 집착하는 습관의 강도가 강하다 보니 앎만으로는 행위의 양상이 쉽게 바뀌지 않는다는 뜻입니다. 그렇기는 해도 바른 이해를 생각 생각으로 이어 가는 수행이 뒷받침되다 보면 집착을 내려놓을 수 있는 토대가 생기는 것 또한 사실입니다.

앎의 실상이 이렇기에 부처님께서도 팔정도(八正道)수행이 있어야 불교를 공부하는 것이라고 말씀하셨겠지요. 팔정도수행은 첫번째로 바른 견해가 무엇인지를 학습하는 것이고, 두번째는 그 견해를 기반으로 생각하는 것이며, 나아가 학습된 바른 견해를 바탕으로 말과 행동을 하며, 궁극적으로 그와 같은 관점이 몸에 밴 상태인 선정을 성취하는 것까지를 말합니다. 선정이 몸에 뱄다는 것은 즉흥적인 조화와 균형을 이룰 수 있는 빈 마음을 뜻대로 쓸 수 있는 인지의 알고리즘을 성취했다는 것을 뜻합니다. 이름에 상응하는 이데아를 불러내는 일이 아니라 순간적으로 이루어지고 있는 선문답과 같은 날카로움으로 굳게 닫힌 이름의 벽에 구멍을 낼 수 있게 된 상태입니다. 이 상태를 무념무상이라고 합니다.

사건은 이름에 맞는 이데아가 현상하는 것일 수 없습니다. 하나의 사건에 스며 있는 조건을 살펴보면 한두 가지가 아니며 그 조건을 제하고 나면 남는 본질은 없습니다. 스치는 바람도 사건을 다른 양상으로 펼칠 수 있게 합니다. 그런데도 약 6~7만 년 전에 일어난 인지혁명으로 인해 호모사피엔스는 이데아와 같은 본체가 사건의 실상을 규정하고 있다고 상상하게 되면서, 현상을 이데아의 그림자라고 여기기도 했습니다. 하지만 실상은 부처님께서 설파하신 연기법에 통섭되는 사건들의 흐름뿐입니다. 낱낱 사건은 수많은 조건이 만들어 낸 실제로서의 현상이면서 다음 순간 다른 실제를 만들어 내는 조건 가운데 하나가 되는 사건입니다. 그럼에도 불구하고 의식이 지각한 현상만이 세계 이해의 유일한 축이 되면서 현상은 어느 것이든 이데아가 현현한 것처럼 착각하게 됐다고 하겠습니다.

일어나고 사라지는 것 같은 사건의 실상이 이러하므로 특정 의미체계로 현상을 규정하는 이데아적인 사고체계는 삶의 실상과 어긋난 사유습관에 지나지 않습니다. 흐르는 물과 같은 삶의 연기적 흐름은 어느 곳이든 그것으로 그때의 실상을 다 드러내지만 그것만이 흐름 그 자체를 대표할 수도 없기 때문입니다. 마음의 지각 이미지로 보면 누구나 자신의 이데아로 자신의 삶을 표현하지만 누구에게나 변치 않는 이데아로서의 실체는 없거든요. 이를 무아라고 합니다. 실상과 지각이 어긋나는 시점입니다. 사건은 연기적인데 지각은 이데아적이라는 뜻입니다. 반면 선정의식의 즉흥성은 연기에 대한 이해로서 이데아에 구멍을 뚫고 순간의 현상으로서 자신을 온전히 드러내는 사건이라고 할 수 있습니다. 인지시스템으로 보면 지각 이미지를 통하지 않고서는 현상을 이해할 수 없기는 하지만, 선정을 통해 의식의 조건이 바뀌면서 일어나는 현상을 통해 지각이미지의 환상성을 이해한 결과입니다.

그러므로 선정의식은 지각 이미지의 연기적 현상을 이해하는 지혜로운 통찰력을 뒷받침한다고 할 수 있습니다. 선종에서 선정과 지혜를 함께 닦아야 한다고 강조한 까닭도 여기에 있습니다. 내부 이미지가 조건에 의해서 만들어진다는 것과 그것만이 세계 이해의 단초가 된다는 사실을 안다는 것은 사건에 대한 이해를 달리하게 합니다. 제한된 언어 이미지와 같은 것을 실체화한 이데아에 집착하는 앎에서, 집착의 허상을 통찰하는 지혜가 지각과정에 스며들었기 때문입니다. 이와 같은 변화를 내려놓기라고 할 수 있으며, 선종에서 말하는 즉흥성이라고 할 수 있습니다. 이것이 가능한 것은 신경활동의 유연성이 있기 때문이기는 하지만, 유연성이 있다는 것과 지각과정에서 유연성이 발휘된다는 것은 다른 일입니다. 매일매일 누구라도 유연하지 못한 생각과 말과 행동을 경험하는 것이 이를 증명합니다. 타고난 유연성이 있다고 해도 이를 운용하기 위해서는 훈련이 필요합니다. 마음챙김, 내려놓기, 지켜보기 등의 수행이 그것입니다.

뇌는 게으르다

수행은 의식적으로 내려놓기를 체화하는 일입니다. 이미 체화된 이데아적인 이미지의 발현 양상을 있는 그대로 지켜보다 보면 내적인 지각 조건이 달라지면서 익숙한 이데아적인 이미지가 변하거나 사라지는 현상을 경험할 수 있는데, 이와 같은 경험이 중요한 것은 지각이라는 것에 대해 지금까지와는 다른 관점을 갖게 하는 데 있습니다. 보고 아는 것이 외부의 사건·사물을 있는 그대로 보고 아는 것인 줄 알았는데, 마음챙김을 통해 '내부에서 만들어진 세계 이해의 해석상'이 외부의 세계를 알아차리는 기반이 된다는 것에 대한 직접적인 체험이기 때문입니다. 이런 뜻에서 공부, 곧 학습은 배운 것을 체화하는 과정이라고 말씀드렸습니다. 물론 공부를 한다고 하더라도 내용에 따라 전혀 변함없는 것도 있으니, 바뀌지 않는다는 사실을 받아들이는 마음가짐이 필요할 때도 있습니다. 하지만 변하지 않는다고 해서 그것이 내외부에 그 모습 그대로 실재한다고 여겨서도 안 됩니다. 그 또한 만들어진 해석상입니다. 앎의 실상이 이러하므로 마음공부의 첫 발은 일어나고 사라지는 마음현상들을 있는 그대로 지켜보는 것부터 시작합니다. 이와 같은 수행은 자신의 역사를 온전히 받아들이는 마음훈련도 됩니다. '이랬었으면 저랬었으면'이라는 판단 없이 자신이 살아온 발자취를 있는 그대로 보는 것이 마음챙김 수행의 출발점이기 때문입니다.

하다 보면 발자취의 지도가 바뀔 수도 있지만, 더 중요한 것은 마음현상 하나하나 갖고 있는 관계망의 역사를 이해하는 일입니다. 자신의 역사라고 해서 그 역사를 자신만이 만든 것도 아닙니다. 체화되어 있는 무의식 층, 곧 정서·감정·판단 등의 심리현상을 현상하게 하는 신경망인 무의식 층이 지각 이미지를 만들고 난 연후에야 의식하는 마음이 작용한다고 할 수 있기 때문입니다. 일어나고 사라지는 마음현상 하나하나도 지성 작용을 하게 된 생물 물질과 유전자와 환경 그리고 신경망의 연기적 조건에 의해서 만들어진 현상이거든요. 그리고 이와 같은 마음의 작동양상이 다른 무엇보다 생존과 번식에 맞추어졌다고는 해도, 낱낱 사항을 본다면 아는 것보다는 모르는 것이 많아 생존과 번식 또한 쉽지 않았겠지요. 인지의 중심축이라고 할 수 있는 신경망이 만들어 쓰고 있는 방정식으로는 생명계가 만들어 내고 있는 형상들을 온전히 이해한다는 것 자체가 가능하지도 않기 때문입니다. 그럼에도 불구하고, 곧 일어나고 사라지는 전체적인 사건의 양상을 알 수가 없었음에도 불구하고 현재의 사건을 처리해야 했으므로, 판단과 감정 등이 들쑥날쑥할 수밖에 없었을 것입니다. 관계망을 전체적으로 통찰하면서 낱낱 사건을 예상하는 일은 현재의 AI와 IT 기술을 총동원한다고 해도 결코 알 수 없는데, 약 3만 년 전의 인지시스템에 머물러 있는 것과 같은 인간의 처지에서는 더 말할 필요조차 없지 않겠어요. 더군다나 사건을 판단하고 해석하는 뇌의 에너지 소비가 워낙 크다 보니 사건들을 이해하는 패턴을 만들고 그에 따라 즉각적인 반응을 하는 것이 에너지의 소비도 줄이고 생존과 번식에 유리했을 것이므로 사건을 해석하는 패턴을 새로 만들기도 쉽지 않았을 것입니다.

해서 어떤 과학자는 '뇌는 게으르다'라고 말했겠지요. 이 말도 한 사람의 삶이 만들어 낸 세계 이해의 패턴으로 보면 고유하다고 할 수 있지만, 고유한 만큼 새로운 해석 이미지 지도를 만드는 일로 보면 쉽지 않다는 것을 뜻한다고 하겠습니다. 마음챙김은 기존의 해석 패턴에 구멍을 내는 것일 뿐만 아니라 세계를 해석하는 새로운 패턴망을 만드는 것과 같으니, 게으른 뇌가 그 일을 자발적으로 하기는 쉽지 않겠지요. 그렇기는 해도 하다 보면 익숙한 현상이 다르게 보이기도 하고, 현상은 사라지고 아는 마음만이 있는 것과 같은 경험을 하거나 아는 마음조차 사라지는 경험을 하기도 합니다. 이와 같은 경험을 통해 현상뿐만 아니라 현상을 만들고 있는 것 같은 마음조차 변함없이 존재한다고 할 수 없다는 것을 알게 됩니다.

돈오돈수일 수밖에 없는 깨달음

인지시스템 자체가 이러하므로 의식하는 마음과 지각 이미지의 실상은 깨달은 사람이나 깨닫지 못한 사람이나 다를 것이 없습니다. 선종에서 마음에 대한 이해가 세계의 이해가 된다고 하는 까닭도 여기에 있으며, 한번 '있는 것도 아니고 없는 것도 아닌 마음'을 이해하게 되면 즉각적으로 세계 이해의 패턴이 바뀐 것과 같다고 한 까닭도 여기에 있습니다. 이를 돈오라고 합니다. 수행으로 마음을 깨닫기는 하지만, 깨닫고 보면 그 마음은 수행과는 상관없이 늘 그렇게 작용하고 있으므로, 점차적으로 마음을 깨닫는다는 뜻이 성립될 수 없다는 뜻입니다. 깨달음에 이르는 과정을 보면 점점 닦아 가는 것이 사실이라고 해도, 깨달음 그 자체로만 보면 수행으로 이루어지는 것이라고 말할 수조차 없다는 것입니다. 해서 선종에서는 '닦음 없는 닦음'이 수행의 요체가 된다고 이야기합니다. 깨달음의 특성이 이와 같기에 선종의 수행은 돈오돈수일 수밖에 없다는 것이지요(모두가 이렇게 주장하는 것은 아닙니다). 수행이라는 패턴으로 보면 점수점오인 듯하지만, 점오점수의 과정이 '돈오돈수일 수밖에 없는 깨달음'을 불러오지 않기 때문입니다.

　마음의 특성이 특정 이미지를 만드는 패턴망을 강화하는 것이 사실이라고 하더라도, 장기적으로 보면 만들어진 해석상이 사건을 바르게 해석하는 데에 장애가 되는 경우도 많았을 것입니다. 그러다 보니 만들어진 패턴망을 고집할 수도 없었다는 것을 실감했을 것이고, 이를 넘어서는 한 가지 방법으로 수행이라는 문화현상이 생겨났다고 하겠습니다. 이 현상도 문화유전자의 진화가 가르쳐 주었다고 할 수 있습니다. 크게 보면 진화 그 자체가 변해 가는 사건들의 관계망 속에서 일어나고 있다고 할 수 있기 때문입니다. 수용된 정보를 해석하는 뇌 신경망도 유연성을 키울 수밖에 없었다는 것입니다. 그렇기에 마음챙김을 통해 머물지 않는 마음이 커지면, 곧 유연성이 극대화되면 어느 이미지에도 흔들리지 않는 마음작용과 알아차리는 마음 조차 사라지는 일도 일어날 수 있겠지요.

참선은 앉은 자리에서 이러한 현상들을 경험하는 일이라고 할 수 있습니다. 이와 같은 경험을 통해 해석된 세계상은 마음이 만든 것임을 직관할 수 있기 때문이며, 모든 사건·사물이 해석된 이미지처럼 존재하게 하는 실체가 있는 것이 아니라 여러 가지 인연 조건에 의해서 생성되면서 흘러가고 있다는 것을 사유할 수 있기 때문입니다. 마음챙김으로 지혜의 눈이 열린 것입니다. 하여 『금강경』에서는 어떤 해석상에도 머물지 않는 마음을 쓰라고 이야기합니다. 해석의 순간으로 보면 그와 같은 이해만이 자신의 우주를 건립하는 일이지만, 건립된 우주상을 해체하지 않고서는 관계망이 펼쳐내고 있는 우주와 즉각적으로 교감할 수 없기 때문입니다. 자신의 마음이 만들어 낸 우주이지만 그 우주가 관계망을 떠나 있는 것으로서의 우주가 아니기에, 해석의 유연성은 앞 순간의 이미지를 비우는 데서 출발할 수밖에 없습니다. 세계상이 이렇기에 「대승기신론」에서는 마음이 작용하면 온갖 사건·사물이 생겨나고, 마음의 작용이 사라지면 온갖 사건과 사물도 사라진다고 이야기하고 있습니다. 여기서 한 걸음 더 들어가면, 알아차리는 마음조차 사라지는 경험을 하기도 합니다. 마음도 세계를 건립하는 실체로서 존재하는 것이 아니라는 것을 체험하는 사건입니다. 그러다 보면 마음이 해석한 세계상으로 자신의 세계를 건립한다는 것도 알고, 생명의 관계망이 마음현상으로 나타나는 것인 줄도 알게 됩니다.

　마음마다 주체이지만 그 또한 객체로서 주체이며, 객체인 듯한 세계 또한 주체로서 객체가 되어 함께 생명의 흐름을 연출합니다. 부처님께서는 이와 같은 현상을 연기법이라고 말씀하셨습니다. 연기법이란 어느 것도 그것 자체만으로 생명현상을 연출할 수 없다는 뜻입니다. 이는 어떤 사건·사물이라도 관계망을 떠나서 존립할 수 없다는 선언과 같습니다. 하여 모든 것에는 그것 됨을 규정하는 실체로서의 본질이라는 아트만[我]이 없다[無]는 무아(無我)사상과, 무아인 사건·사물이 인연 따라 변해 가면서 그 순간의 사건·사물로 현상하고 있다는 무상사상, 그리고 이것을 통찰한 지혜로 깨달음을 성취한 열반 상태가 부처님의 가르침을 상징하는 깃발이 된다고 했습니다. 이를 삼법인(三法印: 제법무아, 제행무상, 열반적정)이라고 합니다. 이와 같은 사실을 알기 위해서는 과거·현재·미래와 여기와 저기의 관계를 꿰뚫어 알아야 합니다. 이는 약 2억 년간의 진화를 통해 만들어진 뇌가 세계를 이해하는 방식이기도 합니다. 신경세포의 패턴 연결을 통해 이루어지고 있다는 것은 관계를 맺는 맥락에 따라 의식되는 이미지를 산출한다는 것과 같거든요. 이와 같은 사실은 '나는 누구인가?'라는 물음에서 '나와 함께하는 관계망'을 배제하고서는 나를 알 수 없다는 것을 뜻한다고 하겠습니다. 나를 알기 위해서는 '술어를 규정하는 주인공'을 찾기보다는 인연 따라 변해 가는 패턴의 연결성을 알아야 한다는 것입니다. 나는 맥락 속에서만 보이기 때문이 아닐까 싶습니다. 나는 있지만 나만의 나는 없거든요. 불교에서 말하는 '나는 없다'라는 말은 부처님 시대 이전부터 인도 종교 사상계에서 주장했던 나만의 나를 부정하는 말입니다.

선의 즉흥성

무상한 나는 시공간의 '흐름과 배치'에 상응하면서 '같지도 않고 다르지도 않은' 관계 속의 나입니다. 내가 관계를 구성하기도 하지만 관계가 나를 규정하기도 하면서 '같은 듯 다른 나'와 '다른 듯 같은 나'가 생명흐름에 동참할 뿐입니다. 이를 알기 위해서는 마음흐름을 있는 그대로 알아차리는 일이 필요하다고 누차 말씀드렸습니다. 알아차리다 보면 앞서 말씀드렸듯이 일상과 다른 마음흐름이 나타나게 되면서, 일상의 언어가 삶을 온전히 드러내지 못하고 있다는 것을 알게 하거든요. 하여 선종에서는 온전한 삶의 흐름인 도를 알고자 하거든 언어의 한계를 돌파해야 하고, 마음이 만든 이미지를 벗어나야 한다고 이야기하고 있습니다. 이에 대한 상징적인 사건이 양무제(梁武帝)가 달마대사에게 "당신은 누구입니까?"라고 묻자 달마대사가 "모릅니다"(不識)라고 했던 사건이라고 할 수 있으며, 수행에 관심을 갖고 있던 미국과 유럽 등의 젊은이들에게 선의 마음으로 울림을 줬던 숭산 스님의 '오직 모를 뿐'이라는 말씀이 아닐까 합니다. 일어나고 사라지는 마음현상 하나하나가 자신의 우주를 드러내면서 동참하는 세계상에도 영향을 주고 있으니, 흐름의 양상을 온전히 알아차린다는 것은 근본부터 일어날 수 없기 때문입니다. '그렇게 일어나는데' 모르는 것이 아니라 '인연 따라 그렇게 일어나므로' 알 수 없다는 뜻입니다.

앎의 실상이 이렇다 보니 패턴을 통해 사건·사물을 이해할 수 있도록 진화한 마음은 생존과 번식에 유리한 조건이었음에도 불구하고 흐름이라는 실상, 곧 변해 가는 양상에 대한 다양한 이해를 가로막는 데도 일조했다고 할 수 있습니다. 마음흐름을 있는 그대로 지켜보는 일이 필요한 이유도 여기에 있습니다. 그냥 지켜보다 보면, 곧 이전에 만들어진 이해를 강화하지 않는 연습을 하다 보면 생명흐름의 실상이 마음현상의 변화를 통해 나타나기도 하기 때문입니다. 이는 학습된 내용을 회상하는 연습의 범위를 벗어나 인지의 회로를 새로 설정하는 것과 같습니다. 머리를 굴려 계산하지 않고도 바로 인연의 흐름과 상응하는 앎과 함이 일어날 수 있는 바탕을 만들어 가는 것입니다.

이와 같은 바탕을 근거로 일어나는 매임 없는 사유와 행동이 선의 즉흥성입니다. 사실 누구라도 대부분의 앎과 행동은 익혀진 것에 따른 즉흥성일 것이고, 머리를 굴리는 일 또한 고정된 패턴을 만드는 일이겠지요. 하지만 학습된 패턴대로의 즉흥성은 지금 여기의 생명흐름을 온전히 드러내는 일이라고는 하기 어려운 데 반해, 선의 즉흥성은 그 순간의 삶을 온전히 드러내는 일이라는 데서 차이가 있다고 하겠습니다.

그렇기는 해도 생물 물질의 방정식을 넓고 깊게 이해하고 생명에 대한 기계적인 연구가 더욱 깊어지고 있으니, 그리 멀지 않는 어느 날 자연적 진화를 통하지 않고서도 뇌의 인지시스템이 변할 것 같기도 합니다. 인공지능과의 실제적인 협업으로 인지시스템의 새로운 버전이 나타날 수도 있다는 뜻입니다. 이 말씀을 드리는 것은 선에서 말하는 공부가 무엇인가를 이야기하고 싶기 때문입니다. 인공적으로 새로운 인지시스템이 나타나는 것과 같이, 마음공부는 이미 만들어져 있는 시스템의 연결망을 새롭게 조율하거나 새로운 생각길을 내는 것과 같다고 할 수 있거든요. 그렇게 되면 A이면서도 A에 머물지 않고 인연 따라

A가 아닌 것이 되는 유연성이 저절로 작용하는 것과 같은 사유 시스템이 정착했다고 할 수 있지 않겠어요. 그렇게 되면 있음도 아니고 없음도 아닌 연기적 실제를 바탕으로, 있음도 되고 없음도 되는 사유의 즉흥성을 언제 어디서나 펼칠 수 있는 신체인 법신을 이룬 것과 같습니다. 삶의 실상이 이러하므로 선에서 말하는 공부는 인연을 해석하되 해석된 이미지에 머물지 않을 뿐만 아니라 순간순간 나이면서 동시에 다른 나가 되어 가는 춤을 추는 일이 아닌가 싶습니다. 글쓰기 또한 마찬가지가 아닐까요.

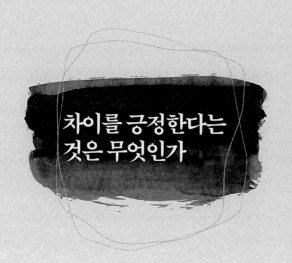

차이를 긍정한다는
것은 무엇인가

앎으로 드러나는 차이

아주 오래전에 '안다는 것은 무엇인가?'라는 의문이 불현듯 일어났었고, 얼마 후인지는 모르지만 그에 대하여 '이것을 그 자체로 아는 것이 아니고 저것과의 차이가 이것으로 알려지고 있구나'라는 생각을 한 적이 있었습니다. 이 생각은 차이가 '안다'는 지각현상을 일으키는 기본이 된다는 뜻이지만, 돌이켜 보면 '이것 그 자체'는 본질적으로 존재할 수 없다는 뜻을 내포하기도 합니다. 저것을 배제한 이것은 존립할 수 없거든요. 그렇기는 해도 차이를 일으키는 위상이 개인이 살아온 역사에 기대어 있을 수밖에 없으므로 다른 사람의 이해가 나의 이해와 일치하리라는 기대 또한 처음부터 가능하지 않다는 것을 뜻하기도 합니다. 사람마다 자신의 역사를 배경으로 '저것과 관계 맺는 양상'이 그 사람의 앎으로 드러난다고 해도 그렇습니다. '저것들'과의 관계맺기를 통해 '이것'이 이것으로 존립할 수 있다는 것은 직관의 영역이 아닙니다. 학습을 통해 익히고 사유해야 하는 영역입니다. 익히고 익혀야 하나의 이것이 복수의 이것이 되는 곳이 있다는 것을 알 수 있습니다. 소통이라는 말이 어느 정도는 성립될 수 있는 것도 여기에 기인합니다. 어느 정도라고 하는 것은 다른 사람이 갖고 있는 앎의 위상과 그 결과로 나타나는 앎과 행동을 온전히 이해한다는 것은 본래부터 있을 수 없기 때문입니다.

앎으로 드러나는 차이는 이것과 저것 사이에서만 일어나는 것도 아닙니다. 이것(그 자체) 속에서도 끊임없이 일어납니다. '나는 누구인가?'라는 질문이 끊임없이 이어지고 있는 것 또한 여기에 기인한다고 할 수 있습니다. 관계를 배제하고 주어로서의 오롯한 나를 찾는 순간 '나'라는 앎이 사라지는 것과 같기에 어떤 답도 나를 온전히 드러낼 수 없거든요. 하여 부처님께서는 자신의 행위가 자신을 드러낸다고 하셨겠지요. 일어나고 사라지는 생각의 흐름이 나의 흐름이 아니라 흐름 그 자체가 나라는 뜻입니다. 더구나 흐름 그 자체는 관계망 전체와 인연을 맺으면서 흐르고 있기에 관계망을 배제하고 존재로서의 자아를 찾는 일은 처음부터 실패할 수밖에 없습니다.

이와 같은 생명흐름을 잘 이야기해 주고 있는 주장이 지구 전체가 하나의 생명체와 같다는 가이아 이론이며, 진정한 자립은 홀로 서는 것이 아니라(애초부터 홀로 선다는 것이 성립될 수 없는데도 홀로 설 수 있다는 착각 속에 살았다고 해야겠지요) 상호 존중하는 의존관계를 넓혀 가는 것이라고 이야기하고 있는 학자의 이야기라고 하겠습니다(『단단한 삶』이라는 책의 주장입니다만 미생물과도 공존해야만 살아갈 수 있다는 현실을 잊고 살았기에 이 이야기가 새롭게 들렸겠지요). 앎의 기반이라고 할 수 있는 차이로서의 공존 속에서 생명현상이 발생하고 있다는 뜻입니다.

낱낱은 노마드로서의 낱낱

차이들을 잇는 생명의 관계망이 보다 근원적인 생명계이면서 생명계의 생명활동이 차이를 통해 드러나니, 낱낱이 낱낱으로서의 낱낱이 아니라 그 하나하나가 생명계의 얼굴이 됩니다. 생명계는 차이를 통해 생명계의 생명활동을 이어 가고 있으니 낱낱과 전체라는 말조차 하나의 다른 이름이며, 온전한 공존의 관계에서만 낱낱의 생명활동도 있을 수 있으므로, 낱낱의 생명활동 그 자체가 전체의 생명계의 흐름을 드러낸다고 말할 수도 있겠지요.

하여 낱낱은 노마드로서의 낱낱이어야 합니다. 관계망과 어울려 새로운 춤을 출 수 있는 유연한 신체와 생각만이 변화하는 흐름에 동참할 수 있거든요. 이를 부처님께서는 변치 않는 실재로서의 자아가 있을 수 없다고 했으며(무아), 변하는 것이 생명활동의 본령(무상)이라고 말씀하셨습니다. 하여 수행은 노마드하지 못하는 정신 활동인 집착을 내려놓는 일이 됩니다. 생명흐름 자체가 노마드적인데 어제를 지고 있어서는 오늘을 충분히 살기가 어렵지 않겠어요.

삶의 흐름이 이렇기에 『반야경』에서는 깨달은 이들이 쓰고 있는 세 가지 지혜 가운데 하나로 '원하지 않는' 마음씀[無願]을 이야기하고 있습니다. 사람에게 일어난 인지의 진화를 보면, 지금 여기만의 삶에서 과거를 기억하고 미래를 예측할 수 있는 혁명적인 인지시스템이 생겨났고, 전두엽의 일 가운데 중요한 것이 예측하는 일이기에 생존과 번식을 위한 결정적인 무기를 획득했다고 할 수 있습니다. 그러나 예측과 기대를 한 묶음으로 연계하게 되면서부터 지금 여기의 삶을 만족하게 여기지 않게 됐을 뿐만 아니라 내일의 일을 불안으로 바라볼 확률도 커지게 됐다고 합니다. 그러므로, 기억을 바탕으로 형성된 기대와 예측을 내려놓는 마음챙김이 수행의 한 축이 될 수밖에 없는 것 또한 필연일 수밖에 없었다고 하겠습니다. 이는 생각을 생각할 수 있게 된 인류, 곧 자아의식이 생겨난 인류라고 해도 지금 여기의 삶을 온전히 알아차려야만 과거·현재·미래를 관통하는 지혜로운 마음을 쓰면서 지금 여기의 자신을 제대로 볼 수 있기 때문이겠지요.

그래서 그런지 지금 여기에 온전히 집중된 선정의식 상태의 뇌 활동을 보면 전전두엽의 활동 스위치가 꺼져 있거나 최소화되어 있다고 합니다. 인지시스템이 혁명적으로 변하기 전이었다고 한다면 지금 여기를 온전히 산다고 해도 그 또한 그 순간의 경험일 뿐 그 상태를 돌이켜 생각할 수 없었을 것입니다. 하지만 인지시스템이 변한 현생인류는 과거를 회고하고 미래를 추상하는 것을 넘어 의지적으로 빈 마음 상태 등을 익힐 수도 있으므로, 지금 여기의 삶 속에 기억과 예측을 담아내면서도 불필요한 기대로 내일을 불안한 눈으로 보지 않을 수도 있게 됐습니다.

기대는 불안과 번뇌의 앞모습일 확률이 높습니다. 삶은 지금 여기에서 일어나는 사건들의 흐름이지만, 그 흐름 속에 담겨 있는 기억과 예측이 지금 여기를 색칠하게 되면 발 딛고 있는 땅이 흔들리는 것 같고 안개 짙은 길을 걷는 것과 같기 때문입니다. 하여 부처님께서는 '이것이 생겨날 때 비로소 이것이 있다'라고 말씀하셨겠지요. 우리가 알아차린 이것은 언어 이미지와 상응한 이것이지만, 실제의 이것은 온갖 인연이 중첩되어 이것으로 나타나면서 변해 가는 사건이라는 뜻입니다. 이 말은 어떤 사건도 두 찰나를 이어 동일한 모습일 수 없으므로 기대하는 일이 많을수록 번뇌 또한 많아질 수밖에 없다는 것을 뜻합니다.

지금 여기를 산다는 것

지금 여기를 산다는 것은 흔적을 지우면서 새로운 길을 만드는 것과 같지만, 새로 만들어진 길의 흔적도 지워야만 하는 노고를 감당해야만 합니다. 옛것의 흔적이 너무 짙으면 지금 여기를 잊게 되거든요. 생명흐름인 진화의 길도 옛것과 변이의 현재가 중첩되면서 새로운 생명이 탄생되는 과정이라고 할 수 있습니다. 하여 옛것을 지운다는 것이 옛것을 완전히 없애는 것일 수도 없습니다. '하늘 아래 새로운 것은 없다'라는 말처럼 어느 것이든 그것과 관계 맺고 있는 인연의 장이 바뀌게 되면서 새로운 모습으로 옛것을 상속하고 있거든요. 그러므로 옛것에 집착한다는 것은 지금 여기의 삶을 온전히 맞이할 수 없게 합니다. 상속으로 보면 옛것이라 해서 사라져 없어진 것도 아니므로, 없음을 '존재하지 않음'이라고 생각해서는 없음의 공능을 알 수 없게 됩니다. 없음이 품고 있는 것과 같은 다양한 인연망이 지금 여기의 시절인연과 어울려 있음을 연출하거든요. 오히려 부재(不在)라고 읽혀지는 순간이 기존의 존재를 흔들면서 새로운 존재를 창조하는 원동력이라고 할 수 있습니다. 부재와 존재의 불연속적인 것 같은 상속 방식이 사건의 흐름이기에, 생겨난 이것은 예측된 것이면서도 예측된 그대로의 이것일 수도 없습니다.

이것 그 자체도 스스로 생겨난 것이 아니라 저것들과의 관계에서만 이것으로 생겨나기 때문입니다. 이것의 생존활동은 상호 존중하는 의존관계로서의 생태계가 만든다는 뜻입니다. 그렇기에 이것이 이것일 때 이것이 생겨났다고 할 수도 있고, 생겨난 이것이 그 모습 그대로 생태계의 얼굴이 된다고 할 수도 있습니다. 하지만 생겨난 이것도 이것으로 머물 수는 없습니다. 인연 따라 변해 가면서 저것을 생겨나게 해야 이것도 이것으로 설 수 있거든요. 비유하자면, 나무가 햇빛을 직접 맞이할 수 없는 흙 속의 생명체에게 햇빛으로부터 얻게 된 에너지를 뿌리를 통해 전해 주어 흙 속 생명체를 건강하게 살 수 있게 하고, 이를 통해 건강해진 흙 속 생명체가 흙의 영양 상태를 좋게 함으로써 함께 잘 살게 되는 것과 같습니다. 생명계의 일원인 이것과 저것이 서로 다른 것 같지만 이것이 이것일 수 있는 것은 저것과 맺고 있는 의존관계가 정한다고 해도 과언이 아니니, 이것과 저것의 차이는 본질로서의 차이일 수 없다는 것입니다.

하여 불교에서는 '모든 것[一切法]은 변치 않는 본성[自性]을 갖고 있지 않다[無]'라고 하였습니다(一切法皆無自性). 무자성(無自性)이라는 뜻은 이것이 이것으로서의 본성이 없다는 것을 넘어섭니다. 수행자 모두가 깨달을 수 있다는 뜻이 성립되는 배경도 여기에 있거든요. 깨달을 수 있는 본성이 따로 있다면 그와 같은 본성을 갖지 못한 이들은 수행을 한다고 하더라도 깨닫는다는 사건이 발생할 수 없지만, 그와 같은 자성이 없기에 누구라도 깨닫게 된다는 것입니다. 깨닫게 되는 과정은 중생이 중생됨을 비우고 부처가 되어 가는 알아차림과 같습니다. 하여 특정 이미지에 머물지 않고 오로지 알아차리기만 하는 앎의 작용을 불성이라고 부릅니다. 본성의 부재(不在)와 같은 빈 마음이 깨닫는 역할을 하는 것과 같기에 이것을 뜻하는 불성이라는 개념어가 만들어질 수밖에 없었겠지요.

불성이라는 개념어 또한 명사적인 자성을 갖는 것 같지만, 불성이 작용하는 양상은 관계 속에서만 이루어지기에 무자성이라는 뜻에 어긋나지 않는 개념어입니다. 공이라는 개념어도 그렇습니다. 이것과 저것이 상호의존 관계에서만 이것일 수 있고 저것일 수 있다는 것은, 이것과 저것이 실체로서의 존재성이 없다는 뜻을 넘어 하나된 관계망에서 '이것이면서 동시에 저것'인 이것과 저것이 있다는 것을 뜻하므로, 공이라는 새로운 개념어가 만들어질 수밖에 없었다는 뜻입니다. 하여 공을 설명할 때 '있는 것도 아니고 없는 것도 아니며, 영속적인 것도 아니고 단속적인 것도 아니며, 같은 것도 아니며 다른 것도 아니다'라고 합니다. 『금강경』에서는 이 일을 'A이면서 동시에 A아님(非A)'이라고 이야기하고 있습니다. 생명흐름이 A도 고집하지 않고 A

아님도 고집하지 않는 것과 같습니다. 사실이 이렇기에 지구가 생겨나고 5억 년이 지나자 생물이 나타날 수 있었겠지요. 무생물도 무생물로서의 본성이 아니었기에 무생물만 있었던 지구 환경에서 생물이 나타날 수 있었고, 단세포 생물과 다세포 생물도 생겨날 수 있었으며, 식물과 동물도 생겨났고 암컷과 수컷도 생겨날 수 있었다는 것입니다. 더 나아가 인지혁명이 일어난 현생인류는 이와 같은 사실을 알 수도 있게 됐습니다.

그 가운데 암컷의 본질과 수컷의 본질이 없다는 것을 알아낸 사건은 공으로서 작용하고 있는 실제적인 현상을 적나라하게 보여 준다고 하겠습니다. 다 큰 암컷에서 암컷의 특성을 나타내는 유전자를 제거하면 그 순간부터 암컷의 특성을 잃고 수컷이 되어 가며, 수컷의 유전자 가운데 수컷으로서의 특성을 나타내는 유전자를 제거하면 그 순간부터 암컷이 되어 간다는 것입니다. '아' 다르고 '어' 다르다는 말처럼 맥락에 따라, 곧 사건이 발생하는 인연 조건에 따라 A라는 것도 'A로 표현된 A'일 뿐이라는 것이지요. 하여 불교에서는 만들어진 이미지에 현혹되는 알음알이를 내려놓아야 한다고 이야기합니다. 그 가운데는 선정의식을 통해 경험되는 특이한 현상도 포함됩니다.

예를 들어, 선정의식 가운데 부처님을 만나 설법을 듣는 사건을 경험했다고 하더라도 그 일이 귀신의 장난인 줄 알아차리지 못했다면 바른 알아차림인 지혜로운 판단이 아니라는 뜻입니다. 선종에서 지혜와 선정을 함께 닦아야 한다는 것을 강조하는 까닭도 여기에 있습니다. 패턴을 통해 세상을 이해하는 인지망에 의해서 내부 이미지가 만들어지고 있다는 것을 알지 못한다고 하면, 곧 해석된 세계는 자신의 마음이 만든 세계상이라는 것을 이해하지 못한다고 하면 경험된 세계상이 자신의 인식과는 아무런 상관없이 내외부에 있고 거울과 같은 마음이 그것을 비추어 안다는 착각을 하게 되기 때문입니다. 인연 조건에 따라 인지된 세계상이 만들어지기도 하고 해체되기도 한다는 무자성의 공성을 판단의 중심에 두어야 한다는 것이지요. 그럼에도 불구하고 『선어록』을 읽다 보면 거울 같은 마음을 이야기하는 대목이 많이 나옵니다. 마음(신경과학자들의 말에 따르면 뇌 신경망의 작용)이 수용된 정보를 이해하기 위해 패턴 조합을 통해 해석상을 만들기도 하지만, 한편으론 만들어진 이미지를 있는 그대로 알아차리는 마음현상도 있는 것 같기 때문입니다. 거울 같은 마음은 생각의 흐름을 알아차리는 마음입니다.

　이 마음이 없다면 수행이라는 일도 성립될 수 없으며, 아무런 이미지가 없는 상태를 알아차리는 지각현상도 있을 수 없겠지요. 예를 들면 선정의식 상태에서 몸에 대한 지각이 없어지는 경험을 하는 경우(몸이 보이기는 하는데 몸에 대한 느낌이 없는 경우입니다)에 '없다'라는 이미지를 알아차리는 경우라고 하겠습니다. 이와 같은 지각현상이 몸의 감각에만 국한되지는 않습니다. 다른 감각기관의 작용이 일어나지 않는 경우에도 그것을 알아차리는 거울 같은 마음이 있기도 하고, 알아차리는 마음조차 사라지는 경우도 있거든요. 하여 선종에서는 '마음이 부처다'라는 말을 하기도 하지만, '마음 없음이 부처다'라는 말을 하기도 합니다. 마음조차 있기도 하고 없기도 하는 무자성, 곧 공성이라는 뜻입니다. 그렇기에 마음을 잘 쓰면 부처가 되지만 잘못 쓰면 번뇌의 공장이 되고 맙니다. 일상의 경험으로 보면 마음은 번뇌의 공장이라는 말이 와닿지만, 번뇌의 공장 같은 마음도 결정체가 아니기에 번뇌 속에서도 깨달음이라는 꽃이 피어나게 됩니다.

세상을 해석하는 내부의 패턴망

세상을 해석하는 내부의 패턴이 세상을 비추는 조명이 되어 자신의 세계를 연출하니, 사건과 접속하는 조명과 패턴을 생각하면 마음이 모든 사건의 해석체라는 말이 더 이상 공허하지 않습니다. 그럼에도 불구하고 마음이라는 것의 실체조차 '있다고 할 수 없다'는 것을 다시 한번 강조할 수밖에 없으니, 있음과 없음이라는 의미체계를 다시 살펴보는 것이 세상을 해석하는 중요한 일이 된다고 하겠습니다. 예로서는 19세기만 하더라도 남성을 상징하는 색이 핑크색이었던 것을 들 수 있습니다. 당시의 남성들은 핑크색 옷을 입고 방을 핑크색으로 꾸몄습니다. 어려서부터 핑크색이 남성을 상징한다고 학습했기 때문입니다. 반면 그때의 여성들은 푸른색을 선호했습니다. 실제로는 어느 색도 특정 성을 상징하는 것일 수 없음에도 사회적 학습에 의해서 그렇게 정해진 것입니다. 사람은 패턴을 분류하고 해석할 수 있는 인지시스템을 가지고 태어났으며 학습과 환경 등을 통해 새롭게 익히는 것도 있는데, 핑크색과 푸른색의 패턴 분류는 타고난 것이라고 한다면 그 색이 남성 또는 여성을 상징한다고 하는 것은 학습된 결과라고 할 수 있겠지요.

이 경우와 같이 학습된 내용을 본질적이라고 여기는 것은 사건의 실상을 왜곡할 뿐입니다. 직접 경험되는 마음작용으로만 본다면 자신의 마음을 자신이 쓰고 있는 것 같지만, 의식되는 이미지가 의식되기 0.2~0.5초 전에 무의식의 작용에 의해서 만들어진 것이라는 사실(이를 자유의지가 없다는 증거로 쓰기도 합니다)을 생각하면, 스스로가 스스로를 속이는 일을 하고 있으면서도 속은 줄도 모르는 일이 당연한 것 같기도 합니다. 더 나아가 본다면 의식된 이미지는 의식된 것과 같은 이미지로 마음속에 갈무리되어 있다가 인연 따라 나타나는 것도 아닙니다. 수많은 조각(기억의 자모음)들로 나뉘어 있다가 다시 조립되면서 의식된 것이므로 항상 같은 것일 수도 없거든요. 같은 것이라고 의식된 것조차 있는 조각이 빠지기도 하고 다른 조각들이 들어오기도 하면서 새롭게 만들어진 이미지이지만 습관적으로 일반화된 판단에 의거해 같은 것으로 해석된 것이기 때문입니다.

어쩌면 하루에 약 2,000억 개의 세포가 바뀌고 있지만 늘 같은 자기로 인식되니(뇌의 신경세포가 바뀌지 않기 때문에 이미지의 연속성이 담보되고 있다고 합니다), 인식된다는 것은 해석을 넘어 사건·사물의 정체성을 만들고 있는 순간이 아닌가 합니다. 정체성이란 수용된 정보에 대한 패턴의 동일성을 담보할 수 있는 기억이라고 할 수 있는데, 이와 같은 인지시스템은 생존에 절대적으로 유리했기에 대를 이어 유전됐다고 할 수 있겠지요. 예를 들어 큰 나무 뒤에 있는 포식자의 일부만을 보고서도 그것이 포식자인 줄 알 수 있는 채워 넣기 식의 패턴인지가 사건·사물의 정체성을 만들어 추상하고 예측하기에 이르렀다는 것입니다. 그래서 그런지 사람의 인식에서는 채워 넣기가 다른 무엇보다 중요한 요소라고 이야기하기도 합니다. 시지각에서 맹점을 자각할 수 없는 것도 여기에 기인합니다. 채워 넣기 식의 인지가 생존에 대단히 중요한 요소임에는 분명하겠지만 사건·사물에 대한 오해도 이로부터 발생한다고 할 수 있으니, 해석됐다고 해서 그 해석상이 사건·사물의 실제를 바르게 보고 있는가를 다시 살피지 않는다고 하면 사실과 상관없는 해석으로 불필요한 번뇌를 만들기도 합니다. 인지의 체계가 이렇다 보니 '먹는 것이 나다'라는 말이 있듯 한 사람의 세계상을 이해하는 데 중요한 요소가 한두 가지가 아니겠지요. 어쩌면 학습 내용과 학습 환경이 개인의 정체성을 만드는 데 결정적인 요소라고 해도 과언이 아닐 것 같습니다. 세계상이 만들어지는 데는 유전자에 의해 정해지는 신경망의 패턴이 있기는 해도 사람들의 유전정보의 99.9%가 같기 때문에 자기만의 세계상을 만드는 데는 환경과 학습의 역할이 크게 작용했다고 할 수 있다는 뜻입니다. 그렇게 만들어진 신경망의 패턴 연결은 타고난 것보다는 쉽게 (결코 쉽다고 말하기는 어렵지만) 바뀔 수 있습니다. 다른 학습도 그렇지만 마음챙김 수행이 체화될 수 있는 것도 이 때문입니다.

본다는 것은

일상의 의식도 그렇지만 선정의식은 일상의식과 달리 무의식적으로 이루어지는 신경망의 패턴 연결을 크게 바꾸기 때문에 시각·청각뿐만 아니라 의식까지 이전과 다른 양상으로 사건·사물을 경험하고 해석할 수 있게 합니다. 선정을 성취했다는 것은 선정의식에서 경험한 이미지를 일상으로 지각할 수 있게 하는 새로운 인지망이 생겨난 것과 같아 '본다는 것' 등이 무엇인지를 돌아보게 하거든요. 이와 같은 경험과 이해를 바탕으로 주고받은 선문답은 일상의 언어쓰임으로 보면 아무런 쓸모가 없는 것처럼 보이기는 해도, 그 내용으로 보면 부질없는 것을 기반으로 겪지 않아도 되는 아픔을 만들어 내고 있는 인식기반을 뒤흔드는 말이 됩니다. 선문답이 현실을 전혀 모르면서 허공을 더듬는 말을 하고 있는 것과 같지만, 선문답처럼 A이면서 A가 아닌 현실을 적나라하게 보여 주면서 부질없는 집착을 넘어서게 하는 말을 쓸 수 있어야 현재를 제대로 살 수 있기 때문입니다.

남성의 색이 핑크라는 것도 핑크가 여성의 색이라는 것도 주입된 학습 효과를 제외하고는 전혀 현실이 아닌 것처럼 우리들의 현실은 주입된 현실을 현실이라고 해석하고 있는 경우가 대부분이라고 할 수 있으니, 허공을 더듬으면서도 그것이 허상인 줄 모르는 것과 무엇이 다를까요. 실제로 작동하고 있는 현실 이해는 이미 자리 잡은 기억의 자모음을 짜맞춘 해석상을 넘어서기가 어렵다는 뜻입니다. 왜냐하면 수용된 정보를 해석하는 데 참여하는 내용을 보면 지금 여기의 정보보다 기억의 자모음이 훨씬 강도 높게 영향을 주기 때문입니다. 이것이 지금 여기의 자신입니다. 자신이 서 있는 자리가 객관적이고 중립적인 것 같지만 그런 자리는 없습니다. 자신의 역사가 자신의 해석상을 만들면서 자신의 자리를 규정합니다. 이래야 된다는 보편상이 없는 것이 아니고, 보편상이 있기에 공감도 가능하지만, 누구에게나 온전히 공감되는 그런 일은 일어날 수 없습니다. 자신의 역사가 조명이 되어 자신의 세계를 비추면서 걷는 길이 다시 자신의 역사가 되었기에 40억 년이라는 생명의 역사가 지속될 수 있었습니다. 그렇지만 자신의 유전체에서 일어나는 변이는 말할 것 없고, 다른 생물체로부터 유전체를 얻게 되면서 일어나는 공생적 발생을 생각하면 변치 않는 자기가 정해진 길만을 걸어갈 수 없는 세계입니다. 생명흐름을 보면 변이는 필연처럼 일어났고, 한 번 일어난 변이는 이미 있는 생명의 길을 풍부하게 하면서 생명의 지도를 변주해 왔거든요. 하여 모든 생명체는 자신만의 세계상을 만들면서 이웃 세계상과 공명하고 공감하면서 공진화의 길을 걸을 수밖에 없었다고 하겠습니다.

생명의 길이 이렇기에 과거로 만든 초석만을 고집했다가는 살아남을 수 없습니다. 인지의 연속성을 담보하는 자아상을 만드는 것이 중요하기는 해도, 그것이 만들어진 자아상이라는 것을 알아차리지 못하면 과거의 초석에 발목이 잡혀 생명의 흐름에 동참하기가 어렵거든요. 과거의 초석을 딛고서 새로운 초석을 만들어 냈던 생명의 역사는 상속되기는 하지만 동일하지도 않고 그렇다고 온전히 다르지도 않은 흐름입니다.

이와 같은 생명의 흐름을 부처님께서는 무아와 무상이라고 말씀하셨습니다. 조금 심하게 말하면 오늘 배운 학습 내용이 내일도 필요하다고 할 수 없으며, 어쩌면 발목을 잡을지도 모르니 살피고 살펴 쓸데없는 기억정보를 짐처럼 지지 말라는 것입니다. 하여 『금강경』에서는 '강을 건너고 나서도 뗏목을 짊어지고 다닐 필요가 있을까'라고 했으며, 임제 스님은 자신의 제자가 도를 드러낸다고 '할'을 하는 것을 보고 '나의 도가 당대에 죽었구나'라고 탄식했겠지요. 임제의 할은 임제의 도이고 덕산의 방은 덕산의 도일 뿐 그것이 모든 이들의 도를 적나라하게 드러내는 도구가 될 수 없으니, 임제의 탄식은 학습의 한계를 드러낸 또 다른 학습이 아닐까 합니다. 이는 너를 공감하지만 그것이 '너의 것'일 수 없는 한계를 적나라하게 드러낸 예라고 할 수 있겠지요. 배워야 하지만 배움을 넘어선 자신의 모습을 드러내지 못한다고 하면 선의 본령을 잃은 것일 뿐만 아니라 자신의 생명의지조차 잃은 것과 같거든요. 하여 절의 일주문에는 '이 문 안으로 들어가려거든 학습된 지식과 해석체계를 내려놓아야 한다'라는 주련이 걸렸겠지요. 그렇다고 해도 학습된 지식이 중요했고 학습된 정보의 풍부함에 의해서 현생인류가 지금과 같은 삶을 살아낼 수 있었던 것 또한 사실입니다. 그러나 현재의 삶을 들여다보면 팔 능력만이 그 사람의 사람됨을 규정하는 현실이라 생명의 가치에 대해서 묻는 것은 시대에 뒤떨어지는 일이 되었으며, 사람됨을 규정하는 것조차 특정 흐름이 주도하고 있으니, 생명의 수만큼 다양한 세계를 존중하는 태도 또한 시대에 뒤떨어진 일이 될 수밖에 없게 된 것 또한 사실입니다.

이런 뜻에서 현재의 학습은 유용한 정보를 축적하는 일도 되지만, 다른 한편 자신을 잃어 가는 힘을 축적하는 일이 아닌지 모르겠습니다. 말로는 '너의 생각이 무엇이냐?'고 묻지만, 곧이곧대로 자신의 생각을 말했다가는 눈치 없는 사람이 되기 십상이거든요. 아무것도 하지 않아야 중간이라도 간다는 말은 생각이라는 처신을 어떻게 해야 하는지를 보여 주는 극명한 예입니다. 세상을 이해하는 타고난 지각 규칙이 비슷하다고 해도 그 속을 들여다보면 결코 같을 수 없는 '생각길과 생각길을 따라 만들어진 지각 이미지'이지만 속내를 감추고서 권위 등에 의해서 정해진 답을 말해야만 되는 현실이 생존과 직결되어 있는 구조라고 할 수 있기 때문입니다. 학습의 관계망이 이렇다 보니 직간접으로 쌓여 가는 지각층, 곧 자신의 미래를 준비하는 기억의 자모음이 만들고 있는 패턴망도 생각 없는 생각길을 강화하고 넓히는 일이 되기 십상일 것입니다. 더 나아가 그렇게 넓혀지고 강화된 패턴망이 미래의 얼굴이 될 확률이 높으니 저절로 일어나고 사라지는 과거·현재·미래의 흐름에 맡기기만 해서는 오늘을 산다고 하기가 갈수록 어렵게 되고 맙니다. 그 까닭은 수용된 정보를 해석하기 위해 처음으로 만들어진 내부 이미지, 곧 의식되기 전의 이미지는 경험기억을 동원해서 해석해야만 어느 정도 이해되는 듯한 추상화와 같기 때문이라고 합니다. 이 말은 얼기설기 얽힌 밑그림에 기억의 자모음을 채워 넣어야만 의식되는 그림이 만들어진다는 뜻입니다. 지각과정이 이렇다 보니 아는 것은 자신의 해석을 넘어서기 어렵습니다. 그렇다고 해도, 곧 아는 것이 자신의 해석이라고 해도 해석에 동원되는 정보의 대부분이 경험과 학습이기 때문에 교육권을 잡고 있는 힘, 그 가운데 권위를 갖고 있다고 여기는 힘이 생각보다 강력하게 다른 사람의 해석에 영향을 끼쳤다는 것을 잊어서는 안 됩니다.

보배 가운데 보배—다보여래

아는 것, 곧 해석되는 것이 이렇다 보니 자신의 삶을 살기 위해서는 자신의 해석이 진정 자신의 해석인가를 되물어야 합니다. 임제 선사께서 '부처를 만나거든 부처를 죽이고, 조사를 만나거든 조사를 죽여라'라고 한 말도 여기에 기인한다고 할 수 있습니다. 부처와 조사를 배우지만 배운 부처와 조사의 생각이 자신의 생각길을 조정한다고 하면 권위에 복종하면서 생각 없이 사는 처지를 벗어날 수 없다는 것을 사무치게 알아차려야 한다는 것입니다. 그러기 위해서는 빈 마음 상태를 경험하는 일이 중요합니다. 앞서 말했던 다보여래를 체험하는 일입니다. 현상으로만 보면 텅 빈 것 같지만 빈 마음이 인연 따라 온갖 현상을 연출하는 일이야말로 사건마다를 부처의 일이면서 온전히 자신의 삶이 되게 하니, 이 일이 보배 가운데 보배가 아닐 수 없어 다보여래라고 이름했거든요.

만들어진 이미지에 매이거나 머물지 않는 마음씀이 보배 가운데 보배라는 뜻입니다. 생명의 실상을 보면 이와 같은 마음씀은 만들어진 마음현상이 아닙니다. 마음 작용이 일어나고 있는 인지의 바탕이 그렇습니다. 뭇 생명 모두가 본래 부처라는 말도 빈 마음인 공성이 다보여래가 되어 삶의 모습마다 내부의 부처를 드러내는 일이라고 보았기 때문입니다. 이 생각을 유감없이 드러낸 일이 경주 남산에 있는 수많은 부처입니다. 돌을 깎아 부처상을 만드는 것이 아니라 내재된 부처님을 밖으로 드러낸 일이었다는 조각가의 말과 같이 돌조차도 돌이라는 본성이 있어 돌이라고 부르는 것이 아니라 인연 따라 변해 가는 무자성의 공성이 돌의 본래 모습이며, 인연이 채워 넣는 양상에 의해 부처님의 모습이 드러난다는 것입니다. 사람의 지각작용만 채워 넣기를 통해 세상의 인연을 해석하는 것이 아니라 사건·사물 그 자체가 인연이 채워 넣는 모습이라는 뜻입니다. 채워 넣는 양상이 개인의 역사이면서 세계의 역사가 되니 채워 넣기를 통해 만들어진 이미지에 머물 수도 없습니다. 빈 마음인 다보여래로 보면 사건·사물마다 다를 것이 없지만 인연 따라 현상하는 모습은 그 모습 그대로 다보여래를 대표하고 있으니 빈 마음조차 실체일 수 없거든요. 빈 마음으로만 보면 무상하다는 말도 성립하기 어렵지만 빈 마음이 빈 마음 상태에만 머물지 않기에 그 또한 무상한 마음이며 인연 따라 채워지는 마음이기에 빔과 채워짐 또한 한 사건의 두 모습이라고 할 수 있습니다.

하여 『반야심경』에서는 현상이 그 모습 그대로 빔이 되고 빔이 그 모습 그대로 현상이 된다고 했으며, 마음 또한 그와 같다고 했겠지요. 왜냐하면 A라는 시점에서 현상한 사건이 제 모습을 비우지 못하면 인연의 흐름과 함께 나타날 수 없어 B라는 시점의 사건이 될 수 없거든요. 사건으로 드러난다는 것은 끊임없는 비움을 통해서만 가능한 일이므로 비움과 채움은 다른 말이면서도 함께하는 말이 될 수밖에 없습니다.

새로움을 창조하는 비움

생명의 관계망은 이미 만들어진 길만으로 운용되지 않습니다. 길을 비틀면서 새길을 내고 없던 길도 만들면서 관계가 빚어내는 색깔을 풍요롭게 합니다. 비움이 비틀리기에 그 속에서 채움이 커져 가고, 커져 간 채움이 자신을 내려놓기에 비움을 통해 새로운 색깔을 만들면서 다양한 현상이 만들어집니다. 비움이라는 한 색깔도 그것만으로 제 세상을 연출하지 못합니다. 채움이 비워낸 색조를 새롭게 섞어 이전까지 보지 못했던 새로움을 창조합니다. 창조는 창조된 것들이 인연의 연결망을 새롭게 조정하면서 자신의 비움을 드러낼 때 나타나는 색깔입니다. 그러므로 하나의 색깔로 생각하는 사회기반을 만들기 위해 교육권을 독점하고 있는 것 같은 사회 흐름은 비움을 만들지 못해 있는 꽃도 자라기 어렵고, 새로운 꽃을 희망하기에는 고문에 가까운 기다림만이 희망이 되고 맙니다. 배우고 있는 내용으로 보면 매일매일 새로운 배울 거리가 만들어지고 있는 것 같지만 배움이 지향하는 곳이 하나인 것 같은 사회흐름은 미래조차 이미 규정되어 있는 것과 다름없습니다. 아직 오지 않은 미래가 아니라 과거·현재·미래를 관통하는 변치 않는 하나의 생각은 생명의 진화와도 어긋나며 변화한 미래를 기대하기도 어렵습니다.

비움을 경험하는 일과 비워 내는 공능을 갖추는 것을 지혜로움이라고 하는 까닭도 여기에 있습니다. 하여 『화엄경』에서는 일어나고 사라지는 모든 사건·사물을 법신 부처님께서 현상한 것이라고 이야기하고 있습니다. 비움과 채움이 함께하면서 현상한 모든 것들은 그것만으로 존재하는 것도 아닙니다. 생명의 관계망을 이루는 비움의 공능에 의해서 '이것에 의존하는 저것, 저것에 의존하는 이것'이 그 순간을 채우는 사건·사물이 됩니다. 예기치 않게 접속하게 되는 여러 우연을 채울 수 있는 빔에 의해서 생명흐름에 동참하는 이웃들에게 신선한 공기를 줄 수 있으며, 스며드는 공기에 의해서 제빛을 채울 수도 있습니다. 어제를 비틀면서 오늘을 사유하는 능력을 키우지 못하면 배운 것들이 오늘뿐만 아니라 내일도 제빛으로 빛날 수 없게 합니다. 제빛으로 빛날 수 없는 내일을 기다린다는 것은 생명들이 주는 신뢰를 느낄 수 없어, 열심히 사는 것을 넘어 가열차게 살고 있다고 자부하지만 말라 버린 샘처럼 생명을 적실 수 없는 순간을 맞이하게 할 것입니다. 제 서 있는 땅에 기대어 삶을 해석하는 연습이 필요한 것이 아닌가라고 느꼈다면 한 걸음 늦은

회한이 아닐지 모르겠습니다.

이 일을 가장 극명하게 보여 주는 말이 "부자 되세요"라는 구호가 아닐까 합니다. 이 말은 '부자 되는 것만 생각하세요'라는 말과 같거든요. 부자 되기 위해 여러 가지를 생각하라는 말 같지만 실제로는 '부자'라는 허구 말고는 다른 것을 생각할 수 없게 하는 장치입니다. 더 나아가 존중받아야 마땅한 다양한 차이들이 오직 부자인가 아닌가라는 차이에 의한 차별적 서열을 당연하게 받아들이게 하는 생각길만을 강화하는 일이 되니, 덕담처럼 들리는 "부자 되세요"라는 말이 갖고 있는 함의는 대다수 사람을 가난으로 내몰 뿐만 아니라 서열에 따른 차별을 개인의 능력차로 받아들이게 만들어 생명활동을 하찮게 여기게 합니다. 이는 특정 집단이 가장 좋아하는 일입니다. "생각하지 마시고 그냥 누리기만 하세요"라는 말을 달고 사는 이들이 노리는 것은 허구로 만들어진 차별을 당연하게 받아들이는, 생각 없이 사는 신체를 갖는 사람이 많아지는 것이거든요. 어제의 나에게 "너는 왜 그렇게 살았어"라고 힐난하거나 오늘의 나에게 "너에게 미래가 있겠어"라는 말을 걸었다면, 잠시 멈추고 왜 그렇게 자신을 보는지를 살펴야 합니다. 생각 없이 살라고 요구하는 이들이 말해 준 삶의 양상을 본으로 삼았다가는 성공했다는 사람은 물론이고 실패했다는 사람도 실패할 수밖에 없는 삶을 이상

향으로 삼았을 확률이 높거든요. 그와 같은 삶을 치열하게 살았다가는 어느 날 텅 빈 가슴에 스며드는 쓸쓸함만이 인생의 동반자로 남을 것입니다.

하여 멍 때리는 일도 치유가 됩니다. 심어진 생각을 비우는 일은 그 생각의 연유를 살피는 일부터 시작되어야 하거늘 이것이 정답이라는 것만을 외우는 사유습관은 정답을 비트는 일조차 배워야만 가능한데, 그 모두를 내려놓는 것과 같은 일이 멍 때리기와 같은 일이거든요. 멍 때리는 일은 잠깐일지라도 비움의 덕을 익히는 시간이라고 할 수 있습니다. 허나 멍 때리는 비움과 바른 사유의 채움은 쌍으로 익혀야 하는 덕목입니다. 선종에서 깨달은 신체를 이루기 위해서는 선정과 지혜를 함께 닦아야 한다는 것을 강조하는 것과 같습니다. 드러난 색깔로의 질주를 조율할 수 있는 비움의 정서를 체화해야 오늘을 오늘로서 살 수 있기 때문입니다. 과거가 준비한 미래의 색조가 지금 여기를 나타내기 위해서는 반드시 비움이라는 지혜가 작용해야 하거든요. 채움의 정서와 비움의 정서가 감정으로 표현되는 현재를 균형 잡힌 현재로 만들기 위해서는, 곧 기대되는 미래가 드러나기 위해서는 반드시 비움이라는 관문을 통과해야 됩니다.

힘을 빼고 지켜보기

비움은 집착을 여의게 하는 현실적인 경험입니다. 온몸에 힘을 뺀 상태로 허리를 세우고 화두든 호흡관찰이든 멍 때리기든 본인이 하고 싶은 관찰을 하다 보면, 잘 되든 잘 되지 않든(실제로는 집중적인 관찰이 잘 일어나지 않습니다) 갑자기 몸이 깨어나는 사건이 발생할 때가 있습니다. 이때부터는 어렵지 않게 관찰대상에 주의를 기울일 수가 있고, 의식 집중의 강도가 몸의 깨어남과 함께하면서 이전까지 경험하지 못한 지각상태를 경험하기도 합니다.

예를 들어 몸의 느낌이 사라진다든가 눈앞의 풍경이 달라지거나 일상에서는 결코 경험하지 못한 광경 등을 경험하는 일입니다. 이런 일은 눈 등의 감각기관과 상응하는 지각현상은 말할 것 없고, 외부에서 수용된 정보가 전혀 없는 상태에서 내부의 지각시스템에 의해서도 일어납니다. 보이는 것이 보이는 대로 존재하는 것도 아니고 오직 내부의 해석 시스템에 의해서 그렇게 보일 수 있다는 것을 직접적으로 아는 체험입니다. 이와 같은 체험을 한두 번 했다고 해서 쌓인 집착이 바로 사라지는 것은 아니지만, 곧 집착이 비움을 통과했다고 할 수는 없지만 보고 안다는 사유습관을 되돌아보게 하는 사건으로서는 충분합니다. 비움이라는 관문, 곧 지혜라는 관문을 통과하는 디딤돌을 놓는 데는 부족하지 않다는 뜻입니다. 학습된 앎과 경험된 앎이 무엇인지를 되돌아보게 하는 역할을 한 것만으로도 생각 길을 조율하거나 새로 만들 수 있는 계기가 되거든요.

더 나아가 그와 같은 체험을 공유하다 보면 사건의 실상이 무엇인지를 알게 됩니다. 나의 체험이지만, 그 체험이 나의 체험만으로 제한된 사건이었다면, 부처님의 가르침이 전승될 수도 없었다는 말입니다. 학습된 내용을 이리저리 살펴보고 받아들이는 것이 중요하지만(현재로는 잘 알려지고 검증된 과학적 지식을 토대로 따져보는 일이 중요합니다. 논리적 생각만으로 전승된 학습 내용이 생명계의 실상과 어긋난 일이 한두 가지가 아닌데도 그 생각을 토대로 전쟁까지 서슴지 않는 일이 비일비재했다는 것은 집착의 결과가 무엇인지를 극명하게 보여 준다고 하겠습니다) 그 내용이 생명의 실상에 어긋나서는 경험과 생각을 집착하는 것 말고는 아무런 역할도 하지 못합니다. 허나 부처님과 같은 분들의 가르침이 전승되면서 생명의 실상은 생존과 번식이라는 치열함 속에서도 이타적 행위가 이기를 최대한으로 끌어올린다는 것을 알게 됐으며, 비움을 경험한 인류는 이기를 넘어선 이타로서의 삶을 의도적으로 살아갈 수 있는 특별한 종이 됐다고 하겠습니다. 하여 『법화경』에서는 누구라도 시공간의 제한을 벗어난 것 같은 비움으로 채워진 현상 하나하나가 여래인 줄 알게 될 것이라고 했으며, 『화엄경』에서는 생명계 그 자체가 서로 다른 모습으로 현상한 비로자나 부처님들의 연대라고 했겠지요. 모두 다 비로자나 부처님이면서 온전히 같은 모습이 하나도 없다는 것은 생명활동은 다름으로 하나된 생명계의 연대 활동이라는 것을 말해 준다고 하겠습니다. 최소한 현생인류는 직간접으로 이와 같은 이해와 경험을 하고 있으므로 삶의 여정을 반조해 본다면 그리 어렵지 않게 알 수 있겠지만, 반조해서 살펴본 경험이 일천하다 보니 기억이 만든 집착의 틀을 벗어나지 못해 지지 않아도 될 짐을 지고 있으면서 힘들어하기도 합니다.

해석된 세계상이 자신의 세계인 것은 분명하지만 울림이 있는 해석인지 환상의 세계인지를 헤아려야 하며, 울림 있는 언행과 실천이라 하더라도 그 일이 환상에 근거했다고 하면 또 다른 집착을 낳으면서 비움으로 이루어지고 있는 생명 연대의 의존관계를 왜곡할 수 있으니 살피고 살펴야 합니다(이때도 분명하게 밝혀진 과학적 사실에 기반해야 한다는 것은 더 말할 필요가 없습니다). 간혹 자기신념을 증거하기 위해 과학적 사실이라는 것을 인용하기도 하지만, 주의 깊게 듣지 않는다고 하면 자신의 신념으로 과학적 사실을 왜곡하는 줄도 모르기 때문입니다. 자신의 신념을 만들어 낸 학습과 경험이 도리어 생명의 실상에 대한 진실에 대해 눈감게 하는 위험으로부터 벗어나기 위해서는 내면의 경험 그 자체를 지혜로 간주해서는 안 된다는 뜻입니다. 이 경우에도, 곧 내적으로 새로운 경험을 했다고 해도 해석이 중요하다는 것입니다.

경험의 실상이 이러하므로 부처님께서는 이름이나 전통에 매이지 말고 사건·사물을 있는 그대로 볼 것을 강조하셨겠지요. 비슷한 경험을 했다고 하더라도 그에 대한 해석에 따라 생명의 실상을 이해하는 역할을 하기도 하지만 생명의 실상을 가리는 역할을 하기 때문입니다. 생명의 실상과 어긋난 신념체계에 근거해서 지금도 여전히 이익을 탐하는 전쟁이 끊이지 않는 것이 이를 증명하고 있습니다. 그러므로 일어나고 사라지는 사건·사물의 실상을 해석하면서 스스로 무엇을 채워 넣고 있는가를 알아차려야만 생명계의 실상인 공생의 삶을 의지적으로 살아갈 확률이 커진다고 하겠습니다.

이런 뜻에서 공진화하는 생명계와 인지과학에 대한 학습이 중요하다는 것은 강조할 필요조차 없겠지요. 일어나고 사라지는 사건들에 대한 해석은 자신의 경험기억을 가지고 채워 넣기를 하고 있는 인지시스템의 결과이기에 극히 개인적인 경향성이라고 할 수 있지만, 인지시스템 그 자체는 공진화를 통해 이루어졌기 때문입니다. 생명현상이 공진화를 통해서 이루어지지 않았다고 하면 깨달았다고 하는 제자가 제대로 된 깨달음 인지 아닌지를 스승이라고 해도 알 수 없어 '인가'라는 말도 성립되지 않겠지요. 호모사피엔스라는 종으로 보면 종 전체의 해석 시스템이 크게 다르지 않기 때문에 인가 등의 소통도 가능하다는 것입니다. 이 시스템을 다른 종과 비교한다는 것 자체가 성립될 수 없기에(한 번도 다른 종의 해석 시스템을 써 본 적이 없기 때문입니다) 호모사피엔스의 해석 시스템에 대해서 다른 종보다 더 우수하다는 말이 성립되기는 어렵지만, 여러 가지 정황으로 보면 다른 양상으로 작용하고 있다는 것은 분명합니다. 앞서 말씀드렸듯이 자신의 인지를 반조해 볼 수 있는 의식현상이 생겨난 것도 분명하며, 이것에 의해 상호의존적인 생명계라는 사실을 알 수 있게 된 것 또한 분명하거든요. 이 말은 종을 넘어서까지 이루어지고 있는 이기적이면서도 이타적이고 이타적이면서도 이기적인 생명흐름의 진실을 알게 됐다는 뜻입니다. 비록 공생의 이타행을 실현하고 있는 측면이 현저히 부족하다고는 해도 현생인류의 해석 시스템이 독특하다고 말할 수 있다는 것입니다. 그렇지 않았다고 하면 깨닫는 사건도 발생하지 않았겠지요.

객관이 된 주관과 주관이 된 객관

깨닫는 사건은 인류의 해석 시스템에 깨달은 색조를 채워 넣으면서 새로운 세계를 창조할 수 있게 된 것이라고 하더라도 그 내용은 사건·사물의 실상이 무아이며 무상하다고 이해한 것이라고 할 수 있으므로, 깨달은 사건의 본령은 해석된 세계상에 머물지 않은 공능을 체화하는 일이어야 합니다. 그래야만 공유의 세계상을 부정하지도 않고 자신의 경험세계만을 실상이라고 고집하지도 않게 됩니다. 그런 의미에서 선사들의 선정 경험과 지혜판단, 곧 색다른 세계상이 내면에서 펼쳐지는 것을 직관한 경험은 '마음이 세계상을 이해하는 창구가 된다는 것에 대한 직접적인 경험'이면서 동시에 '그조차 실재가 아니라는 것을 알아차리게 하는 경험'이라고 할 수 있습니다. 이것이 말해 주는 것은 비움이라는 체험을 관통해야만 내면의 신념체계에 따라 만들어진 세계를 실재한다고 여기지 않을 수 있으며, 그런 상태에서만 '객관이 된 주관과 주관이 된 객관'이 함께하는 공유의 세계상을 맞이한 경험이라고 할 수 있다는 것입니다. 잘못된 학습과 내면 체험을 잘못 해석함으로써 공생체인 개체를 개체만의 자아로 여기는 무지로부터 벗어나, 사실을 왜곡 없이 알아차리는 무상무아의 연기적 이해가 선의 마음이라는 뜻입니다.

이런 뜻에서 본다면 거인의 어깨 위에 올라서 있으면서도 거인에게 경도되지 않고 사실을 보려 애쓰는 과학적 관점 또한 선의 마음과 그 궤를 같이한다고 할 수 있습니다. 다시 생각해 보면 마음이 세계상을 만들어 세계를 해석한다는 뜻에서는 주관이 객관이 된 마음이라고 할 수 있고, 인연 따라 변해 가는 자연이 인간의 마음과 결합하는 양상 그 자체가 사람마다 맞이하는 자연상이라고 한다면 객관이 주관이 된 마음이라고 할 수 있기 때문입니다. 마음이 세계를 만들기도 하지만 세계가 마음을 만들기도 하면서 인연으로 하나된 생명계가 연출되고 있다는 것이지요. 생명계의 지성작용이 이렇다 보니 주관도 있고 객관도 있지만 주관도 주관만으로의 주관일 수 없고 객관도 객관만으로의 객관일 수 없습니다. 하나이지만 같은 색깔도 아니고 다른 색깔이지만 하나된 인연에서 다른 색깔입니다. 그러므로 자신의 색깔만이 세계에 대한 바른 해석이라고 하는 것이 얼마나 실상과 어긋난 것인가는 불 보듯 뻔합니다.

어긋나기만 했다고 하면 그런대로 봐줄 수 있지만, 그와 같은 신념으로 다른 생명들에게 했던 짓을 상기해 보면 생각을 생각하게 된 인류의 변덕을 어찌 해석해야 할까요. 증거가 차고 넘치는데도 여전히 진화를 받아들이지 않는 것도 그 가운데 하나겠지요. 이 또한 학습된 기억정보가 만든 미래가 현재를 걸고 있는 현상이며, 집착이 만든 왜곡 심리 현상이 낳은 불만족한 현재라고 하겠습니다. 집착으로 만들어진 미래상이 현재화된다는 것은 살아 있는 현재를 걷는다기보다는 현재를 불만족스럽게 받아들일 수밖에 없는 걸음걸이입니다. 이는 자신만을 위태롭게 하는 것을 넘어 뒤따르는 이들까지 위태롭게 만들고 말 것입니다.

이것에 대한 예로서는 "왜 말귀를 못 알아들어!"라는 말을 들 수 있습니다. 경우에 따라서는 알아들을 수 있는데도 못 알아듣는 경우도 있겠지만, 많은 경우는 다른 사람의 말귀를 알아듣는다는 것 자체가 쉬운 일일 수 없거든요(쉬운 일이 아니긴 하지만 경험과 학습을 통해 이해와 공감을 하는 것 또한 사실이긴 합니다). 학습의 경우는 권위가 있다고 인정될수록 학습 내용을 그대로 받아들일 확률이 크다고 할 수 있으므로 잘못된 내용일지라도 한 번 자리 잡고 나면 바꾸기가 쉽지 않습니다. 이를 집착이라고 할 수 있습니다. 그러므로 집착의 강도가 강해질수록 사실을 있는 그대로 이야기해 주어도 그 사실을 받아들이기가 쉽지 않을 것이고, 상호 간에 말귀가 막혀 있는 것 같아 답답할 것입니다. 더구나 권위라는 것은 권위가 있다고 하는 사람의 말을 곧바로 이행하는 사람이 있을 때 권위가 제 역할을 한다고 할 수 있으므로, 권위를 갖는 이들은 어떤 식으로든 자신의 말을 듣는 사람으로 하여금 그 말대로 행동하게 할 것이니, 곧 복종을 학습시킨 것이라고 할 수 있으니, 말귀를 알아듣는다는 것조차 학습된 신념이 표출된 것이 아니라고 하기 어려울 것 같습니다.

　　그러다 보니 '나는 누구인가?'라는 의문이 든다는 것은 학습된 신념체계로부터 자유로운 나를 그리는 질문이 아닌지 모르겠습니다. 여기서의 나는 존재론적인 나라기보다는 실천적인 나를 지칭하겠지요. 매 순간 맞닥뜨리게 되는 선택지에서의 선택이 자신의 선택인 양 여길 수 있는 생각길을 충족시킨다고 하면 선택과 동시에 즐거운 감정도 뒤따르겠지만 할 수 없이 하는 선택, 곧 억압적 선택이라고 하면 불쾌한 감정을 동반할 것이 뻔하기 때문입니다. 진화의 여정에서 거의 대부분의 시간을 야생에서 보내야 했던 우리의 조상들이 만든 즐거운 감정과 불쾌한 감정은 다른 무엇보다 생존의 가능성이 큰 것과 그렇지 못한 사건을 해석하는 코드였을 것이므로, 갑을 관계로 대표되는 현재의 사회상은 필연적으로 우울한 사회를 만드는 관계가 될 것 또한 불을 보듯 뻔합니다. 이런 관계망에서는 왜 사는지를 묻지 않는 것이 오히려 이상하지 않을까요.

포노사피엔스

청소년과 노인의 자살률 그리고 노인 빈곤율이 OECD 국가 중 가장 높은 현상은 단순히 살기 어렵다는 것을 넘어, 사회라는 정글에서 만나는 사건들이 생존 그 자체를 위협하고 있다는 것을 말해 주고 있기 때문입니다. 하여 MZ세대로 명명된 새로운 세대나 포노사피엔스로 불리는 청소년들이 만드는 세계상은 기성세대가 이해하기 어려운 생각길을 만드는 것을 넘어 존재적 자유와 선택적 자유의 폭을 최대한으로 넓히는 작업을 하고 있는 것 같습니다. 그렇지만 그 속내를 들여다보면 이전의 권위적 질서를 해체하면서 수평적 질서를 만들어 가고 있다고 말하기는 어려울 것 같습니다. 오히려 불안에 맞서기 위해 선택폭을 최대한으로 좁히고 있는 것이 아닌가 합니다(공무원시험에 매진하고 있는 사실이 이것을 이야기해 준다고 하겠습니다). 더구나 이것과의 대척점에서 빅데이터를 독점한 소수의 플랫폼 사업자들에 의해서 생각의 하드웨어가 만들어지는 사회로의 진입이 하루가 다르게 구축되고 있는 점 또한 한몫했겠지요. 포노사피엔스라고 불리는 세대가 빅데이터에 기반한 하드웨어의 기능을 자율적으로 선택하는 것처럼 보이기는 하지만, 암암리에 만들어진 플랫폼 사업자의 선택을 자신의 선택이라고 굳게 믿을 수 있게 하는 일이 데이터를 독점하고 있는 이들이 하는 일이므로(그렇지 않다고 하면 돈을 지불하고 그 기능을 사용하지 않겠지요) 이전 세대보다 가열차게 자신의 삶을 사는 일이 중요한 일이 될 수밖에 없는 현재라고 하겠습니다. 선택지가 다양한 것처럼 보여도 선택하는 행위의 일반상을 보면 오히려 생각 없이 사는 사회로의 진입이 빠르게 진행되고 있는 것 같거든요.

이런 일은 유전자의 공능과도 어긋난 일입니다. 정보에 따라 결정된 역할을 하는 유전자도 많지만 환경과 사건에 따라 유연하게 대처하는 정보도 많기 때문에, 곧 맥락에 따라 다른 양상으로 표현되고 작용하는 정보도 많기 때문입니다. 이는 같은 단어라 하더라도 맥락에 따라 다른 의미로 해석되는 언어 쓰임과 같습니다. 생명계의 작용양상이 이런데도 세계가 단일 시장이 되고 그 시장에서 통용되는 언어가 단일화되고 있는 것은 사건을 해석하는 맥락도 최소화된다는 것과 같기에 세계화가 오히려 선택의 다양성을 훼손하는 일을 하고 있는 것과 같다는 것입니다(연구에 따르면 세계에는 약 6천 개의 언어가 있는데 일주일에 몇 개 언어가 없어진다고 합니다. 나이 많은 분들이 알고 있는 언어가 그분들의 죽음과 함께 사라지기 때문입니다. 우리나라의 경우에도 제주어가 일상언어로 쓰이는 날이 얼마나 남았을지를 생각하게 합니다).

그 결과로 차이를 이해하는 능력이 현저하게 줄어들게 되겠지요. 예를 들어 동물이나 식물을 이해하는 데에 인간의 해석을 기준으로 삼는 것과 같습니다. 미국에서 '흑인의 생명도 중요하다'라는 당연한 말이 새삼스럽게 큰 울림을 주는 것은, 실제로는, 지금까지는 거의 백인의 눈만이 미국 사회의 눈이 되었기 때문일 것입니다. 사람 사이도 이럴진대 동물·식물은 말할 필요조차 없겠지요. 새삼스럽게 동식물을 대하는 태도를 이야기하는 것은 동식물을 대하는 눈이 궁극적으로는 사람들을 대하는 눈이 될 수도 있기 때문입니다. 시대를 조금만 거슬러 가 보면 흑인은 사람의 범주에 들지 못했던 시대가 있었고, 그 시대에 만들어진 눈이 지금도 여전히 알게 모르게 작동하고 있는 것 같거든요. 이와 같은 일이 이야기해 주는 것은 만들어진 생각길을 되돌아보는 일을 소홀히 한다면 포노사피엔스로 불리는 세대의 생각길은 지혜를 뜻하는 사피엔스의 선택이 아니라 플랫폼 사업자가 (핸드)폰에 심어 준 생각길을 자신의 생각길로 착각하는 일이 일어날 수도 있다는 것입니다. 아울러 생각과 말과 행동을 반조하는 일인 마음챙김을 다른 무엇보다 우선해야 하는 시대가 성큼 온 것 같기도 하고요. 지금도 한편으로는 마음을 챙길 필요가 없는 친절로 갖가지 상품을 팔고 있고, 다른 한편에선 마음을 조율하는 기능상품을 팔고 있는 것을 보면,

MZ세대는 다양한 방면으로 AI와 접속하여 새로운 인지시스템을 장착할 것 같은 세대이면서 동시에 AI와의 접속을 능동적이며 자율적으로 할 수 있는 기능을 익히는 것이 다른 무엇보다 중요한 일이 된 세대라고 할 수 있기 때문입니다. 홍수처럼 넘쳐나는 정보에서 필요한 정보를 취사 선택할 때 그 선택이 자신의 선택이라고 믿는 것을 넘어 실제적인 사건이 되기 위해서는 자신의 생각 흐름을 있는 그대로 알아채는 일이 다른 무엇보다 중요해졌다는 뜻입니다.

바른 학습이 필요한 까닭

마음을 챙긴다는 것은 마음집중과 알아차림을 순일하게 하는 것이지만, 실제로 순일하게 진행되는 경우도 드물고, 그 일이 잘됐다고 해도 사건의 실상을 제대로 파악하기 위해서는 지혜로운 판단이 동반되어야 합니다. 바른 학습이 필요한 까닭도 여기에 있습니다. 의식 집중을 잘한다고 해서 사건에 대한 해석이 반드시 바르다고 할 수도 없고, 학습된 허위를 정당화하는 경험으로 인용하기도 하는 것을 보면(비슷한 경험을 실상에 대한 체험이라고 해석하기도 하고, 귀신의 장난에 지나지 않는다고 해석하기도 합니다), 지금까지 밝혀진 사실을 토대로 마음챙김을 통해 경험된 사건을 제대로 해석하기 위한 학습이 중요하다는 것은 더 말할 필요조차 없다는 것이지요. 의식에 대한 연구가 다른 연구에 비해 많이 늦었고, 그 결과 분명하게 밝혀진 사실이 많지 않다고 해도 분명하게 밝혀진 사실을 학습해야 한다는 뜻입니다.

지혜수행은 학습과 사유수행 그리고 마음챙김 수행으로 비움을 통해서 채움이 생겨나고 생겨난 채움이 새로운 인연과 접속하면서 비움을 드러내는 흐름을 여실히 알아차려 '있음에도 머물지 않고 없음에도 머물지 않는 마음씀'을 익히는 일이라고 할 수 있습니다. 이를 통해, 연기적 조건에 따라 비워지고 채워지는 사건의 흐름만이 현상한 사건과 사물이 되므로, 현상한 사건과 사물 그 자체를 존재하게 하는 실체가 없다는 것을 알게 되거든요. 사건·사물이 생성되는 연기적 사실을 알아차린다는 것은, 사건·사물의 실체가 비워짐과 같다는 것이며 현상한 사건·사물은 채워짐과 같다는 것이므로, 비움도 비움에 머물지 않고 채움도 채움에 머물 수 없다는 것을 아는 것이라고 할 수 있습니다. 이와 같은 사유가 익어지는 것을 공성의 지혜를 체득하는 일이라고 할 수 있습니다. 그러기 위해서는 앞서 말씀드렸듯이(의식집중이 잘 안 된다고 하더라도) 허리를 바로 세우고 온몸의 힘을 빼고 앉아 움직이지 않는 상태를 유지하는 연습이 필요합니다. 그러다 보면 어느 순간 몸이 깨어나면서 '힘들이지 않고' 마음을 챙겨 일어나고 사라지는 현상들을 관찰할 수 있게 되거든요. 약간의 인내심이 필요하기는 합니다.

일반적으로는 마음을 먼저 다스릴 것을 이야기하고 있지만 몸과 마음이 하나처럼 융섭되어 있어 몸과 마음으로 나눌 수 있는 실체가 있는 것도 아닙니다. 그러므로 몸의 힘을 빼고 앉아 움직이지 않는 시간만큼 마음현상이 고요해지기도 합니다. 하여 마음챙김이 잘 안 되는 경우에는 이 방법을 쓰는 것도 괜찮습니다.

학습과 사유수행이 필요한 것은 새로운 세대, 곧 이전의 관점과 다른 눈으로 세상을 보는 관점이 일반화된 세대라 하더라도 인지시스템 그 자체가 변한 것은 아니기 때문입니다. 새로운 세대가 이전의 관점으로부터는 자유로울지는 몰라도 자신의 관점에 매몰되지 않았다고 할 수 있는 상황도 아니며, 그 관점조차 자신의 선택이라고 자신 있게 말할 수 있는 상황도 아니므로, 어느 세대나 비움의 지혜를 실현할 수 있는 공능을 익히는 일이 필요할 수밖에 없습니다. 물론 그와 같은 공능을 익히지 않아도 사는 데 문제가 없다고 할 수 있으나, 쓸데없는 집착으로 말미암아 지지 않아도 될 짐을 지지 않기 위해서는 새로운 생각길을 만들어야 하거든요.

그러므로 마음챙김 수행으로 새로운 생각길이 만들어지는 것은 진화가 만들어 낸 뇌의 배선도를 획기적으로 조율하여 깨달음이라는 세계를 새로 건립하는 일이라고 할 수 있습니다. 확률과 우연으로 벌어지고 있는 삶의 흐름에서, 기대한 내일이 오늘이 되기를 바라지 않고서도 오늘을 평온하게 사는 공능을 체화하는 일이 수행이며 그 결과가 깨달음으로 실현되기 때문입니다. 체화된 깨달음이란 생각의 배선도에 공성의 지혜를 쓸 수 있는 배선망이 자리 잡히면서 애써 주의를 기울이지 않아도 번뇌와 불만족을 만들어 내는 일을 하지 않게 된 상태입니다. 불교에서는 이와 같은 상태를 이룬 수행자를 법신보살 또는 법신 부처님이라고 합니다.

깨달음이라는 사건

깨닫기 이전이라고 하더라도 몸과 마음은 비움과 채움이라는 과정을 통해 생각의 배선도가 만들어지고 있지만, 이 사실을 알아차리기에 우리의 의식현상은 너무나 거칩니다. 의식 집중의 강도가 깊고 강한 선정의식을 통해서만 미세하게 작용하고 있는 비움과 채움의 과정을 직관할 수 있고, 이와 같은 경험이 깊어지면 무의식적으로 작용하고 있는 미세한 생각길을 조율하거나 새로 만들게 되면서 집착하지 않는 마음, 곧 머물지 않는 마음을 쓸 수 있게 된 신체가 됩니다. 이 신체를 법신이라고 합니다.

이는 사유의 도구인 기억의 자모음이 지혜의 자모음으로 바뀐 것과 같습니다. 바뀐 상태란 자모음의 연결망(이미지를 만드는 내부의 패턴망)이 변하기도 했지만 집착 없이 사건·사물을 해석하는 자모음이 새로 생긴 것과 같기 때문입니다. 이 상태는 만들어진 이미지를 통해 사건·사물을 해석하는 과정에 비움이라는 의미가 강도 높게 작용하고 있는 상태라고 할 수 있습니다. 수용된 정보를 해석하는 생각길, 곧 사유의 패턴망이 고정돼 있지 않기 때문에 가능한 일입니다. 자모음은 정해졌다고 할 수 있지만 자모음이 만드는 패턴망이 고정되어 있지 않기에, 곧 패턴망의 운용방식이 유연하다고 할 수 있기에 깨달음이라는 사건이 일어날 수 있다는 뜻입니다. 불교에서는 이를 사건·사물이 무자성이기에, 곧 사건·사물의 본질이 결정되어 있지 않기에(결정되어 있다면 빅뱅도 진화도 일어날 수 없었겠지요) 깨달음이라는 사건이 일어날 수 있다고 이야기하고 있습니다. 부처님께서 연기법을 깨달았다는 것은 무상무아에 대한 이해가 깨달음의 내용이라는 뜻이며, 무상무아이기에 깨달음이 가능했다는 뜻도 된다는 것입니다. 무아는 불변의 아트만[我]이 없다[無]는 뜻이거든요. 만일 생각길이 결정되어 있다고 하면 생각이 변한다는 일도 일어날 수 없겠지만, 그렇다고 해서, 곧 깨달았다고 해서 모든 생각이 변하는 것도 아닙니다.

태어나면서부터(실제로는 어머니 뱃속에서부터 만들어진) 결정된 것과 같은 생각길도 있기 때문입니다. 뇌가 운용하고 있는 생각의 지도에는 유전자에 의해서 태어나면서 만들어진 길이 3분의 1이 된다고 하는 것이 이것을 말해 줍니다. 더 나아가 환경과 학습을 통해 3분의 1이 정해지고, 나머지 3분의 1은 신경세포의 시냅스가 무작위로 연결되면서 만들어진다고 하니, 사람마다 세상을 해석하는 양상이 애초부터 같을 수 없다는 것 또한 당연합니다. 같기도 하고 다르기도 하며 항상한 것 같기도 하고 무상한 것 같기도 하는 생각의 흐름이 이 사실을 증명한다고 하겠습니다. 그러므로 다른 생각을 그 자체로 인정하고 존중하는 연습을 하는 것이 생물학적 생각길과 문화적 생각길의 실상에 바탕을 둔 생각하기, 말하기, 행동하기라고 할 수 있습니다. 불교에서 말하는 수행, 곧 행(생각하기, 말하기, 행동하기)을 닦는다는 것도 머물지 않는 마음으로 차이를 존중하는 생각길의 강도와 폭을 넓히는 일이라고 할 수 있거든요. 그렇기에 『금강경』에서는 '더할 나위 없는 깨달음'을 '흐르는 사건과 온전히 공존하는 삶을 살 수 있는 빈 마음을 뜻대로 쓸 수 있는 것'이라고 했겠지요. 예로서는 부처님의 십대 제자 가운데 한 분인 마하가섭 스님의 삶을 들 수 있습니다. 가섭 스님은 연기적인 삶그 자체가 노마드임을 사무치게 알아차렸기에, 같은 나무 아래에서도 3일 이상을 머물지 않았거든요. 많은 수행자가 우기라는 계절인연에 따라 3개월의 안거를 하기도 했지만 우기가 끝나면 다시 노마드의 만행을 했던 것도 머물지 않는 빈 마음을 체화하는 수행이었다고 할 수 있습니다.

머물지 않는 마음

수행은 생명마다 다르게 맞이할 수밖에 없는 현재화한 미래를 그 모습 그대로 받아들이는 한편, 미래를 만들어 가는 현재의 차이를 그 자체로 존중하면서 비움과 채움으로 생명흐름에 상응하는 마음씀을 익히는 일이라고 할 수 있습니다. 현재에 머물지 않는 마음이야말로 늘 현재화하는 미래를 온전히 살아 있는 생명현상이 되게 하는 마음씀이니, 현재를 비우는 능력이 도리어 현재를 살리는 마음씀이 됩니다. 생명흐름의 실상은 되어 가는 사건들이 맺고 있는 인연의 흐름이라고 할 수 있으니, 현재라는 말조차 차이들이 생겨났다 사라지는 '순간이라고도 말할 수 없는 순간'입니다. 하니 차이 그 자체를 존중하는 마음을 쓰지 않는다고 하면 자신의 삶 또한 허상에 기대면서 오지 않는 미래를 기다리는 일이 되고 맙니다. 우리들의 기대가 그렇습니다. 생명계는 개체의 기대를 고려하지 않는 사건들의 흐름이므로 기대한 사건이 자신의 삶에서 실현되기를 바란다는 것은 아픈 마음을 성숙시키는 것과 다를 바가 없습니다. 집착이 불만족의 근거가 되는 까닭도 여기에 있습니다. 기대하는 마음의 근거가 권위에 기댄 눈치 보기로 이루어진 것인지 아닌지를 살펴보지 않는다면 열심히 사는 만큼 '왜 이러고 사는지 모르겠어'라는 한탄이 문 앞에서 기다릴 날이 멀지 않습니다.

마르크스가 마르크스주의자들의 말과 행동을 보고 '나는 마르크스주의자가 아니다!'라고 했던 말이 이 상황을 상징적으로 보여 준다고 하겠습니다. 실상 누구라도 무슨 무슨 주의자라고 말할 수는 있지만 그 주의 자체가 개개인을 만나 유동하는 것과 같으므로 마르크스주의자가 원래의 마르크스를 대변한다고 할 수도 없습니다. '나는 마르크스에 대해서 이렇게 생각한다'라는 말은 성립될지 모르지만 그 말에 대해서 마르크스조차 고개를 저을 수 있다는 것입니다. 요즘처럼 공기문제가 건강한 삶을 위한 중요한 요소로 등장했던 적이 없을 정도로 심각한 상황인데도, 그 문제에 대해서는 애써 눈을 감고 불평등한 자본 축적의 기술이 날로 기승을 부리고 있는 것을 보면, 허상의 가치체계에 중독된 인지시스템만을 탓해야 할지도 모르겠습니다. 빛나는 산업사회의 뒷면은 함께 만들어 낸 불평등의 문화 코드가 원래부터 개개인의 인지시스템에 있었던 여백, 곧 다른 곳으로 눈 돌릴 수 있는 여백을 메우면서 강퍅한 세월을 당연하게 여기게 하고, 누구도 승리자가 될 수 없는 경쟁을 당연시하는 중독사회로의 행렬이 아닐까요. 더 나아가 이 행렬의 앞면은 결코 사실조차 사랑할 수 없는 생각과 말과 행동을 가열차게 하게 할 것이니, 사랑을 받아들이는 여백을 만들기조차 쉽지 않겠지요. 이런 뜻에서 비움이 있어야 자애로움을 채울 수 있고, 채운 자애로움을 나눌 수 있어야 상호의존의 관계에서 펼쳐지는 생명흐름과 함께하는 생명 본연의 모습과 상응하는 삶을 산다고 할 수 있지 않을까요.

부처의 세계를 건립하고 있는 생명계

호모사피엔스사피엔스라고 명명한 현생인류가 그 이름만큼 현명한지도 잘 모르겠고(불평등한 부의 축적을 현명한 일이라고 하면 말이 안 되겠지요), 포노사피엔스로 불리기도 하는 다음 세대가 폰의 지배력으로부터 얼마나 자유로울 수 있을까도 의문시되는 현시대를 인류세라고 이름하기도 하는데, 이 이름이 이 시대를 대표하는 이름으로 남으려면, 곧 현명한 인류라는 이름에 걸맞는 시기가 되려면 상호의존의 생명계가 상호돌봄에 의해서 영위되고 있다는 것을 사무치게 알고서 상호돌봄을 실천할 때라고 하겠습니다. 여기서 중요한 것은 사람의 노동뿐 아니라 자연의 노동에 대해서도 정당한 대가를 지불해야 한다는 것입니다. 앞서 말씀드린 공기의 노동력뿐만 아니라 흙의 노동력 등에 지불할 대가는 공기청정기나 비료만 가지고는 안 됩니다. 이미 늦었다고 말하는 학자가 있기는 하지만 기후변화에 대한 대처는 단순히 지구 생명계를 살리고 있는 한 축을 대하는 태도를 넘어섭니다. 빈곤한 생태계와 생명계를 재생산하지 않으려는 노력이며, 생명 그 자체를 존중하는 태도입니다. 일차원적으로 생각하면 축적된 자본을 쓸데없는 데 쓰고 있는 행위처럼 보이겠지만, 생명계의 한 축이 무너지고 나면(기후변화에 대한 대처가 이미 늦었다고 하는 학자의 말은 이미 무너지기 시작한 축을 바로 세울 수가 없는 지경에 이르렀다는 뜻입니다) 숨 쉬기조차 빈곤한 삶에서 누구라도 자유로울 수 없다는 것은 말할 필요조차 없을 정도로 자명한 일이거든요. 마음이 해석한 이미지가 세상이 된다고는 하지만, 몸 떠난 마음 없고 마음 없는 몸이 없듯 세상 없는 몸도 없고 몸 없는 세상이 없으며, 사회의 흐름이 마음을 지배하기도 하고 대중들의 소리가 사회의 흐름을 바꾸기도 하니(참으로 바뀌었는가에 대해서는 여전히 의문점이 많습니다), 크게 보면 '생명이 생태계다'라고 할 수도 있고 작게 보면 '마음이 생명이다'라고 할 수도 있으니 그렇지 않겠습니까?

하니 '먼지 터럭만 한 것 속에 우주가 들어 있다'라고 한 『화엄경』의 이야기를 굳이 인용하지 않아도, 한 사람 한 사람의 마음이 내일을 불안으로 맞이하지 않을 수 있는 사회구조를 조율하는 일이 바로 노동의 대가를 공정하게 지불하는 일이면서 동시에 생명인 생태계를 살리는 일이 된다는 것은 자명합니다. 이런 일이 잦아지면 가랑비에 옷 젖듯 문화기억과 생물학적 기억의 패턴도 함께 살 수 있는 사회구조를 튼튼하게 할 것이고, 그와 같은 문화적 역량이 다음 세대에게 대물림된다면 이기와 이타의 조화 속에 서로서로 존중하는 상호의존적인 삶의 모습이 꽃처럼 피어나지 않을까요. 『화엄경』이나 『법화경』은 이와 같은 삶이 실현될 수밖에 없다는 것을 설파하고 있는 경입니다. 이 경전들이 하고 있는 이야기는 생명 있는 모든 이들이 부처가 될 수밖에 없고 그때가 되면 함께 생명계를 이루고 있는 사물들

또한 부처 세계의 일원이 될 수밖에 없다는 이야기거든요. '저렇게 마음씀이 고약한 사람이 한둘이 아닌데 어떻게 그런 일이 벌어질 수 있겠는가'라고 생각할 수도 있겠지만 생명의 실상이 부처의 세계를 건립하고 있으므로 허상에 매인 마음활동과 기억정보가 제 역할을 할 수 없는 상황이 필연적으로 도래하게 된다는 뜻입니다. 언뜻 보면 전혀 이루어질 수 없는 세계인 듯하지만 부처님께서 깨닫게 된 이후로는 알게 모르게 뭇 생명에게 내재된 부처라고 할 수 있는 미륵불을 깨우는 일이 현재진행형으로 일어나고 있다고 볼 수도 있거든요. 생각을 생각할 수 있게 된 현생인류가 부처님 시대를 지나면서 그 기능이 부처되는 데까지 이르게 됐기 때문이며, 그 기능이 누구에게나 보편적인 기능이기 때문입니다.

부처의 세계를 건립하는 깨달음

삶의 여정은 경험기억을 정보화하여 미래를 예측하면서 흐르는 순간을 이어 가는 것이라고 할 수 있습니다. 하여 한 사람이 깨달았다는 것은 새로운 문화 정보가 사회화할 만큼 익어졌다는 것이므로, 깨달음이 석가모니 부처님 한 사람에게만 일어나지 않았습니다. 그 이후로 수많은 사람들이 깨달음이라는 사건을 거쳐 자신의 부처세계를 창조했습니다. 사건들은 존재하는 것이 아니라 인연 따라 되어 가는 것이긴 해도 사람과 만나는 사건은 사람의 해석에 따라 새롭게 창조된 사건이 되는 것과 같거든요. 사건은 해석되지 않으면 존재하지 않는 것과 같으므로, '부처의 세계를 건립하는 사건이 곧 깨달음'이라는 해석체계가 만들어지기 전까지는 부처세계가 없었다고 할 수 있다는 것입니다. 하여 한 사람의 깨달음은 한 사람이 부처의 세계를 건립하는 사건을 넘어(다른 사건도 마찬가지입니다) 이전에는 없었던 새로운 문화 역량을 축적하는 일이 됐고 학습을 통해 전승될 수 있게 됐습니다. 사건을 보는 관점 이동이 폭넓게 생겨나게 된 것이지요. 이와 같은 관점 이동에 대한 예로서는 『금강경』에서 '보이는 것은 창조된 해석상이지 실재가 아니다'라고 보는 것이 부처를 보는 눈이다'라고 한 것을 들 수 있습니다. 사건과의 접속은 마음이 만든 그림자와 접속하는 것과 같음을 알아야 한다는 것이지요. 이와 같은 앎이 익어 가는 것이 그림자에 매이지 않는 신체를 이룰 것이며, 매임 없는 마음씀이 중생세계를 부처세계로 만들 거거든요. 그렇게 되면 온갖 세계가 마음 쓰는 순간 창조되고 있다는 것을 힘쓰지 않고도 알 수 있게 됩니다.

이와 같은 신체를 깨달음이 체화된 몸인 법신이라고 할 수도 있고 빈 마음이 신체화하였다고 해서 화신이라고 할 수도 있습니다. 법신이나 화신 또한 그 자체로 존재하는 것은 아닙니다. 사건과 접속할 때마다 빈 마음을 뜻대로 쓸 수 있는 공능이라고 할 수 있습니다. 마음과 해석된 이미지가 접속하는 순간 인지라는 사건이 현상하고, 접속하는 방식에 따라 집착인지 집착을 떠난 것인지가 정해지기 때문입니다. 마음챙김을 기반하지 않는 거친 의식만으로는 신체 변화에 따른 사건들의 미세한 변화를 직관할 수 없으므로, 가지고 있는 어제의 정보로 오늘의 사건을 해석하면서(인지의 실상이 이렇기 때문에 이 자체를 문제 삼을 수는 없습니다) 해석된 이미지를 집지하려 하는 경향성이 집착을 강화하거든요. 반대로 마음을 챙겨 알아차리다 보면, 곧 특정 이미지에 의식이 집중되거나 또는 세세하게 일어나는 신체 변화를 있는 그대로 관찰하다 보면(앞서 말씀드린 것과 같이 몸이 깨어나면서) 수용된 감각 자료를 해석한 이미지가 이전과 다를 수도 있고(늘 보던 사물이 다른 양상으로 보인다든가) 이전까지 경험하지 못한 내부 영상을 경험하기도 합니다. 이와 같은 경험은 집지하고 있는 어제의 정보가 오늘의 경험을 해석하는 유일한 창구가 아니라는 것을 알게 합니다. 그러므로 마음챙김으로 집착을 여의었다는 것은 관점 이동이 일어났다는 것을 뜻합니다. 이는 집지된 정보에 집착하지 않을 수 있는 실제적인 경험, 곧 집착의 실상을 이해하는 일이 일어났기 때문입니다.

헛된 무지개를 좇지 않으려면

새롭게 형성된 관점 그 자체가 생물학적으로 대물림되지는 않지만, 학습을 통해 전승되는 정보라는 측면에서는 대물림된다고 이야기할 수도 있습니다. 그 까닭은 사람이 가질 수 있는 관점 가운데 상당 부분이 학습을 통해서 만들어질 수 있도록 유전자가 정해 놓은 것과 같기 때문입니다. 그러다 보니 잘못된 정보조차 학습을 통해 오랫동안 전승되기도 합니다. 차이 난 것들을 본질적 차이라고 여기고 갖가지로 차별하고 있는 것이 이를 증명하고 있습니다. 이 또한 해석된 세계상으로 마음이 만든 허상이지만 한 번 그렇게 해석하도록 내부의 패턴 연결망이 강화되고 나면 쉽게 바뀌지 않기 때문입니다. 특히 세계 해석의 패턴이 가열차게 만들어지는 시기, 곧 민감한 시기를 지나고 있는 어린아이 때 만들어진 패턴 연결망은 나이 들어서도 강력하게 작용하는 경우가 많아 그 해석체계가 다른 사람은 말할 것도 없고 자신을 힘들게 할지라도 고치기가 쉽지 않습니다. 해석된 사건·사물이 자신의 감정과 가치판단들이 투사된 사건·사물이 되면서 그것과 접속하는 행동 양식도 이전에 형성된 양식을 따르기 때문입니다. 그렇기는 해도, 마음챙김의 강도가 높아진다고 하면 감정과 가치판단 등을 하고 있는 신경 배선망을 조율할 수 있는 기능을 획득하는 것과 같아 행동 양상을 바꾸기가 보다 수월해질 것입니다. 그러기 위해서는 자신이 만드는 내부 이미지만이 자신이 접속할 수 있는 유일한 세계상인 줄 알아야 합니다. 이와 같은 앎이 형성되는 과정에서, 누군가가 말해 주는 참된 세상과 참된 삶을 좇아간다는 것은, 다가가는 만큼 멀어지는 무지개를 좇는 것과 같다는 것을 사무치게 경험하기도 할 것이니, 뒤따르는 서글픔 정도는 감내할 수 있어야 하겠지요. 생각하지 않아도 저절로 이루어지는 무위의 경향성이 어떻게 조율되어 있느냐가 자신의 행동 양상(생각하기, 말하기, 행동하기)의 기반이 되는데, 현상한 사건·사물의 다름만으로 사건·사물을 규정하도록 조율되어 있다면 그에 따라 만들어진 그림자의 어두움을 감수해야 할 것이고, 비움을 무위화했다면 선택에 따른 불안을 그림자로 맞이하지 않아도 되기 때문입니다.

예를 들어, 말을 잘 듣도록 훈련됐다는 것은 남의 눈치를 잘 보도록 훈련됐다는 것과 같은데, 그럼에도 불구하고 눈치보기가 실패하기 쉬워 아예 판단조차 유보하는 것을 내재화했다면 다른 색깔로서의 자신을 그림자 없이 보여 줄 수가 없어 차이에 따른 차별을 당연하게 받아들일 수밖에 없는 것과 같습니다. 그러므로 말을 잘 듣는다는 것은 역설적이게도 선택하든 선택하지 않든 불안을 달고 살 수밖에 없는 경향성을 강화하는 일이 되기 쉽습니다.

'그렇게 해서 밥이나 먹고 살겠어'라는 말이 있습니다. 겁을 잔뜩 먹게 하고 주눅 들게 하는 말입니다. 그렇게 해서는 생존할 수 없다는데 어찌 겁나지 않겠어요. 입시경쟁이 좋은 예라고 할 수 있습니다. 성적으로 삶의 가치를 서열화하는 것은 다른 무엇보다 쉽게 '잘못 살지 않았는데도 잘못 산 것처럼 여기게 해' 차별의 정당성을 내재화하는 장치가 되거든요.

이는 돈이 되는 정도에 따라 사건·사물의 등급이 매겨지듯 가치가 있는 삶의 양상이 벌이에 따라 규정되면서 사람을 사물화시키는 것을 정당화하는 것과 다름 없습니다. 약 6~7만 년 전에 발명된 '미래'라는 이미지를 향해 '현재'라는 배를 운행하면서 운행수단으로 '돈'을 삼았다고는 해도 생존의 양상이 하나의 색깔일 수만도 없는데, 돈이라는 수단만이 유일한 생명줄이 된다고 여기는, 또는 여길 수밖에 없는 환경이라면, 뇌의 진화를 통해 발명된 미래를 제대로 찾아 가는 중이라고 말하기 어렵지 않겠어요. 이미 미래를 그리는 뇌의 한계를 실감하리만큼 다양하게 전개되고 있는 온갖 사건들은 진화가 터득한 지각의 알고리즘으로 대처할 수 있는 수준을 넘어선 듯하거든요. 발명된 미래를 위한 산업시스템 등이 현재를 덮치면서 힘겨운 현재를 살아가고 있으나, '미래의 그림자에 덮인 현재'는 대처할 수 있을지조차 알 수 없는 기후 위기만큼이나 자명한 위기를 달고 달리는 것과 같다는 뜻입니다. 그런데도 멈추기는커녕 내려올 장치조차 없는 듯하니, 공존의 마음챙김, 상호의존의 자립, 차이를 있는 그대로 인정하는 연대가 무엇보다 필요하다는 인지의 알고리즘을 강화하는 일이 다른 무엇보다 중요한 시기가 됐다고 하겠습니다. 이 일이 새로 익히는 일이기는 해도 그 본바탕은 생명연대에 근거한 일이기에 새로우면서도 익숙한 일이 되어야 합니다. 지혜로운 인간이면서 AI와의 협업에 익숙한 인간이라고 해도 생명계 전체를 살리는 일이 동반되지 않는다고 하면, 곧 차이 나는 생명현상과 함께 살아내려는 노력과 의지가 동반되지 않는다고 하면 자연적인 재해에 더해 인공적으로 만들어지고 있는 재해 앞에 속수무책일 날이 멀지 않을 것이거든요. 마음챙김으로 상호 존중하는 의존관계를 넓히는 일이야말로 가장 이기적인 일이면서 생명의 실상과 계합하는 일이 된다는 뜻입니다.

이것이 있을 때 이것이 있다

차이들이 맺고 있는 관계 속에서 '나'도 하나의 차이로서 관계
망에 들어가지만, 실제로는, 들어가는 데 그치는 것이 아닙니
다. 관계망에서만이 '나'가 성립됩니다. 문장의 주어로서 나를
쓰고는 있지만 '실제로서의 나'는 서술어에 의해서만 의미가 드
러나거든요. '나는 누구인가?'라는 의문문이 제대로 그 의미를
드러내지 못하는 이유도 여기에 있습니다. 서술어 없이 존재하
는 나를 찾는다는 것은 허공에 그리는 그림만도 못합니다. "나
는 아버지다"라는 말이 성립되기 위해서 자녀가 있어야하듯 문
장의 실상은 서술어조차 독립항일 수 없습니다. 이 관계를 부처
님께서는 "이것이 있을 때 이것이 있다"라고 했으며, "이것이 있
을 때 저것이 있다"라고도 이야기했습니다. 관계가 이것을 성립
시킬 때 비로소 이것이 '있다'라는 말을 할 수 있으며, 이것은 저
것과의 관계 속에서만 '이것'일 수 있다는 뜻입니다.

　　앞의 말은 존재상황을 이야기했다고 하면 뒤의 말은 의존
관계를 이야기했다고 하겠습니다. '있다'라는 말조차 이것이라
는 사건이 발생했을 때 '이것이 있다'라고 말할 수 있는 것이지,
이것이 언제 어디서나 이것으로 존재하고 있다가 인연 따라 이
것으로 나타난다는 것이 아니라는 뜻입니다. 존재의 실상이 이

러하므로 유식경(론)에서는 '사건·사물에는 스스로 그렇게 존재할 수 있는 본성이 없다(無自然性)'라고 이야기하고 있습니다. 상속되면서도 끊임없이 변하고 있는 생명계 자체에만 '스스로 그렇게 있다'라는 말을 쓸 수 있다는 것이지만, 이 경우에도 생명계의 얼굴로 드러나는 사건·사물의 수만큼이나 다른 모습으로서의 생명계이므로, '스스로 그렇게 있다'라는 말을 변치 않는다는 뜻으로 이해해서도 안 됩니다.

비근한 예로는 인지 현상을 들 수 있습니다. 실험에 참가한 사람들을 두 그룹으로 나눈 다음 한 그룹에게는 따뜻한 음료를 제공하고 다른 그룹에게는 찬 음료를 제공한 연후에, 우연히 마주치는 듯한 사건에 대한 반응을 살펴보면 그 양상이 확연히 다른 것을 알 수 있다고 하는데, 이는 실험에 참가하는 사람들의 성향이라기보다는 직전에 마셨던 음료의 영향에 의한 것이 크다고 합니다. '먹는 것이 곧 나다'라는 말이 있듯이 '행동이 곧 나다'라는 말도 쓸 수 있는데, 이는 생각하고 말하고 행동하는 것이 나의 것이면서 동시에 관계의 것이라고 말할 수 있다는 뜻입니다. 다만 앞서의 실험에서 보았듯, 곧 직전에 마셨던 음료의 종류가 다음 행동에 영향을 미쳤듯, 학습된 정보가 갖고 있는 영향력은 그 크기를 가늠하기가 쉽지 않을 정도로 크다고 해도 과언이 아닙니다. 하여 사회적 불평등이 커질수록 고립된 개인으로 느낄 감정의 강도가 커져 갈 것입니다. 그리고 그 크기가 임계점을 넘으면 힘없는 이들부터 파국을 맞이할 확률도 커져 갈 것이나, 원하든 원하지 않든 불평등이 커져 가는 학습의 결과는 약한 이들만을 타격하는 데 그치지 않을 것도 자명합니다.

어찌 보면 모두가 억울할 것 같습니다. 열심히 배웠고 열심히 살았지만 그 결과가 불평등을 심화시켰으며, 심화된 불평등이 인간사회에서만 횡행하는 좀비가 아니라 생명계 전체를 위협하는 좀비가 됐다고 할 수 있으니 그렇지 않겠어요. 열심히 살고 있는 노동보다는 자본이 굴리는 눈덩이가 훨씬 빠르게 커져가는 현실 앞에 열심히 산다는 것이 더 이상 생명의 관계망을 편안하게 하지 못하고, 피할 틈도 없이 굴러오는 자본의 눈덩이를 두 눈 뜨고서도 맨몸으로 맞이할 수밖에 없으니, '관계를 보세요'라는 말은 메아리 없는 외침에 지나지 않는 것 같습니다. 다각도로 권력을 행사할 수 있는 자본의 위력은 낱낱 차이들이 드러내고 있는 위력을 압도하는 것을 넘어 차이 그 자체가 생명계의 얼굴이라는 것을 알지 못하게 하니, 더 큰 눈덩이를 굴리기 위한 경쟁을 멈추어야 한다는 것은 처음부터 생각 밖의 일이었을 것이며, 자본이라는 눈덩이를 키우지 못하는 노-오-력은 아무런 의미조차 가질 수 없는 단일한 사고구조, 곧 자본을 늘리는 것만이 삶의 의미라는 확증편향을 강화하는 사고구조였을 것이니, 그럴 만도 하겠지요.

아날로그적이면서 디지털적인 생명흐름

실제로 신경망이니 생명의 그물망이니 하는 말은 아날로그적
이면서 디지털적인 관계망을 뜻한다고 할 수 있습니다. 이 말은
차이들이 융합되어 하나가 되는 것이 아니라 차이와 차이가 맺
는 의존적인 관계에 의해 계가 생겨나고, 생겨난 계 내에서 주
고받는 정보들에 의해 차이들도 변해 간다는 것입니다. 이와 같
은 양상을 아날로그적이면서 디지털적인 관계망이라고 하는
것은 변한 차이들이 맺는 의존관계의 변화에 의해서 계의 색깔
도 변해 갈 수밖에 없기 때문입니다. 변해 가는 상속으로 보면
연속적인 것 같지만(아날로그적), 변하기 전후의 실상을 보면 불
연속적인 사건의 흐름(디지털적)이 생명흐름이라는 것이지요.
이것을 실증적으로 보여 주고 있는 것이 DNA의 상속이라고 하
겠습니다. DNA의 상속으로만 보면 연속적이지만 유전정보의
구성으로 보면 결코 동일한 상속이라고 이야기할 수 없기 때문
입니다.

　예를 들어 고양이의 털 색을 결정하는 유전정보는 X 염색

체상에 있기 때문에 XY인 수컷 고양이의 털 색깔은 단일색이 되는 반면, XX인 암컷 고양이의 털 색깔은 단일색이 아닌 것을 들 수 있습니다. XX인 경우에는 털이 나는 곳의 세포마다 부계에서 온 색깔 결정 유전자는 부계의 유전정보를 표현하고, 그 옆 세포의 색깔 결정 유전자가 모계에서 왔다면 모계의 색깔 정보를 표현하기 때문입니다.

이 예가 뜻하는 것은 차이들이 융합되어 상속되는 것이 아니라 차이 그 자체로 상속된다는 것이며, 더 나아가 유전정보의 변이나 유전자의 자리 바뀜 등에 의해서 생겨난 차이들도 하나의 디지털정보로서 상속되는 것이지 차이들이 융합된 것이라고 말할 수 없다는 것입니다. 그렇지만 우주를 구성하고 있는 양자물질의 특성이 파동성(연속성)이면서 입자성(불연속성)인 것과 같이, 차이 그 자체는 디지털적인 것 같지만 아날로그식으로 상속되면서 관계를 구성하기 때문에 작용하는 유전정보의 발현 양상만을 가지고 세계의 본질적인 특성이 디지털적이라고 말할 수도 없습니다. 어떤 의미에선 생명활동의 근간이 지식작용이기에 필연적으로 디지털적인 차이를 만들어 생명활동을 하는 것이라고 말할 수 있지 않을까 싶습니다. 생명활동인 지적 관찰이 관찰자가 되어 파동과 입자 가운데 입자로서의 활동을 선택한 것과 같다는 것이며, 그렇게 작용하고 있는 차이가 다른 차이들과 관계 맺음이 가능한 것은 숨은 것과 같은 파동성의 작용일 수 있다는 것입니다.

생명활동과 지식작용이 특별한 것이라고 해도(우주에서 특별하지 않은 것이 있을까요?) 우주를 구성하는 물질의 특성을 벗어난 것일 수는 없기 때문입니다. 차이 나는 그 모습 그대로 계에 참여하지만(계를 벗어난 차이가 있을 수 없기 때문에, 곧 차이들의 관계망이 계가 되기 때문에 하나의 차이가 변한다는 것은 계의 변화를 만들어 내고, 변한 계가 다시 다른 차이들에 영향을 줘서 끊임없이 변해 가지만, 차이 그 자체는 언제나 디지털적인 속성이 있으므로 순간의 차이는 결정적이라고 할 수 있습니다. 그러므로 사건의 흐름은 결정적인 차이들 그 자체가 다른 모습으로 결정되어 가는 관계망의 흐름이라고 이야기해도 무리가 아닙니다), 다음 순간은 다른 모습으로 계에 참여한다고 할 수 있으므로 지식작용 그 자체는 한편으로 보면 순간의 사건을 분별하는 작용이 되지만, 전찰나의 지식으로 다음 찰나의 사건을 규정하려고 한다면 과거에 집착하는 일이 되기도 합니다. 사건의 흐름이 상속적이기에 과거의 앎이 미래의 사건을 이해하는 근거가 되면서도 현재를 왜곡하는 사건이 되기도 한다는 뜻입니다.

그러므로 차이를 존중한다는 것은 생명흐름의 원리에 부응하는 것이지만 변한 차이를 온전히 받아들이는 데까지 이르지 못한다고 하면, 곧 비움을 통한 채움이 일어나지 않는다고 하면 지금 여기를 살면서 지금 여기를 등지는 일이 일어나고 맙니다. 비움을 위한 학습으로는 분명하게 밝혀진 과학적 사실을 공부하는 한편, 마음챙김으로 내부 이미지의 변환을 경험하는 것이 중요하다고 할 수 있습니다. 이전까지 신비한 일로 여겨졌던 많은 것들이 진화론, 양자역학, 신경과학 등의 연구 성과에 의해서 의심의 여지 없이 밝혀진 것들이 넘쳐나고 있거든요. 더 나아가 의식에 대한 연구가 깊어지면 지금까지 신비스러운 영역으로 남아 있는 것 같은 마음활동(신경과학자는 뇌의 활동이 곧 마음의 활동이라고 이야기합니다)도 두 눈으로 관찰 가능해질 것 같습니다. 그렇게 된다면 단백질과 같은 물질분자의 활동이 생명활동의 근간이 될 뿐만 아니라 지식을 산출하고 있는 현장임을 직관하게 될 것이니, 그때가 되면 지성 그 자체와 같은 생물물질분자의 신비를 경탄하게 되지 않을까요. 아울러 차이들이 만들어 내고 있는 생명활동과 지식작용에 대한 이해가 깊어질수록 물질분자의 무의식적인 지식활동이 물질의 특성을 드러내면서 동시에 마음활동을 하고 있다는 것도 알게 되어, 차이 그 자체를 긍정하고 존중하는 마음도 커지게 되지 않을까요.